DE RUMORES E RUÍDOS
CARTOGRAFIA DE CONTRANARRATIVAS

Editora Appris Ltda.
1.ª Edição - Copyright© 2024 do autor
Direitos de Edição Reservados à Editora Appris Ltda.

Nenhuma parte desta obra poderá ser utilizada indevidamente, sem estar de acordo com a Lei nº 9.610/98. Se incorreções forem encontradas, serão de exclusiva responsabilidade de seus organizadores. Foi realizado o Depósito Legal na Fundação Biblioteca Nacional, de acordo com as Leis nos 10.994, de 14/12/2004, e 12.192, de 14/01/2010.

Catalogação na Fonte
Elaborado por: Josefina A. S. Guedes
Bibliotecária CRB 9/870

C331d 2024	Carvalho, Antônio De rumores e ruídos: cartografia de contranarrativas / Antônio Carvalho. – 1. ed. – Curitiba: Appris, 2024. 207 p. ; 23 cm. – (Ciências da comunicação). Inclui referências. ISBN 978-65-250-4957-1 1. Mídia social. 2. Jornalismo – Aspectos políticos. 3. Corrupção. 4. Processo (Impedimentos). I. Título. II. Série. CDD – 302.22

Livro de acordo com a normalização técnica da ABNT

Appris *editora*

Editora e Livraria Appris Ltda.
Av. Manoel Ribas, 2265 – Mercês
Curitiba/PR – CEP: 80810-002
Tel. (41) 3156 - 4731
www.editoraappris.com.br

Printed in Brazil
Impresso no Brasil

Antônio Carvalho

DE RUMORES E RUÍDOS
CARTOGRAFIA DE CONTRANARRATIVAS

FICHA TÉCNICA

EDITORIAL	Augusto Coelho
	Sara C. de Andrade Coelho
COMITÊ EDITORIAL	Marli Caetano
	Andréa Barbosa Gouveia - UFPR
	Edmeire C. Pereira - UFPR
	Iraneide da Silva - UFC
	Jacques de Lima Ferreira - UP
SUPERVISOR DA PRODUÇÃO	Renata Cristina Lopes Miccelli
ASSESSORIA EDITORIAL	William Rodrigues
REVISÃO	Simone Ceré
PRODUÇÃO EDITORIAL	William Rodrigues
DIAGRAMAÇÃO	Andrezza Libel
CAPA	Eneo Lage
REVISÃO DE PROVA	William Rodrigues

COMITÊ CIENTÍFICO DA COLEÇÃO CIÊNCIAS DA COMUNICAÇÃO

DIREÇÃO CIENTÍFICA Francisco de Assis (Fiam-Faam-SP-Brasil)

CONSULTORES

Ana Carolina Rocha Pessôa Temer
(UFG-GO-Brasil)

Antonio Hohlfeldt
(PUCRS-RS-Brasil)

Carlos Alberto Messeder Pereira
(UFRJ-RJ-Brasil)

Cicilia M. Krohling Peruzzo
(Umesp-SP-Brasil)

Janine Marques Passini Lucht
(ESPM-RS-Brasil)

Jorge A. González
(CEIICH-Unam-México)

Jorge Kanehide Ijuim
(Ufsc-SC-Brasil)

José Marques de Melo
(*In Memoriam*)

Juçara Brittes
(Ufop-MG-Brasil)

Isabel Ferin Cunha
(UC-Portugal)

Márcio Fernandes
(Unicentro-PR-Brasil)

Maria Aparecida Baccega
(ESPM-SP-Brasil)

Maria Ataíde Malcher
(UFPA-PA-Brasil)

Maria Berenice Machado
(UFRGS-RS-Brasil)

Maria das Graças Targino
(UFPI-PI-Brasil)

Maria Elisabete Antonioli
(ESPM-SP-Brasil)

Marialva Carlos Barbosa
(UFRJ-RJ-Brasil)

Osvando J. de Morais
(Unesp-SP-Brasil)

Pierre Leroux
(Iscea-UCO-França)

Rosa Maria Dalla Costa
(UFPR-PR-Brasil)

Sandra Reimão
(USP-SP-Brasil)

Sérgio Mattos
(UFRB-BA-Brasil)

Thomas Tufte
(RUC-Dinamarca)

Zélia Leal Adghirni
(UnB-DF-Brasil)

Aos meus pais (no infinito).

AGRADECIMENTOS

Agradeço aos professores do Programa de Pós-Graduação em Comunicação e Semiótica da Pontifícia Universidade Católica de São Paulo (COS/PUC-SP) com os quais tive a oportunidade de alinhar novos conhecimentos, e que são parte desta obra.

Ao amigo Samuel Ponsoni, que prontamente aceitou escrever o prefácio. Agradecimento especial ao Rogério da Costa.

[...]
De um que apanhe esse grito que ele
e o lance a outro [...]

(João Cabral de Melo Neto)

APRESENTAÇÃO

Se o leitor se ocupou de folhear estas páginas, atraído talvez pelo que lhe pudessem sugerir sua capa e seu título, é bom saber daqui por diante, caso esse interesse se estenda ao longo dos capítulos (e, sim, é um convite), pelo menos o porquê de seu autor ter se empenhado à tarefa do que está prestes a ser lido, e de como este livro se estrutura.

Ele é o resultado de pesquisa acadêmica, brotada de uma inquietação diante do cenário que se apresentava no Brasil e que teve seu percurso de realização no decorrer dos acontecimentos deflagrados pelas manifestações de rua em junho de 2013, as Jornadas de Junho. Ocasião em que profusão de imagens do brasileiro cordial invadiam as transmissões sob ângulos e narração de dramaticidade pelos grandes veículos de comunicação do país, sobretudo os televisivos, e que ganhavam capas, manchetes e interpretações, enquanto o país se inflamava em um primeiro momento por genuínas reivindicações difusas. Clamores que acabam por ser engolfados e alcançam sua tradução nas cores verde e amarela, sob um lema único: a hora de um basta à corrupção (quase uníssono o coro de que "o gigante acordou!").

Razões essas de levar a cabo o confronto de versões contraditórias dos acontecimentos, o que serve ao propósito deste livro, fazer com que se registrem outros relatos, outros acervos na história, outra versão além daquela registrada pela grande imprensa. A contrapartida é estabelecida por sites e blogs que se autodenominam progressistas e que emergem com o conceito de mídia livre e colaborativa, tornados possíveis pelas novas tecnologias digitais.

Das jornadas de 2013 ao processo de *impeachment*/golpe, em 2016, a desembocar nos desdobramentos eleitorais dois anos depois... e por aí se vai uma década fervilhante. Desdobramentos que não se aquietam de uma história em fluxo, a ser narrada e a encontrar o seu rebate em contranarrativas. E, enfim, o como essas vozes se (des)encontram é algo que o leitor pode conferir nas páginas seguintes. Ao final da introdução, apresenta-se a maneira em que estão dispostos os assuntos a serem interpelados ao longo dos três capítulos componentes desta obra. Tomara os acompanhe!

PREFÁCIO

Um acontecimento há mais de dez anos

Michel Pêcheux (1938-1983), filósofo francês e um dos grandes formuladores e militantes da chamada Análise do Discurso, teoria/disciplina/epistemologia essa que criou, de fato, uma virada nos estudos da linguagem, a partir dos anos 1960, tratava a descrição e a interpretação dos fenômenos discursivos em um acontecimento de forma bem específica, qual seja, que um acontecimento deve ser compreendido e apreendido tanto pelo próprio da língua, o que não se dá somente pelos elementos lógicos, ou elementos frásticos da língua, como por aquilo que lhe é próprio enquanto um real de condição de existência, algo que exista tanto no plano material quanto no plano simbólico e que, muitas vezes, escapa a toda tentativa de torná-lo [este real e próprio da língua] em algo logicamente estabilizado. Por isso nos diz o autor em *Discurso: estrutura ou acontecimento*[1]:

> A primeira exigência consiste em dar o primado aos gestos de descrição das materialidades discursivas. Uma descrição, nesta perspectiva, não é uma apreensão fenomenológica ou hermenêutica na qual descrever se torna indiscernível de interpretar: essa concepção da descrição supõe ao contrário o reconhecimento de um real específico sobre o qual ela não se instala: o real da língua. [...] Isto é, nem linguagem, nem fala, nem discurso, nem texto, nem interação conversacional, mas aquilo que é colocado pelos linguistas como condição de existência (princípio), sob forma de existência do simbólico, no sentido de Jakobson e de Lacan (PÊCHEUX, 2008, p. 50).

Como vemos na citação, é dessa característica inescapável da língua, existir no material e no simbólico, que a questão do descrever e do interpretar, como uma abordagem discursiva de objetos de comunicação, nos acontecimentos, se faz crucial a um trabalho de pesquisa e de análise de diversos fenômenos sociais, históricos, políticos e, evidentemente, midiáticos, em um sentido mais amplo. E é justamente o trabalho que observamos ao ler esta excelente obra de Antônio Carvalho, *De rumores e ruídos: cartografia de contranarrativas*, que vem a calhar, na esteira de uma das décadas mais turbulentas da história do país (2013-2023).

---

[1] *Cf.* PÊCHEUX, Michel. *Discurso*: estrutura ou acontecimento. Tradução: Eni Orlandi. Campinas: Pontes, 2008.

Nesta publicação, o pesquisador busca, com refinada astúcia – entre o cientista e o jornalista –, objetos que orbitaram os limites e as contradições do que, convencionalmente, coloca-se como logicamente estabilizado das narrativas hegemônicas midiáticas, isto é, a formação de grandes consensos, consolidação de imaginários e simbolismos, em torno de temas específicos, pelas principais empresas familiares/hereditárias de comunicação do Brasil.

Dessa forma, no caldeirão borbulhante da história recente do Brasil, entre os anos de 2013 e 2016, acontecimentos de dimensões marcantes e efeitos duradouros ganharam forma. Porém, como nos mostra a pesquisa do livro, as águas revoltas dessa conjuntura não refletem apenas os eventos visíveis à superfície, mas sim refratam a complexidade das narrativas em disputa nos bastidores da opinião pública e da comunicação de massa.

O embate entre diferentes perspectivas, representado pelas vozes que ecoaram nas ruas e pela dinâmica dos veículos midiáticos, foi uma batalha constante pela construção de sentido. Nesse cenário, emergiram sites e blogs que se autointitulavam como progressistas, desafiando o monopólio informativo da mídia tradicional. Um duelo de contranarrativas ganhou forma, revelando fissuras no poder simbólico das instituições de comunicação estabelecidas.

No cerne desta pesquisa reside uma inquietação crucial: os sites e blogs de notícias e análises, ao oferecerem um contraponto às narrativas jornalísticas tradicionais, conseguiram desafiar a hegemonia simbólica dos veículos estabelecidos? O desejo de insinuar ruído nas narrativas dominantes, de questionar as instituições de comunicação convencionais, levou essa emergente contracorrente a uma posição capaz de contestar o monopólio da construção de sentido?

Eis que a resposta vem pela relevância histórica desse fenômeno. Indiscutível. As instituições midiáticas hegemônicas tiveram de dobrar-se ao tensionamento com esses novos meios de distribuição de notícias e análises do conjuntural, político e histórico, trazendo à luz perspectivas alternativas que complementam, contestam e diversificam a versão convencional.

Neste livro, que se desdobra de uma tese acadêmica, o leitor encontrará análises críticas e bem fundamentadas teórica e documentalmente desse embate, ou seja, tem-se aqui, igualmente, uma verdadeira contranarrativa emergente como rebatimento dos loucos anos pós-2013. Um registro de rumores e perspectivas das vozes sociais que se entrelaçam em uma teia contraditória e tensa. Em suma, a pesquisa não se contenta com a superfície dos acontecimentos, mas se aprofunda no emaranhado discursivo que se desenha das narrativas e contranarrativas construídas, explorando as engrenagens midiáticas, os interesses em jogo e as estratégias de comunicação que moldaram os rumos políticos e sociais do Brasil nesse período.

As páginas a seguir oferecem um mergulho profundo na intersecção entre comunicação, poder e história, um convite para explorar os múltiplos matizes de um decênio de agitação e transformação; de outros discursos, de outros elementos linguísticos, imagens, narrativas, sujeitos, códigos, gêneros, sentidos e efeitos de sentidos, que circulam na história social, ou seja, que já estão lá em alguma medida, para descrevê-los e interpretá-los a partir de filiações identificadoras, como redes de memórias sócio-históricas, no momento presente ao fato analisado dos acontecimentos discursivos, mas, para lembrarmos novamente o bom e velho Pêcheux, um sempre já-lá, com a possibilidade de múltiplos territórios de sentidos, como um: "[...] discurso-outro, enquanto presença virtual na materialidade descritível da sequência, marca, do interior desta materialidade, a insistência do outro como lei do espaço social e da memória histórica, logo como o próprio princípio do real sócio-histórico" (PÊCHEUX, 2008, p. 55).

Portanto, é por todas essas questões, atuais e urgentes, que esta obra deve ser lida, pensada e debatida, incontornavelmente, por aqueles que refletem sobre o Brasil contemporâneo.

Passos, MG, inverno de 2023

Professor doutor Samuel Ponsoni
Departamento de Comunicação e Design da Universidade do
Estado de Minas Gerais (UEMG-Unidade Passos)

SUMÁRIO

INTRODUÇÃO 19

1
À RUA. RUMORES E RUÍDOS 25
Mídia livre – algumas definições...26
Mídia ativa em ação – (des)caminhos do jornalismo 31
Sob um novo olhar 34
O fato e a narração 42
Jornalismo e contrapoder 46
A radiografia do golpe 52
O golpe em rede..57
O MBL e as pílulas proféticas do provisório 59

2
CARTOGRAFIA DE CONTRANARRATIVAS 65
O monopólio do golpe 65
Da condução coercitiva aos megaprotestos do dia 13 71
As relações jurídico-midiáticas 80
Lava Jato e implicações econômicas 86
De volta às relações 92
A edição da edição de *IstoÉ* 100
O ir e vir da *Veja*..107
Folha e a alegada imparcialidade...118
A corrupção da opinião pública 125
Mídia-Lava Jato, um jogo combinado 129
O "lavajatismo" militante da mídia (Globo e PT, um caso a se ver)..................132
Aos colegas jornalistas, um ato político 139
Os senhores da lei...143
No panteão dos escolhidos...146
O homem que abalou a política nacional..149
Para efeito de cruzadas 158

3

O GOLPE DO *IMPEACHMENT*..161

A elite do atraso...161

Raízes da autoimagem 162

Poder midiático e metáforas interpretativas.........................168

Narrativa novelizada do *impeachment* 176

Discurso único e rupturas...183

CONSIDERAÇÕES PROVISÓRIAS..................................187

REFERÊNCIAS 193

INTRODUÇÃO

Entre 2013 e 2016, observou-se no Brasil um movimento de aglutinação das múltiplas reivindicações que se insurgiam e reverberavam nas ruas e que, em certo momento, foram canalizadas como dispositivo em torno das pretensões de *impeachment* da presidenta Dilma Rousseff. Por esse percurso, algo era de forma sistemática silenciado pela grande mídia e, em contrapartida, irradiado pelos sites e blogs que se intitulavam progressistas, ou ainda, diante do que se tornava superexposto por aqueles veículos – da cobertura de acontecimentos ao culto de personalidades –, observava-se nestes o germinar de um embate por meio da reelaboração e interpretação dos mesmos fatos, na tentativa constante de estabelecer contranarrativas capazes de propor alguma relativização ao que era representado massivamente. Dito de outra maneira, diante do poder simbólico exercido pelos grandes meios de comunicação no Brasil, na formação da opinião pública, o contraponto oferecido por esses novos emissores de notícias e análises esmerou-se em granjear a inserção de ruído necessário apto a gerar interferência no fluxo hegemônico.

O ponto norteador deste livro transita pelo tema do "combate à corrupção", pauta única que acabou por obliterar as pautas difusas eclodidas nas ruas a partir do que ficou conhecido como as Jornadas de Junho, com manifestações organizadas pelo Movimento Passe Livre (MPL)[2] contra o aumento de tarifa de transporte público em São Paulo, iniciadas no dia 6 de junho de 2013; tema aglutinador que converge para um país polarizado, fiador de nascente conluio entre mídia e Judiciário brasileiros e que desemboca de maneira fatal nos resultados das eleições presidenciais de 2018.

No decorrer das divergentes manifestações pró-*impeachment* e as que se posicionavam a favor da permanência da mandatária no cargo, enquanto a mídia corporativa enumerava os eventos pela destituição como sendo atos espontâneos da população brasileira insatisfeita; e, por sua vez, as manifestações contrárias ao impedimento, como convocações partidárias ou orquestradas por setores ligados ao governo, o conjunto desses sites analisava tais narrativas e se dedicava, como se diz no jargão jornalístico, a explicitar o outro lado da história.

---

[2] Ele foi oficialmente criado em 2005 em Porto Alegre, durante o Fórum Social Mundial (FSM), mas tem suas origens nas manifestações de protestos de estudantes do ensino médio que ocorreram em Salvador em 2003 (conhecida por Revolta do Buzu), em Florianópolis em 2004 (Revolta da Catraca) e no ativismo do Centro de Mídia Independente (CMI). Portanto, não foi um movimento criado em 2013 (GOHN, 2017, p. 31-32).

A partir dos desdobramentos, verifica-se a disputa simbólica em torno da palavra "golpe", no sentido de desqualificá-la ou, por outro lado, buscar a sua legitimação; e ainda, a cargo dos veículos da grande imprensa, a tarefa de exaltação de personagens fora da esfera política,[3] bem como o desvelar dessas estratégias, incumbência de vozes dissonantes.[4]

Diante da construção da narrativa, seja ela proferida pelos veículos tradicionais, seja pulverizada nas articulações das novas mídias virtuais, uma urgência parece requerer a necessária relevância: os sites e blogs de notícias e análises, que se constituem agora elemento de crítica à atuação jornalística e à postura das instituições de comunicação no Brasil, por oferecerem um contraponto – ainda que de maneira assimétrica –, já se capacitam a pleitear o ruído no cenário de disputa de sentido para a formação da opinião pública e, assim, resvalar na hegemonia simbólica daqueles veículos?

---

[3] Ao menos formalmente, naquele momento, posto que alguns desses expoentes passariam a ocupar lugar de fato na política oficial, notadamente o procurador-chefe e o juiz responsável pela Operação Lava Jato, Deltan Dallagnol e Sérgio Moro.

[4] Bem antes de o *The Intercept Brasil* e parceiros iniciarem sua série de publicações dos vazamentos de conversas atribuídas entre o então juiz e promotores da Operação Lava Jato (no que se convencionou chamar "Vaza Jato"), inúmeras reportagens e análises apontavam a condução parcial dos processos ali contemplados, atitude que denota ativa participação política de agentes públicos no exercício da função – situação que contava com o respaldo de setores da imprensa tradicional –, trazidas a público pelo empenho desses novos veículos.

Vaza Jato – Série de revelações por meio de reportagens com os vazamentos, pelo site *The Intercept Brasil* e parceiros, a partir de 9 de junho de 2019. Conforme apresentação no próprio site do *The Intercept Brasil* na primeira da série de publicações, a explicação, assinada por Glenn Greenwald, Betsy Reed e Leandro Demori, de "COMO E POR QUE O INTERCEPT ESTÁ PUBLICANDO CHATS PRIVADOS SOBRE A LAVA JATO E SERGIO MORO": "Intercept Brasil publicou hoje três reportagens explosivas mostrando discussões internas e atitudes altamente controversas, politizadas e legalmente duvidosas da força-tarefa da Lava Jato, coordenada pelo procurador renomado Deltan Dallagnol, em colaboração com o atual ministro da Justiça, Sergio Moro, celebrado a nível mundial. Produzidas a partir de arquivos enormes e inéditos – incluindo mensagens privadas, gravações em áudio, vídeos, fotos, documentos judiciais e outros itens – enviados por uma fonte anônima, as três reportagens revelam comportamentos antiéticos e transgressões que o Brasil e o mundo têm o direito de conhecer.

O material publicado hoje no Brasil também foi resumido em duas reportagens em inglês publicadas no Intercept, bem como essa nota dos editores do The Intercept e do The Intercept Brasil.

Esse é apenas o começo do que pretendemos tornar uma investigação jornalística contínua das ações de Moro, do procurador Deltan Dallagnol e da força-tarefa da Lava Jato – além da conduta de inúmeros indivíduos que ainda detêm um enorme poder político e econômico dentro e fora do Brasil.

A importância dessas revelações se explica pelas consequências incomparáveis das ações da Lava Jato em todos esses anos de investigação. Esse escândalo generalizado envolve diversos oligarcas, lideranças políticas, os últimos presidentes e até mesmo líderes internacionais acusados de corrupção.

O mais relevante: a Lava Jato foi a saga investigativa que levou à prisão o ex-presidente Lula no último ano. Uma vez sentenciado por Sergio Moro, sua condenação foi rapidamente confirmada em segunda instância, o tornando inelegível no momento em que todas as pesquisas mostravam que Lula – que terminou o segundo mandato, em 2010, com 87% de aprovação – liderava a corrida eleitoral de 2018. Sua exclusão da eleição, baseada na decisão de Moro, foi uma peça-chave para abrir um caminho para a vitória de Bolsonaro. A importância dessa reportagem aumentou ainda mais depois da nomeação de Moro ao Ministério da Justiça. [...]". Disponível em: https://theintercept.com/2019/06/09/editorial-chats-telegram-lava-jato-moro/. Acesso em: 9 jun. 2019.

Inquietação que norteia o fomento desta obra no sentido de contemplar o pleito de outras fontes noticiosas que, de maneira inédita, penetram brechas defrontadas no monopólio midiático, uma vez que, nessa nova configuração, parece emergir uma disputa pela fatia de um restrito domínio da produção e circulação de produtos simbólicos. Dotados de uma disposição em rede, que permite o trânsito de seus conteúdos de forma livre e participativa, esses surgentes vetores da informação concedem a múltiplas fontes a possibilidade de serem lidas, vistas e ouvidas, espaço até então reservado aos meios constituídos e, portanto, dependentes de seus critérios de publicização.

Mesmo não munidos do mesmo poder de emissão que o aparato da mídia hegemônica na arena das disputas de narrativa – cuja estabilização futura se encontra ainda no campo do provável, posto que dependem de variáveis que não apenas a possibilidade aberta pela posse de canais de emissão –, os novos meios distributivos de notícias e análises almejam tensionar a predominância daqueles meios no cenário nacional. Ou, ao menos, ao que serve ao propósito deste trabalho, fazer com que se registrem outros relatos, outros acervos na história, outra versão além daquela registrada pela grande imprensa. Não apenas isso, a possibilidade de averiguação do funcionamento dessas instituições, os interesses que as movem, numa tradução realizada por especialistas de áreas distintas, muitas vezes por profissionais experimentados egressos de alguns setores da velha mídia (a mídia no espelho), como forma de dizer que a versão contada pela imprensa tradicional não será mais a única a ficar registrada.

Este livro se presta, portanto, a um caráter documental, ou seja, a realizar documentação histórica dessa contranarrativa, um registro *linkado*, fluido de ruídos que se transmitem na diversidade – pelo contraditório – a múltiplos rumores.

Por se tratar de fenômeno advindo da expansão dos meios pelas inovações tecnológicas, pode-se afirmar – ainda que não se confirme a anunciada revolução dos mecanismos de difusão, perante o poderio sedimentado no campo das instituições de mídia – o inegável ineditismo da contranarrativa, no que se refere ao volume de vozes que proliferam na horizontalidade das redes a pleitear uma dissonância. Momento esse de importância histórica no que se refere à evolução dos vetores e das formas da comunicação na sociedade, assim como de suas relações com outras instâncias de poder.

Esta obra se estrutura em três capítulos.

"À rua. Rumores e ruídos" é dedicado ao exame de processos emergentes no campo comunicacional e às narrativas independentes implementadas pelos novos atores do midialivrismo em oposição às narrativas empregadas pelos tradicionais emissores dos meios de comunicação instituídos. Para tanto, lança-se à abordagem de acontecimentos hodiernos no Brasil, como, por exemplo, as manifestações de rua a partir de junho e julho de 2013 e seus desdobramentos, momento em que formas alternativas de informação se evidenciam e interferem nos fluxos de trabalho da mídia tradicional.

Leia-se por mídia tradicional os veículos pertencentes aos principais grupos empresariais de comunicação do país, compostos, sobretudo, pelos jornais *O Globo, Folha de S. Paulo, O Estado de S. Paulo* e os canais de TV Globonews e Rede Globo, além da semanal revista *Veja*, dada a abrangência desses meios e a sua preponderância na formação de opinião pública. A contrapartida é estabelecida por sites e blogs que emergem com o conceito de mídia livre e colaborativa, cujos conteúdos se pautam e têm trânsito entre si e dialogam com conteúdos de publicações de empresas jornalísticas que se desvinculam da visão hegemônica, com destaque para os sites de notícias e análises *Diário do Centro do Mundo (DCM), Jornal GGN* e *The Intercept Brasil*, por serem meios que, naquela ocasião, se firmavam com considerável número de acessos e que possuíam à frente experimentados jornalistas egressos da grande mídia.

As Jornadas de Junho são o ponto de partida, posto que, a partir de manifestações pontuais contra o aumento de tarifas no transporte público na capital paulista, organizadas pelo Movimento Passe Livre (MPL), são despertadas inúmeras outras pautas de reivindicações que se espalham pelas ruas de várias cidades do país, tendo, em seguida, sido revertidas para uma pauta única centrada no "combate à corrupção", encampada pelas coberturas dos veículos da grande imprensa do país. Cumpre, assim, identificar como múltiplas reivindicações difusas que permeavam o descontentamento dos que bradavam por mudanças foram, de certa maneira, aliciadas e direcionadas a uma agenda seletiva. Ou seja, contestações municipais e localizadas que viraram rescaldo para a federalização das insatisfações.

De que forma e que forças se articularam para que isso fosse possível? É essa a razão de se estabelecer aqui uma cartografia dos outros registros, ramificada por análises de autores diversos, a contar, de maneira horizontal, os bastidores dessa mesma história.

Em "Cartografia de contranarrativas", a partir de ampla cartografia da crítica oferecida pelos sites e blogs de notícias e análises à atuação da mídia hegemônica brasileira, desenvolve-se um cotejo das diferentes narrativas e contranarrativas implementadas pelos veículos compreendidos na análise. Neste capítulo, busca-se avaliar o papel do consórcio mídia-judiciário nos desfechos políticos recentes no Brasil. Vazamentos seletivos e ações policiais da força-tarefa Lava Jato orquestrados com as coberturas jornalísticas. O empoderamento do Judiciário. As implicações econômicas para o país decorrentes desse arranjo. Tudo isso – partindo-se das manifestações de 2013, passando pela deposição de um governo democraticamente eleito, até a ascensão de Jair Bolsonaro, no pleito presidencial de 2018 – tendo como linha condutora que tal quadro prosperou sob a bandeira do combate à corrupção.

Cartografia da explicitação oferecida pelos agentes da contranarrativa em rede, em que variados especialistas, jornalistas, juristas, professores, pesquisadores, contribuem para tornar acessível e plural a opacidade do que foi publicado nas mídias hegemônicas. Críticas provindas de publicações em sites e blogs que empreendem essa comunicação alternativa à da mídia tradicional, de apropriações de postagens nas redes sociais dos autores, de estudos ligados a institutos de pesquisa na área da comunicação, ou ainda material que ganhou as páginas de livros na tentativa de contrapor o poder de emissão dos meios, num identificado conluio entre estes e agentes públicos, bem como a seletividade dos alvos na cruzada moral anticorrupção, com o petismo como inimigo comum a ser combatido.

"O golpe do *impeachment*" se guia pelas reflexões de Jessé Souza, que busca traçar um perfil histórico da formação das classes sociais no Brasil, análise que, dentre outros fatores, ajuda a compreender o que possibilitou a polarização nas ruas, motivada pela noção propagada pela mídia de que a corrupção só ocorre com o Estado. O capítulo traz ainda uma explanação sobre o poder midiático e as metáforas interpretativas na elaboração de estratégias comunicativas dos meios de comunicação tradicionais; bem como a novelização do processo de *impeachment*/golpe de 2016.

À RUA. RUMORES E RUÍDOS

O avanço tecnológico, que possibilitou o aparecimento de mídias digitais, bem como o contato de indivíduos por redes sociais, e permitiu a circulação de produtos simbólicos numa contínua variedade de pautas com uma velocidade acelerada, além de ter viabilizado o advento de transmissões independentes de características multimídia (mídias da multidão), criou igualmente às instituições de mídia tradicionais condições para a integração daquelas às já existentes. O estabelecimento de uma cartografia da crítica às narrativas veiculadas pelas empresas de comunicação tradicionais no Brasil, irradiada pelos agentes do midialivrismo – cuja extensão se dilata com os suportes digitais –, compõe o presente objeto de discussão.

As manifestações de rua no Brasil, convocadas pela internet, deflagradas a partir das Jornadas de Junho de 2013, que culminaram nos protestos de 2016 (e em seus desdobramentos políticos: a deposição da presidenta Dilma Rousseff e a posterior eleição de Jair Bolsonaro), oferecem pano de fundo para a investigação do fenômeno do midiativismo, cujas narrativas se dão na transmissão de dentro do acontecimento, como mídia de contato, em contraste com a cobertura jornalística dos meios estabelecidos. Ademais, houve o aparecimento de novos meios, que, articulados entre si, fazem emergir uma infinidade de emissores cuja atuação expõe uma possível fissura no sistema hegemônico de transmissão simbólica, uma vez que se pautam por interesses diversos, e cujas narrativas adquirem a dinâmica do contato.

A reboque dessas transformações, o surgimento de sites de notícias e análises, por irradiarem conteúdos de maneira cooperativa, permite o exercício da crítica, uma vez que, neles, além da possibilidade de outras angulações, comentários acerca da construção da notícia realizada pela grande mídia logram o descortinar para o leitor/espectador/internauta dos interesses que norteiam a escolha dos enquadramentos.

Diante dessa dinâmica que se configura, o objeto de pesquisa da área da comunicação se alarga e se complexifica amplamente, cabendo ao pesquisador a observação das outras múltiplas narrativas que emergem em constante disputa simbólica pela composição daquilo a que se atribuirá o status de verossimilhança. Dado o contexto, começam a se constituir processos emergentes no campo comunicacional e as narrativas implementadas pelos novos autores do midialivrismo em oposição às narrativas empregadas pelos tradicionais emissores dos meios de comunicação instituídos – narrativas distintas em torno do mesmo ato.

Assim sendo, a cobertura de acontecimentos recentes no Brasil, durante e decorrentes das manifestações de rua a partir de junho e julho de 2013 – momento em que formas alternativas de informação se erguem, intensificam-se e passam a interferir nos fluxos de trabalho da mídia tradicional –, oferece-se para a investigação da especificidade da notícia como estratégia de construção de narrativas.

Mídia livre – algumas definições

Fábio Malini e Henrique Antoun apresentam um histórico do surgimento das atividades midialivristas como uma contranarrativa oferecida aos modelos hegemônicos de comunicação. Segundo afirmam, em 1984 nasce a noção de ciberespaço, com a organização de inúmeros grupos de ativistas, compreendida em ambientes virtuais comunitários e participativos dos grupos de discussões, e tal comunicação distribuída congrega então uma série de ativismos. Por meio desse tipo de comunicação em rede interativa, surge, no mesmo ano, o ciberativismo, alicerçado por ações coletivas coordenadas e mobilizadas coletivamente. Ou seja, o ativismo das comunidades virtuais fundou o ciberespaço.

> O aparecimento do ciberativismo – numa versão *hacker* e comunitária – rompe com o próprio ativismo social que se realizava até então no campo da comunicação social. Na época, a "guerrilha midiática" acontecia com a produção de contrainformação usando o meio da radiodifusão (rádio, especialmente). Com a invenção do ciberespaço, a guerra de informação ocorre de modo subterrâneo, entre aqueles que possuem centrais de comunicação mediadas por computador.[5]

Os autores denotam que, com os grupos de discussão e as comunidades *hackers*, forma-se uma bifurcação no entendimento sobre o ativismo midiático: por um lado, o midialivrismo de massa; por outro, o midialivrismo ciberativista. Coirmãos, numa reivindicação de "liberação

---

[5] MALINI, F.; ANTOUN, H. *A internet e a rua*: ciberativismo e mobilização nas redes sociais. Porto Alegre: Sulina, 2013. p. 21-22.

de voz", aquele se ocupa da produção de mídias comunitárias e populares, a partir de experiências de movimentos sociais organizados, oriundos do paradigma da radiodifusão; enquanto este, dedicado à dinâmica de comunicação um-todos, "[...] reúne experiências singulares de construção de dispositivos digitais, tecnologias e processos compartilhados de comunicação, a partir de um processo de colaboração social em rede e de tecnologias informáticas [...]".[6]

A partir dessa estrutura, distribuídos em rede, esses novos atores, por meio de suas estratégias comunicacionais dissonantes, buscam rivalizar com os conglomerados de comunicação, que controlam a opinião pública, na construção de narrativas.

> O midialivrista é o *hacker* das narrativas, um tipo de sujeito que produz, continuamente, narrativas sobre acontecimentos sociais que destoam das visões editadas pelos jornais, canais de TV e emissoras de rádio de grandes conglomerados de comunicação. Em muitos momentos, esses *hackers* captam a dimensão *hype* de uma notícia para lhe dar um outro valor, um outro significado, uma outra percepção, que funcionam como ruídos do sentido originário da mensagem atribuído pelos meios de comunicação de massa. Essa narrativa *hackeada*, ao ser submetida ao compartilhamento do muitos-muitos, gera um ruído cujo principal valor é de dispor uma visão múltipla, conflitiva, subjetiva e perspectiva sobre o acontecimento passado e sobre os desdobramentos futuros de um fato.[7]

Sabendo-se das dificuldades na demarcação de conceitos para nominar os eventos – às vezes resvalados pelo ineditismo –, posto que trazem em si restrições e multiplicidades de sentidos, uma vez que ocorrem em meio a relações de complexidades, os termos "independentes", "alternativos", ou seja, sempre utilizados como uma autorreferência pelos sites de perspectivas progressistas de contranarrativa, devem ser aqui entendidos como que atuantes, a partir de possibilidades abertas pelos vetores virtuais, em uma transversalidade em relação ao conjunto de mídia tradicional. Veículos portadores de narrativas transversais, posto que não lineares, colaterais, intentam o embate na esfera comunicacional por vias múltiplas, interligadas, horizontais, oblíquas, perpendiculares[8] aos valores e padrões estabelecidos

---

[6] *Ibid.*, p. 21.

[7] *Ibid.*, p, 23.

[8] Transversal: **2.** Que atravessa algo oblíqua ou perpendicularmente.
Disponível em: http://www.aulete.com.br/transversal. Acesso em: 14 set. 2019.

pelo discurso hegemônico atrelado aos grandes grupos de comunicação. Ou seja, algo que, devido às ferramentas trazidas pelo advento da internet, se coloca como possibilidade.

> Os midialivristas são sujeitos aparelhados e interfaceados (em *sites*, *blogs* e perfis em redes sociais, etc.) que buscam, fora do *modus operandi* dos veículos de massa, produzir uma comunicação em rede que faz alimentar novos gostos, novas agendas informativas e novos públicos, alargando assim o espaço público midiático, porque consegue *hackear* a atenção de narrativas que antes se concentravam no circuitão de mídia.[9]

Diante da extensa variedade de formatos provenientes das novas tecnologias, surgem divergências e dificuldades em caracterizar o que é alternativo aos veículos convencionais, posto que denominações várias são evocadas de acordo com cada época. Atenta a esse cenário, Renata Escarião Parente questiona se seria "inadequado apontar como 'alternativas' publicações que se revelam em pleno século XXI?".[10] Apesar de discordar da inadequação de tal sentença, atenua:

> Como percebemos, as variadas formas de manifestação dessa comunicação que acontece à margem dos veículos tradicionais vão ganhando diferentes denominações de acordo com o momento histórico no qual acontece, sendo chamada de comunitária, alternativa, popular, participativa, horizontal, e dialógica, dependendo do lugar social e do tipo de prática em questão. É importante observarmos que a base do conceito é a mesma, ou seja, tratam-se de formas de expressão de segmentos excluídos da população em processo de mobilização, visando atingir seus interesses e suprir necessidades de sobrevivência e de participação política. [...].
> É justo por essa série de questões a serem consideradas que não existe uma definição precisa para este tipo de comunicação, uma fórmula na qual encaixemos o veículo para classificá-lo como sendo alternativo ou não, sendo mais sensato apontar aspectos, elementos ou características alternativas em

---

[9] MALINI, F.; ANTOUN, H., 2013, p. 24.

[10] Trabalho apresentado ao Grupo de Trabalho Comunicação e Cidadania do XXIII Encontro Anual da Compós, na Universidade Federal do Pará, Belém, de 27 a 30 de maio de 2014. Disponível em: https://edisciplinas.usp.br/pluginfile.php/900841/mod_resource/content/1/domidialivrismodemassaaomidialivrismociberativista_rebataescariaoparente_compos2014_2148.pdf. Acesso em: 14 set. 2019.

> veículos de comunicação. Tal caracterização pode ser feita a partir de variados elementos, como a classificação da linguagem, da mensagem e da forma de produção, por exemplo.[11]

No trânsito pelas considerações de alguns estudiosos que discorrem sobre os termos desde publicações da chamada imprensa alternativa no Brasil do período de Ditadura Militar, a partir de 1964, passando pelo período de abertura no final dos anos 1970, com o que se convencionou chamar comunicação popular, consolidada no início dos 1980, e ainda o surgimento de outra expressão, comunicação comunitária, na década de 1990, Parente afirma que, para além da oferta de contrainformação, essas expressões integram o processo de formação de opinião e que, apesar das divergências nas denominações e recortes, "[...] um ponto inquestionável entre os autores é o importante papel que essas expressões cumprem em um processo de democratização da comunicação, mesmo com todas as limitações e dificuldades que enfrentam".[12] E conclui que, sendo de direita ou de esquerda, variante conforme a conjuntura, "[...] o alternativo é tudo que se contrapõe ao modelo convencional, estabelecido".[13] Assim, com as inovações tecnológicas do século XXI, não desaparece esse caráter, bem como ampliam-se suas possibilidades diante de um cenário notadamente adverso.

> É importante destacar que, mesmo que a internet tenha trazido inúmeras novas possibilidades para o campo da comunicação, a essência da organização deste campo no nosso país não mudou tão substancialmente. Uma minoria que detém o poder político e econômico continua controlando as maiores redes de comunicação. Por mais que a internet esteja cada dia mais acessível às variadas camadas sociais, a grande maioria da população continua assistindo à TV Globo, TV Record, entre outros, "reféns" do que é pautado por esses veículos, sem nenhum instrumento que se contraponha à altura do seu alcance. Sem dúvida, um cenário ainda favorável à necessária emergência de expressões comunicacionais que se contraponham a esse modelo hegemônico, seja usando a internet como ferramenta, seja usando outros instrumentos, como as publicações impressas.[14]

---

[11] PARENTE, R. E. Do midialivrismo de massa ao midialivrismo ciberativista: uma reflexão sobre as perspectivas de comunicação alternativa no Brasil. *In*: ENCONTRO ANUAL DA COMPÓS, 23., 2014, Belém. *Anais* [...]. Belém: [s.n.], 2014. p. 6-7.

[12] *Ibid.*, p. 8.

[13] *Ibid.*, p. 8.

[14] *Ibid.*, p. 10.

Numa publicação em seu blog, na revista *Fórum*, em 26 de janeiro de 2009, o jornalista e pesquisador Renato Rovai manifestara *Uma contribuição sobre o conceito de Mídia Livre*.

> *Segue abaixo a intervenção que acabo de fazer na mesa "Para Ampliar o Midialivrismo", no Fórum Mundial de Mídia Livre. É uma reflexão para que possamos começar a debater o caráter do movimento que estamos construindo.*
>
> Nós somos blogueiros, revisteiros, documentaristas, fotógrafos, ilustradores, jornalistas, radiocomunicadores, professores que não têm a mídia comercial como referência do seu trabalho. Somos ativistas da luta pela democratização das comunicações. Somos muitos. Estamos hoje produzindo boa parte das informações que constroem a reflexão do movimento popular mundo afora. Somos muitos e por isso já incomodamos demais.
>
> Não somos mais nós que nos preocupamos com os conglomerados comerciais de comunicação. São eles que hoje querem nos impedir de existir. São eles que se preocupam com nossas ações, com as nossas construções. São eles que dizem que nossas rádios derrubam aviões. São eles que fazem campanhas publicitárias para ridicularizar nossos blogues.
>
> [...]
>
> Então o que caracteriza o nosso movimento e o que nos torna midialivristas.
>
> O movimento de mídia livre não é apenas uma construção de jornalistas e/ou militantes políticos de esquerda. Ele é muito mais amplo. Quando se definiu pelo nome Mídia Livre uma das intenções era exatamente a de se associar a luta dos softwares livres e das rádios livres. Mas também a de demonstrar que a construção do movimento tinha por princípio a liberdade como valor.
>
> A luta contra os monopólios corporativos, contra a censura da informação, contra o bloqueio do acesso ao conhecimento. E que buscava ser não uma instituição, uma associação, mas um espaço livre para articulações e para o fomento de iniciativas inspiradas na dinâmica do compartilhamento e na construção da cultura do comum.
>
> De alguma forma isso é o que nos define. Não é necessário ser de esquerda para ser midialivrista, mas é impossível sê-lo sem estar associado à prática do copyleft ou do creative commons. Quem pensa o mundo na lógica do copyright não pode se reivindicar ou se reconhecer midialivrista. E ser midialivrista também é um ato de se reivindicar e se reconhecer.

> É por isso que quase todos os midialivristas são de esquerda. Porque não estão associados à crença de que tudo passa pelo mercado. E de que precisa virar mercadoria.
> [...]
> Plagiando o Sérgio Amadeu, não existe almoço de graça, mas existe informação gratuita. E livre das influências do mercado. Sem ter sido pensada para fazer parte de um projeto que precisa de publicidade comercial, por exemplo, para existir.
> [...]
> Por isso, dá pra afirmar sem medo de errar que o movimento da mídia livre é essencialmente político. Até porque ele coloca em xeque a lógica do sistema capitalista. E para usar um outro termo desgastado: ele é revolucionário.
> [...]
> A mídia livre precisa apostar na horizontalidade. Num movimento de milhões. [...]
> A mídia livre precisa ser colaborativa, horizontal, comum e livre de interesses de grupos. É isso que pode fazer com que esse movimento se amplie. E se torne de fato importante e revolucionário.
> Ser midialivrista é também ser revolucionário. Unamo-nos.[15]

Nessa exposição de determinados atributos que definem a atividade midialivrista, Rovai, apesar de apostar nas potencialidades de atuação nas brechas, alerta para elementos que obstam o avanço dessa comunicação com a marca da multiplicidade.

Mídia ativa em ação – (des)caminhos do jornalismo

Com os avanços nas tecnologias da informação e a consequente ampliação de novos espaços e outros formatos para a mídia alternativa, cada vez mais atrelada à internet, dentre um emaranhado de expressões que ainda se desenham nas ramificações dos termos e das ações dentro do ciberespaço, Antônio Augusto Braighi e Marco Túlio Câmara se dispõem a delinear uma proposta conceitual para o que é midiativismo. Segundo afirmam,

> Midiativismo só se faz com midiativistas, sujeitos portadores de uma vontade solidária, que empreendem ações diretas transgressivas e intencionais, e veem as próprias capacidades de intervenção social, antes localizadas, sendo

---

[15] ROVAI, R. Uma contribuição sobre o conceito de Mídia Livre. *Fórum*, [S.l.], 26 jan. 2009. Disponível em: https://revistaforum.com.br/blogs/blogdorovai/bblogdorovai-uma_contribuicao_sobre_o_conceito_de_midia_livre/. Acesso em: 13 set. 2019.

potencializadas. Isso, por meio de um registro midiático que visa necessariamente amplificar conhecimento, espraiar informação, marcar presença, empreender resistência e estabelecer estruturas de defesa.[16]

Movimentos de resistência norteados pela ação direta que objetivam a mudança da realidade social estabelecida e se utilizam dos dispositivos digitais como aparato técnico-midiático para potencializar sua prática, no sentido de não apenas relatar, mediar os eventos, mas de interferir no seu desenrolar numa participação ativa.

> Midiativismo para nós, afinal, se claro não ficou, é rua, é chão, é corpo a corpo. Poderíamos, até certo ponto, concordar com quem crê que a existência (midia)ativista se dá não apenas na passionalidade do embate, fora do asfalto, mas também em novas formas de evidenciar seus anseios – dados os contornos e potencialidades do espaço *Web*. No entanto, para nós o ativismo em rede se diferenciaria do midiativismo. Enquanto o primeiro se serve dos dispositivos tecnológicos e da *Web* para a sua emergência, o segundo serve ao ativismo, que, transmitido/registrado ou não, mantém a métrica de intervenção social, ao passo que o primeiro, sem a *Web*, não existe (como conceito).[17]

Denominada como "Respeitosamente vândala", em entrevista publicada pela revista *Cult*, edição 188, a pensadora e ativista Ivana Bentes discorre sobre o estado da arte dessa mescla de jornalismo e ativismo, passado quase um ano das Jornadas de Junho.

> *A Mídia Ninja, que podemos chamar de filha pródiga do movimento Fora do Eixo, nasceu e ganhou muita evidência durante as manifestações de junho de 2013. A sra. vê a Mídia Ninja e suas derivações como o futuro da comunicação?*
> *Um dos efeitos dos protestos de 2013 no Brasil foi a explosão das ações midiativistas. A Mídia Ninja fez essa disputa de forma admirável, amplificando a potência da multidão nas ruas. Ela passou a pautar a mídia corporativa e os telejornais ao filmar e obter as imagens do enfrentamento dos manifestantes com a polícia, a brutalidade e o regime de exceção. O papel dos midialivristas e dos coletivos*

---

[16] BRAIGHI, A. A.; CÂMARA, M. T. O que é midiativismo? uma proposta conceitual. *In*: BRAIGHI, A. A.; LESSA, C.; CÂMARA, M. T. (org.). *Interfaces do midiativismo*: do conceito à prática. Belo Horizonte: CEFET-MG, 2018. p. 25-42. p. 36. Disponível em: https://www.academia.edu/36846331/O_que_%C3%A9_Midiativismo_Uma_proposta_conceitual. Acesso em: 21 set. 2019.

[17] *Ibid.*, p. 40.

> *e redes de mídias autônomas não pode ser reduzido ao campo do jornalismo, mas aponta para um novo fenômeno de participação social e de midiativismo (que usa diferentes linguagens, escrachos, vídeos, memes, para mobilizar). A cobertura colaborativa obtém picos de milhares de pessoas online, algo inédito para uma mídia independente. Nesse sentindo a comunicação é a própria forma de mobilização.*
>
> **E o Fora do Eixo?**
>
> *O Fora do Eixo é um laboratório de experiências culturais e de invenção de tecnologias sociais radicais, que conseguiu transformar precariedade em autonomia.*
>
> *[...]*
>
> *O Fora do Eixo possibilita que jovens dispensem empregos "escravos" ou precários na mídia tradicional, em produtoras comerciais, agências de publicidade, ou qualquer emprego fordista, e passem a inventar a sua própria ocupação. Conheço o Fora do Eixo desde 2011. Na prática, são uma rede de mais de mil jovens que revertem seu tempo e vida para um projeto comum com um caixa coletivo único que paga comida, roupa e casa coletiva, sem salário individual e um projeto comum. Eles não têm medo de dialogar com os poderes instituídos, ao contrário de um certo discurso midiático que procura criar um grande horror à política, que só afasta os jovens e muitos de nós das disputas.*[18]

Na intensa onda das manifestações brasileiras de junho de 2013, essa vertente do jornalismo-ativismo se viu emergir na atuação do coletivo Mídia Ninja,[19] que transmitia uma tempestade de notícias de dentro do fluxo dos acontecimentos. Versáteis e por se desvincularem do modo de operação dos repórteres da mídia tradicional (estes, com dificuldades no tráfego entre os manifestantes, por despertarem certa desconfiança, uma vez atrelados ao funcionamento empresarial dos veículos que representavam), os novos atuantes eram fluentes entre a vaga que transbordava as ruas.

De dentro do dilúvio informacional que tomava de assalto os noticiários daqueles dias, as transmissões a quente, notícias, entrevistas e imagens, efetuadas por eles foram essenciais na explicitação de detalhes não alcançados pelas lentes corporativas e acabaram aportando inclusive nas edições do principal telejornal brasileiro.

---

[18] BENTES, I. Respeitosamente vândala. [Entrevista cedida a] Eduardo Nunomura. Revista *Cult*, n. 188, 14 mar. 2014. Disponível em: http://revistacult.uol.com.br/home/2014/03/respeitosamente-vandala/. Acesso em: 24 mar. 2016.

[19] Acrônimo de Narrativas Independentes, Jornalismo e Ação, que ganhou relevância na cobertura e transmissão de vídeos ao vivo e sem cortes dos protestos.

Sob um novo olhar

No prefácio do livro *A internet e a rua: ciberativismo e mobilização nas redes sociais*, as considerações de Ivana Bentes ilustram a necessidade de um novo olhar para os acontecimentos que se erguem como os novos desafios de pesquisa na área da comunicação:

> No Brasil, capítulo de um livro a ser escrito pelos muitos, a emergência de uma mídia da multidão aponta para um novo momento do midiativismo, encarnado, nos protestos em junho e julho de 2013 pela experiência da Mídia Ninja (Narrativas Independentes Jornalismo e Ação) que cobriu colaborativamente as manifestações em todo o Brasil, "streamando" e produzindo uma experiência catártica de "estar na rua", obtendo picos de 25 mil pessoas online. A Mídia Ninja fez emergir e deu visibilidade ao "pós-telespectador" de uma "pós-TV" nas redes, com manifestantes virtuais que participam ativamente dos protestos/emissões discutindo, criticando, estimulando, observando e intervindo ativamente nas transmissões em tempo real e se tornando uma referência por potencializar a emergência de "ninjas" e midialivristas em todo o Brasil. Indo além do "hackeamento" das narrativas, a Mídia Ninja passou a pautar a mídia corporativa e os telejornais ao filmar e obter as imagens do enfrentamento dos manifestantes com a polícia, a brutalidade e o regime de exceção (policiais infiltrados jogando coquetéis Molotov, polícia à paisana se fazendo passar por manifestantes violentos, apagamento e adulteração de provas, criminalização e prisão de midiativistas, estratégias violentas de repressão, gás lacrimogêneo e balas de borracha, etc.).[20]

Maurizio Lazzarato, em *As revoluções do capitalismo*, tece uma proposta para se pensar acerca das lutas do século XXI. Partindo da noção de público de Gabriel Tarde, sustenta que os corpos e mentes que estão em contato nas ruas são mundos que se tocam pela comunicação. Nessas considerações, o autor aborda os acontecimentos em Seattle, em 1999, ocasião em que milhares de manifestantes com motivações e perspectivas políticas distintas se mobilizaram em manifestações contra encontro da Organização Mundial do Comércio (OMC). "Os dias de Seattle foram um verdadeiro acontecimento político que, como todo acontecimento, produziram em primeiro lugar uma transformação da subjetividade, ou seja, da maneira de sentir: não

---

[20] MALINI, F.; ANTOUN, H., 2013, p. 15.

suportamos mais aquilo que suportávamos antes [...]".[21] E discorre sobre um "possível" criado a partir desses eventos, que diferem dos acontecimentos políticos que perpassaram o século XX. Uma possibilidade anunciada, mas que precisa, conforme enfatiza, ser efetivada. "Limita-se a anunciar que o possível foi criado, que novas possibilidades de vida estão se expressando e que se trata de efetuá-las. A possibilidade de um outro mundo surgiu, mas precisa ser efetuada".[22]

Durante as coberturas das manifestações brasileiras, eclodidas em junho de 2013, observavam-se diferentes narrativas, pontos de vista divergentes sobre os acontecimentos. O coletivo Fora do Eixo, por exemplo, apresentava os fatos "de dentro" e em tempo real, enquanto os veículos corporativos (impresso e televisivo) dedicavam-se a outro enquadramento – e, junto a este, a construção discursiva para os próprios midiativistas ia paralelamente sendo urdida. Texto publicado no site do *Observatório da imprensa* (Comentário para o programa radiofônico do *Observatório*, 19/08/2013) apresenta o teor do tratamento dedicado pelos órgãos da grande mídia, a começar pelo título: *O linchamento da Mídia Ninja.*

> Algumas das mais prestigiadas cabeças da imprensa têm se empenhado, nos últimos dias, a uma articulada operação com o objetivo de desmoralizar o coletivo de produções culturais chamado Fora do Eixo e, como resultado indireto, demonizar o fenômeno de midiativismo conhecido como Mídia Ninja. Não se pode dizer que esse movimento seja organizado, da mesma forma como se planeja uma pauta de jornal, mas são fortes as evidências de uma estratégia comum em suas iniciativas. Há uma urgência na ação de desconstrução da mídia alternativa que nasce em projetos culturais à margem da indústria de comunicação e entretenimento – e os agentes dessa estratégia têm motivos fortes para isso.
> Interessante observar que essa operação-desmanche reúne desde os mais ferozes e ruidosos porta-vozes do reacionarismo político até pensadores identificados com correntes vanguardistas, o que compõe um mosaico de discursos que vão dos costumeiros rosnados de blogueiros raivosos até lucubrações mais ou menos sofisticadas de intelectuais sobre o ambiente comunicacional contemporâneo.[23]

---

[21] LAZZARATO, M. *As revoluções do capitalismo*. Tradução: Leonora Corsini. Rio de Janeiro: Civilização Brasileira, 2006. p. 11.

[22] *Ibid.*, p. 12.

[23] COSTA, L. M. O linchamento da Mídia Ninja. *Observatório da Imprensa*, [S.l.], 19 ago. 2013. Disponível em: http://www.observatoriodaimprensa.com.br/news/view/o_linchamento_da_midia_ninja. Acesso em: 22 out. 2013.

O próprio título de uma reportagem, num outro exemplo, publicada na seção "Democratização Comunicação", no site *Pragmatismo Político*, já orienta o leitor para um estado de coisas que se esboça no campo da cobertura jornalística dos eventos: *Por que a mídia tradicional tem medo da Mídia Ninja?* No texto, pode-se apreender a difusão desse tipo de trabalho jornalístico que emerge nas cavidades deixadas pela grande imprensa, apesar das atenuações de uma prática em germe, conforme se observa no subtítulo: "Alcance da Mídia Ninja explodiu com os protestos de junho. Entusiastas aplaudem proximidade dos ativistas com acontecimentos, mas analistas ponderam necessidade de contextualizar informação".

A repercussão da Mídia Ninja (acrônimo de Narrativas Independentes, Jornalismo e Ação) registrou seu ápice durante as manifestações de junho no Brasil, quando centenas de milhares de cidadãos foram às ruas para protestar contra a corrupção, os gastos excessivos do governo com a Copa do Mundo de 2014, a falta de infraestrutura e de investimentos na área da saúde e educação, entre outros motivos.

"[O grupo] entrou em evidência porque as pessoas estavam esperando uma cobertura mais próxima sobre o que estava acontecendo nas ruas", explica o jornalista Bruno Torturra, líder dos ninjas e ex-diretor de redação da revista *Trip*, onde trabalhou por 11 anos. "Acho que a mídia [tradicional] não soube ler rápido o que estava acontecendo nas redes e nas ruas, e estávamos sempre presentes nos protestos, transmitindo tudo ao vivo, fotografando e dando o ponto de vista dos manifestantes. Acho que tinha uma demanda muito grande de uma cobertura independente, e a gente estava lá."

"O Ninja estava presente onde a grande mídia não esteve", constata também o jornalista e sociólogo Venício A. de Lima, professor titular aposentado de Ciência Política e Comunicação da Universidade de Brasília (UnB). A divulgação, pela internet, de imagens feitas por um membro do Ninja da violenta repressão policial aos protestos na capital paulista teria sido, segundo Lima, "absolutamente fundamental como detonador de uma insatisfação generalizada que havia e que explodiu depois da reação policial."

A explosão do Ninja – criado em 2012 no âmbito da rede de intercâmbio artístico Fora do Eixo, liderada pelo ativista cultural Pablo Capilé –, de acordo com relatos da imprensa brasileira, teria coincidido com a ampliação das manifestações, na semana de 17 de junho, quando os protestos foram convocados em todo o Brasil. Hoje, o grupo tem mais de 140 mil seguidores no Facebook.

[...]

O papel de grupos alternativos de comunicação como a Mídia Ninja também podem servir para "oxigenar" a produção de informação do tradicional jornalismo no Brasil, segundo afirma Sylvia Debossan Moretzsohn, professora da Universidade Federal Fluminense no Rio de Janeiro.

"Eu acho que [a Mídia Ninja] vem preencher uma lacuna, sobretudo porque recupera essa reportagem de rua, essa ênfase no que está acontecendo neste momento e ao vivo", exemplifica. "Isso tudo é importante porque é uma forma de documentar a realidade e, ao mesmo tempo, de denunciar principalmente certas violências que não são frequentemente objeto de cobertura da mídia tradicional, e então entram muito perifericamente porque a mídia tradicional fica muito refém das fontes oficiais e das assessorias de imprensa, exatamente porque não está na rua como deveria estar", avalia Moretzsohn.

As formas alternativas de informação, como a Mídia Ninja e o site *Repórter Brasil*, acabam mudando também certos fluxos de trabalho da mídia tradicional, diz a autora do livro *Repórter no Volante*. "Há um aumento brutal de fontes que querem se apresentar como informação, e é preciso selecionar tudo isso de forma muito mais criteriosa. Os jornalistas continuam tendo esse papel de mediação. Que credibilidade tem a internet, de forma geral? Posso publicar o que eu quiser e depois apagar, como indivíduo. Mas sempre há uma promessa de credibilidade no jornalismo, seja na forma de grandes empresas ou nas formas alternativas", explica a professora da UFF.

Credibilidade em dúvida

"Com o aumento das críticas à TV Globo pelos manifestantes, a Mídia Ninja se tornou rapidamente uma fonte confiável de informação para muitos dos envolvidos nos protestos e transmitiu ao vivo manifestações em todo o Brasil", diz um texto do jornal britânico *The Guardian*, publicado um dia após a chegada do papa Francisco ao Rio de Janeiro, no âmbito da Jornada Mundial da Juventude. [...]

Democratizar a informação

Entre os objetivos da Mídia Ninja, Bruno Torturra lista o alcance da informação para parcelas mais amplas da população brasileira. "Queremos democratizar a produção de informação e, com isso, informar melhor as pessoas para que tenhamos uma democracia cada vez mais sólida, justa, integrada e próxima dos fatos. Acho que o próprio jornalismo tem de ser repensado e atualizado", afirma o líder dos ninjas, que aponta para a concentração dos meios de comunicação brasileiros nas mãos de "pouquíssimas pessoas, grupos e famílias".[24]

Notadamente, as reivindicações, que num primeiro momento se concentravam nas manifestações contra o aumento das passagens de ônibus, em São Paulo, de R$ 3,00 para R$ 3,20, encampadas pelo Movimento Passe Livre (MPL), se espalharam para várias cidades brasileiras, mobilizando milhares de pessoas sob o escopo, então, de uma multiplicidade de temas. Os manifestantes, dentre outros motivos, saíram às ruas para protestar contra a corrupção, os gastos em grandes eventos internacionais como a Copa do Mundo de 2014, a baixa qualidade e falta de investimentos nos serviços públicos na área da saúde e da educação. A cobertura jornalística realizada pelos jornais e canais de TV tradicionais levou a uma segmentação simbólica desses cidadãos que estavam nas ruas, conforme ilustra o balanço feito em matéria publicada em 27/12/2013, pelo jornal *Folha de S. Paulo, Retrospectiva: Manifestações* não foram pelos 20 centavos, em que as "Jornadas" são dispostas em três fases.

> É possível distinguir ao menos três fases de protestos. A primeira teve foco na tarifa e reuniu majoritariamente estudantes. A segunda –com forte apoio popular e mais efêmera– arrastou multidões contra a baixa qualidade dos serviços públicos, a corrupção, a polícia e tudo o mais.
> Por fim, restaram as "manifestações" mais radicais, já sem o apoio da maioria da população, marcadas pela quebradeira dos adeptos da tática "black bloc". Num balanço de "conquistas das ruas" há muito o que enumerar.[25]

E é nesse sentido de dividir, de um lado, "a multidão pacífica e ordeira" e, do outro, "os mascarados adeptos do vandalismo" que consiste numa das estratégias de captura. Diante do quase uníssono simplificador "o gigante acordou" em que foram transformadas as manifestações de 2013 pela ótica das "máquinas de expressão" da grande mídia, é necessária a busca de ferramentas para que se compreenda o fenômeno e, nesse sentido, o resgate da complexidade do acontecimento. Conforme debate proposto por Venício A. de Lima,

---

[24] SOARES, L. Por que a mídia tradicional tem medo da Mídia Ninja? *Pragmatismo Político*, [S.l.], 13 ago. 2013. Disponível em: https://www.pragmatismopolitico.com.br/2013/08/por-que-a-midia-tradicional-tem-medo--da-midia-ninja.html. Acesso em: 14 jun. 2019.

[25] GRIPP, A. Retrospectiva: manifestações não foram pelos 20 centavos. *Folha de S. Paulo*, [S.l.], 27 dez. 2013. Disponível em: https://www1.folha.uol.com.br/poder/2013/12/1390207-manifestacoes-nao-foram-pelos--20-centavos.shtml. Acesso em: 14 jun. 2019.

> O desenvolvimento tecnológico e a conformação dos sistemas econômicos fizeram com que as sociedades se tornassem mais complexas e grande parte da população fosse, aos poucos, sendo intermediada por tecnologias (mídias) e instituições (empresas privadas) que estão longe de ser meros condutores neutros por meio dos quais a informação circula livremente.
>
> Hoje, essas empresas de mídia – que "falam" como se fossem representantes de cada um de nós – constituem-se, elas próprias, em importantes e poderosos atores, tanto econômicos quanto políticos, mas, sobretudo, como atores determinantes na construção da opinião pública em todo o mundo.[26]

E essa construção da opinião pública pode ser notada pelo enquadramento reservado às manifestações brasileiras, sobretudo nos eventos entre os dias 13 e 20 de junho daquele ano, período em que praticamente desaparecem das coberturas da grande mídia depoimentos e entrevistas com pontos de vista conflitantes que possibilitassem ao receptor uma melhor avaliação dos acontecimentos. Período esse que consolida, pela inserção tautológica de uma demarcação, a oposição dos corpos e mentes que estavam nas ruas: a grande maioria da multidão pacífica; um pequeno grupo infiltrado de mascarados, vândalos, baderneiros, arruaceiros. Raras não foram as circunstâncias em que esses rótulos opostos foram empregados. Um desdobramento, meses após, cujas imagens, extensamente divulgadas, renderam à mídia corporativa vastos argumentos para reiterar essa demarcação, precisa aqui ser lembrado: o episódio envolvendo a morte do cinegrafista da TV Bandeirantes Santiago Ilídio Andrade. Nesse sentido, a opinião do jornalista Josias de Souza, em artigo intitulado *Black blocs têm seu primeiro feito: um cadáver*, oferece lastro a essa exposição.

> Morreu o cinegrafista Santiago Ilídio Andrade, 49 anos. Trata-se daquele profissional que foi atingido na cabeça por um rojão vadio enquanto tentava filmar a enésima erupção de fúria da "minoria de vândalos" que se infiltra nas "manifestações pacíficas" para transformá-las em surtos de desordem. Eles finalmente obtiveram seu primeiro grande feito. Já dispõem de um cadáver.
>
> Com seus protestos de inspiração anarquista, a estudantada de músculos inflados, de cara coberta e de índole violenta ainda não produziu a derrocada do capitalismo. Mas talvez

---

[26] LIMA, V. A. de. *Liberdade de expressão x liberdade de imprensa*: direito à comunicação e democracia. São Paulo: Publisher Brasil, 2010. p. 103.

consiga revolucionar a semântica dos protestos. As palavras agora devem ganhar novo sentido. "Minoria de vândalos"? É muito pouco! Black Blocs? O escambau! Eles são bandidos. Supremo paradoxo: exaltados pela mídia do tipo Ninja como inimigos da ordem burguesa e das grandes corporações, os criminosos bem-nascidos levaram ao túmulo um trabalhador. E graças às imagens captadas pelas lentes da velha mídia os selvagens mascarados que manusearam o rojão ganharam uma visibilidade que, por hedionda, desafia a ineficiência da polícia [...].[27]

Essa disputa pelo assentimento da opinião pública, cuja atribuição de papéis aos agentes diversos decorre dentro de uma escala de valores, remete a um fundamento do interacionismo simbólico da Escola de Chicago, fundadora da reflexão sobre a comunicação, sobre o qual Francisco Rüdiger discorre, referindo-se à sociedade como uma estrutura simbólica criada pelo processo de comunicação, cujo espaço é palco de conflitos.

A comunicação cria e sustenta determinadas hierarquias simbólicas, em que se mantém um sistema de poder. [...] A comunicação é, portanto, um processo que pode servir para promover ou reprimir o conhecimento e a autodeterminação. A perspectiva pela qual se opta depende das estratégias dos participantes. As pessoas podem se conduzir no sentido de transformar comunicativamente sua estrutura simbólica ou de controlar a comunicação através dos simbolismos, conforme se posicionam perante a estrutura de poder vigente na sociedade.[28]

Assim, as máquinas de expressão – apontadas por Lazzarato como aparelhos de captura e de controle da multiplicidade que, na trilha da revolução tecnológica digital, confrontam os novos meios, que, por sua vez, buscam as brechas necessárias para a tentativa de disrupção da diretiva hegemônica – rivalizam com a insurgência em fluxo na tribuna social. Exemplo desse procedimento se verifica em matéria do site de notícias e análises *Diário do Centro do Mundo* intitulada *Santiago e as tragédias anunciadas nos protestos*, sobre a morte do cinegrafista da TV Bandeirantes. Sem eximir de culpa parte dos manifestantes e a polícia pelos desdobramentos violentos dos protestos, o *DCM* atribui à imprensa o seu quinhão.

---

[27] SOUZA, J. de. Black blocs têm seu primeiro feito: um cadáver. *Josias de Souza – UOL*, [S.l.], 10 fev. 2014. Disponível em: http://josiasdesouza.blogosfera.uol.com.br/2014/02/10/black-blocs-tem-seu-primeiro-feito--um-cadaver/. Acesso em: 10 fev. 2014.

[28] RÜDIGER, F. *Introdução à teoria da comunicação*: problemas, correntes e autores. 2. ed. São Paulo: Edicon, 2004. p. 45.

> A imprensa tem boa dose de culpa. Com suas coberturas parciais e repressoras, vem desde junho classificando a tudo e a todos como "vândalos e vandalismo" e mostrando o reflexo no trânsito da cidade. Pouco importa a pauta e pertinência do protesto. Toda a cobertura sempre começa pelo final: "Terminou em quebradeira..." Nunca se noticia como nem porque começou. Os repórteres das grandes emissoras sofrem na pele a fúria da turba contra essa cobertura simplista e tendenciosa. Os editoriais de hoje em homenagem e de repúdio à morte de Santiago são tão óbvios quanto cínicos.[29]

A política da multiplicidade para as lutas do século XXI, que necessariamente passa pelo simbólico e pelo contágio, detectada por Lazzarato com o ciclo de Seattle, seguindo-se ao Fórum Social Mundial e mobilizando multidões globais contra a Guerra do Golfo, alcança paralelo nas manifestações de 2013 no Brasil. E cabe aos pesquisadores da área da comunicação, sob pena de perderem "o bonde do acontecimento", a atenção necessária para os processos emergentes, bem como para o contra-ataque dos poderes que se reorganizam.

> Todo mundo que chegou a Seattle com suas máquinas corporais e suas máquinas de expressão voltou para casa precisando redefinir estas máquinas a partir do que fizeram e disseram enquanto estavam lá. As formas de organização política (de co-funcionamento dos corpos) e as formas de enunciação (teorias e enunciados sobre o capitalismo, sobre os sujeitos revolucionários, formas de exploração) precisam ser medidas, reavaliadas, reinterpretadas [...].
> Aqueles que já trazem as respostas todas prontas (e eles são numerosos ...) perdem o bonde do acontecimento.[30]

Essas considerações coadunam, por sua vez, com as inferências de Ivana Bentes ao analisar as manifestações brasileiras:

> O que está em jogo afinal? #ninjasomostodos, o midialivrismo e o midiativismo se encontram numa linguagem e experimentação que cria outra partilha do sensível, experiência no fluxo e em fluxo, que inventa tempo e espaço, poética do descontrole e do acontecimento.

---

[29] DONATO, M. Santiago e as tragédias anunciadas nos protestos. *DCM*, [S.l.], 10 nov. 2014. Disponível em: https://www.diariodocentrodomundo.com.br/santiago-e-as-tragedias-anunciadas-nos-protestos/. Acesso em: 14 abr. 2019.

[30] LAZZARATO, 2006, p. 23.

> Exprimir o "grito", como escreveu Jacques Rancière, tanto quanto tomar posse da palavra é o modo de desestabilizar a partilha do sensível e produzir um deslocamento dos desejos e constituir o sujeito político multidão. Trata-se de política como comoção, catarse, mas também negociação e mediação. Estamos vendo surgir nas ruas uma multidão capaz de se autogovernar a partir de ações e proposições policêntricas, distribuídas, atravessadas por poderes e potências muitas vezes em violento conflito, mas que constituem uma esfera pública em rede, autônoma em relação aos sistemas midiáticos e políticos tradicionais e que emergiu e se espalhou num processo de contaminação virótica e afetiva, instituindo e constituindo uma experiência inaugural do que poderíamos chamar das revoluções P2P ou revoluções distribuídas, em que a heterogeneidade da multidão emerge em sinergia com os processos de auto-organização (autopoiesis) das redes.[31]

Algumas de suas observações remontam um dos aspectos de multidão definidos por Antonio Negri:

> [...] é uma potência ontológica. Isto significa que a multidão encarna um dispositivo que procura representar o desejo e transformar o mundo. Melhor ainda: ela quer recriar o mundo à sua imagem e semelhança, ou seja, fazer dele um grande horizonte de subjetividades que se exprimem livremente e constituem uma comunidade de homens livres.[32]

No entanto, como se trata de experiência no fluxo e em fluxo num palco de conflitos alicerçado por hierarquias simbólicas e sistemas de poder, "o logro da representação" opera no sentido de transformar em unicidade as multiplicidades.[33]

O fato e a narração

Em *A narração do fato*, Muniz Sodré disserta sobre a corporação jornalística "[...] que vem desfilando na história com o estandarte de defesa dos direitos civis, com foco na liberdade de expressão e na ideologia do esclarecimento, sempre escudado em estratégias discursivas de captação da escuta das massas".[34] O autor alerta para o jornalismo, que, como processo

---

[31] MALINI; ANTOUN, 2013, p. 15-16.

[32] NEGRI, A. *De volta* [entrevistas a Anne Dufourmantelle]; tradução Clóvis Marques. Rio de Janeiro: Record, 2006. p. 130.

[33] *Ibid.*, p. 130.

[34] SODRÉ, M. *A narração do fato*: notas para uma teoria do acontecimento. 2. ed. Petrópolis: Vozes, 2012. p. 15.

comunicativo amplo, mobiliza diferentes tipos de discurso, constrói uma narrativa sobre o que parece ser apenas informação, pura e simples, sob a forma de notícia.

> Não se trata de manipulações deliberadas, nem de mentiras, mas de interpretações que podem muitas vezes lançar mão de recursos típicos da ficção literária, com vistas à criação de uma atmosfera semântica mais compreensiva. Apesar de sua aposta histórica no esclarecimento neutro, a notícia não prescinde, em termos absolutos, do apelo à carga emocional contida nos estereótipos que derivam das ficcionalizações ou dos resíduos míticos.[35]

Exemplos recentes possibilitam a investigação desse efeito de objetividade na organização do discurso, que, em última instância, reflete a visão de mundo projetada por interesses institucionais. É o caso da perspectiva adotada em determinado momento da cobertura das manifestações de 2013, no que se referia ao comportamento dos "vândalos, bárbaros, agitadores" que se infiltravam nas manifestações "pacíficas e legítimas da verdadeira população brasileira".

Na esteira tautológica dos meios de comunicação, que se integram, redirecionam-se, normas de funcionamento são segredadas. Capturadas as causas prementes da realidade, e difundidas pelos meios, tornam-se o referente institucional com o qual, por intermédio de estratégias de significação, institui-se a relação de empatia com a multidão. A evocação para uma atitude positiva "protestar sob normas de civilidade", sob o discurso da convivência pacífica, é recurso recorrente nas coberturas jornalísticas sobre assuntos dessa natureza (liberdade de expressão ou degenerescência de uma causa?); não raro a polêmica é escamoteada para o discurso asséptico dos especialistas. A imagem (re)contextualizada. Os números, positivamente apresentados. Factuais. Objetivos. Sem objeções. As diferenças aplainadas. Fala o jornalista, o sociólogo, o legislador...

Sobre essa "circulação circular da informação" (veículos de comunicação que se pautam, capitaneados pela televisão), Pierre Bourdieu afirma que "Para romper o círculo, é preciso proceder por transgressão, mas a transgressão não pode ser senão através da mídia; é preciso conseguir produzir um 'choque'".[36] Em termos estruturais, a solução proposta por Bourdieu corrobora elementos da teoria de Hans Magnus Enzensberger,

---

[35] *Ibid.*, p. 15-16.
[36] BOURDIEU, P. *Sobre a televisão.* Tradução: Maria Lúcia Machado. Rio de Janeiro: Jorge Zahar Ed., 1997. p. 35.

que defendia, já no início dos anos 1970, a potencialidade de emancipação dos meios eletrônicos devido a sua estrutura coletiva. "Em sua estrutura, as novas mídias são igualitárias. Por meio de um simples processo de conexão, todos podem participar delas".[37] Enzensberger discorre sobre as possibilidades objetivamente subversivas das mídias eletrônicas, que, de certa maneira, se materializam na disponibilidade dos novos meios virtuais nas primeiras décadas do século XXI. "O potencial mobilizante direto das mídias é ainda mais evidente quando usado de forma conscientemente subversiva. [...] Apenas grupos ativos e coerentes podem impor às mídias a lei de sua forma de agir".[38] Ativismo e coerência, requisitos necessários para que indivíduos, em posse dos novos meios, possam se habilitar ao contraponto ante o que as mídias corporativas veiculam.

Também sobre choque, choques perceptivos que transformam os imaginários, conclama Juremir Machado da Silva, para quem "Sem intensificação do ruído não há choque perceptivo, nem transformação dos imaginários. O pesquisador necessita, mais do que tudo, localizar e descrever esses choques de percepção que desviam o olhar".[39] Tal ruído necessário é oferecido pela crítica aos procedimentos adotados por setores da velha mídia, num reiterado exercício dialético, passível de se concretizar nas articulações das novas mídias digitais, como se verifica em publicação do *Diário do Centro do Mundo*, a partir de texto originalmente postado no Facebook do então deputado federal Jean Wyllys acerca da atuação empreendida pelos veículos televisivos do Grupo Globo diante das manifestações favoráveis e das contrárias ao *impeachment* da presidenta Dilma Rousseff.

> A GLOBO TRATOU AS DUAS MANIFESTAÇÕES DE FORMA DIFERENTE. POR JEAN WYLLYS
> Por Diario do Centro do Mundo 19 de março de 2016
> A cobertura jornalística das manifestações do último domingo e da sexta-feira em boa parte dos veículos de comunicação, especialmente a rede Globo e a Globo News, confundiu gravemente o jornalismo com a propaganda. Vejamos alguns exemplos disso.
> Nas manifestações do domingo (a favor do *impeachment*), houve transmissão ao vivo por esses canais de TV durante o dia inteiro, quase sem interrupções. Nas manifestações da

---

[37] ENZENSBERGER, H. M. *Elementos para uma teoria dos meios de comunicação.* Tradução: Cláudia S. Dombusch. São Paulo: Conrad Editora do Brasil, 2003. p. 39.

[38] *Ibid.*, p. 71.

[39] SILVA, J. M. Da indústria cultural às tecnologias do imaginário. *In*: HOHLFELDT, A.; GOBBI, M. C. (orgs.). *Teoria da comunicação*: antologia de pesquisadores brasileiros. Porto Alegre: Sulina, 2004. p. 330.

sexta-feira (contra o *impeachment*), o foco estava nos estúdios e nas falas de âncoras e repórteres, com flashes e breves transmissões desde os locais das manifestações disputando o tempo com outras notícias.

O enquadramento das imagens, no domingo, era o mais favorável e permitia ver que tinha muita gente, enquanto na sexta-feira, a câmera estava sempre muito perto ou muito longe, produzindo o efeito oposto. Em algumas cidades, inclusive, as imagens mostraram o momento em que as pessoas "estão começando a chegar" e, tempo depois, o momento em que "a manifestação já acabou", omitindo o momento mais importante: quando a manifestação estava acontecendo. No domingo, esse foi o momento privilegiado.

Nas manifestações do domingo ("atos espontâneos da cidadania"), os manifestantes eram protagonistas, ou seja, tinham direito a falar, a dizer por que estavam ali. Nas manifestações da sexta-feira ("manifestações governistas"), essa narrativa era assumida pelo cronista. E alguns fatos relevantes que faziam parte da notícia não foram ditos: diferentemente do domingo, na sexta-feira não houve catracas liberadas no metrô de São Paulo; pelo contrário, a "falta de troco" demorava as pessoas que queriam viajar.

Contudo, o momento mais vergonhoso foi quando começou a fala do ex-presidente Lula. "Estamos com problemas no áudio, vamos pedir ao nosso repórter que conte o que está acontecendo". Como assim? Você pode amar ou detestar o Lula, pode acreditar ou não no que ele diz, ou pode (como eu espero que você faça!) fazer uma leitura crítica, mas para isso você, cidadão, cidadã, tem direito a ouvi-lo! Como é possível que a fala dele não tenha sido transmitida ao vivo? Qual é o critério de "notícia"? (Vale aqui fazer uma ressalva: a Band News transmitiu o discurso; pelo menos a audiência desse canal teve seu direito a se informar respeitado).

Passamos dois dias inteiros assistindo sem parar pela televisão, em repetição continuada como no velho cinema, às conversas privadas do ex-presidente (uma espécie de Big Brother involuntário do qual ele não sabia que estava participando) e agora não temos direito, como audiência, público e cidadania, a ouvir o que ele diz num comício com cerca de cem mil pessoas na avenida Paulista? Não é notícia?

Qual é o medo?

Deixem as pessoas assistirem tudo e tirarem suas conclusões sozinhas! Até porque, diferentemente do que a narrativa da oposição de direita, dos principais veículos de comunicação e

> também do governismo pretende instalar, não há apenas dois lados nessa história. A realidade é muito mais complexa e não podemos reduzir a atual conjuntura a uma opção entre adesão ao governo e adesão à direita tradicional. Tem muita gente que, como eu, milita na oposição de esquerda ao governo Dilma mas é contra o *impeachment* porque, até o momento, não há provas concretas que justifiquem esse processo que está sendo conduzido de forma ilegítima por um presidente da Câmara investigado pelo STF por corrupção e lavagem de dinheiro, e porque é a favor da democracia!
>
> Muitas dessas pessoas foram ontem às ruas e tanto a mídia quanto muitos governistas erram se acreditam que todos os manifestantes eram simpatizantes do governo e do PT. Essas vozes não são ouvidas nos telejornais, mas existem.
>
> Eu não vejo problema no fato de que cada veículo de comunicação tenha uma posição política. Na maioria dos países, tem jornais de esquerda e de direita (no Brasil, infelizmente, não há esse pluralismo), mas o que não pode é a narrativa enviesada não deixar lugar para a notícia. O jornalismo precisa informar e, depois, se quiser, pode dar sua opinião, deixando claro que é opinião. É a diferença entre a notícia, a coluna e o editorial.
>
> A minha pergunta é: cadê a notícia? Cadê o jornalismo? O texto acima foi publicado no facebook.[40]

Questionamentos dessa ordem, centrados nos contornos dos apagamentos da eventual parcialidade ou imparcialidade dos veículos da imprensa tradicional serão retomados ao longo do próximo capítulo, em que se estabelecerá uma vasta cartografia de análises em torno do desempenho da mídia corporativa brasileira, e sobre o papel do jornalismo praticado por seus expoentes, uma vez que suas escolhas motivaram consequências nos rumos da política nacional.

Jornalismo e contrapoder

Com o intuito de oferecer embasamento teórico auxiliar na desmistificação do jornalismo como um defensor da democracia, por relativizar o poder dos jornalistas, tendo como premissa que estes se inserem em um contexto institucional cujos interesses não se desvinculam dos campos econômico e político, Érik Neveu defende que uma sociologia do jornalismo

---

[40] WYLLYS, J. A Globo tratou as duas manifestações de forma diferente. *DCM*, [S.l.], 19 mar. 2016. Disponível em: https://www.diariodocentrodomundo.com.br/a-globo-tratou-as-duas-manifestacoes-de-forma-diferente-por-jean-wyllys/. Acesso em: 20 mar. 2016.

deve se confrontar também com a dimensão política de seu objeto. E aqui se impõe a temática do quarto poder, que, segundo afirma, pode se revelar simplista. "Evocar um quarto poder (que se soma ao executivo, ao legislativo e ao judiciário) consagra uma visão ingênua dos poderes sociais na qual não figuram os interesses econômicos e os grupos de pressão".[41] Por essa abordagem, tal temática oferece uma ampliação do conceito encontrado em Paul Virilio: "[...] única de nossas instituições capaz de funcionar fora de qualquer controle democrático eficaz, já que toda crítica independente dirigida contra ele, toda solução alternativa, permanecem desconhecidas do grande público [...]".[42]

Neveu escreve que, para se levar a sério a ideia do jornalismo como instituição de democracia, devem-se constatar os aportes da análise socio-lógica, e, igualmente, explicitar os a priori normativos.

> O postulado normativo que associa o jornalismo à ideia de democracia pode se condensar num silogismo. Uma socie-dade política não é feita de consumidores, mas de cidadãos. A cidadania consiste em tomar parte num debate permanente, pontuado por momentos de participação, sobre as questões do viver em comum e suas soluções. Esse papel de cidadão precisa de uma informação inteligível, completa e contra-ditória que dê sentido a um máximo de dimensões da vida social e, portanto, não se polarize sobre os únicos discursos da instituição, não identifique as vias ordinárias do trivial ou do subalterno, não reduza a sociedade a seus extremos.[43]

Sobre o poder dos jornalistas, no entanto, problematiza da seguinte forma:

> Não se trata, então, de negar a realidade de um poder, mas de estar sensível a seus paradoxos. O primeiro está ligado a uma dimensão da crença. Apesar dos efeitos frequentemente mal mensuráveis, o poder das mídias é também o de valorizar uma crença na sua influência, que lhe faz atribuir resultados imaginários. Está ligado também à natureza de uma influência que se expressa mais numa capacidade de definir um hori-zonte de debates e de questões que num controle orwelliano dos espíritos. A noção de construção social da realidade vem sendo mal aplicada. Ela permanece, contudo, pertinente

---

[41] NEVEU, E. *Sociologia do jornalismo*. Tradução: Daniela Dariano. São Paulo: Loyola, 2006. p. 196.

[42] VIRILIO, P. *A arte do motor*. Tradução: Paulo Roberto Pires. São Paulo: Estação Liberdade, 1996. p. 11.

[43] NEVEU, 2006, p. 196.

> quando sugere um processo de seleção e de hierarquização dos fatos e assuntos cujas causas e regularidades uma análise empírica do trabalho jornalístico pode resgatar.[44]

Essa definição de um horizonte de debates, ainda que de certa maneira periférica, vem continuamente digladiada pelas pautas acionadas nos novos espaços reclamados pelo midialivrismo. Destarte, "[...] sendo o jornalismo inseparável das mídias nas quais ele se desenvolve, é também com as mitologias da comunicação – contraditórias e confusas – que se confronta todo trabalho sobre o jornalismo".[45]

O estabelecimento de uma rede de múltiplos veículos de comunicação operando de maneira colaborativa, cujo material produzido circule livremente e que tenha seu *modus operandi* noutra lógica que não a orientação empresarial, se faz fundamental para o bom funcionamento da democracia, uma vez que o contraditório passa a circuitar em paralelo às narrativas que se pretendem hegemônicas – entendendo-se, é claro, que uma sociedade democrática demanda cidadãos com acesso a informação amplo, logo democracia se vincula à prática de um jornalismo de qualidade.

Em texto integrante da obra *Mídia, poder e contrapoder*, Ignacio Ramonet aborda o poder midiático e sua relação com a democracia. "Meios de comunicação: um poder a serviço de interesses privados?", sob esse questionamento, inicia com uma constatação.

> Costumamos pensar que os meios de comunicação são essenciais à democracia, mas, atualmente, elegeram problemas ao próprio sistema democrático, pois não funcionam de maneira satisfatória para os cidadãos. Isso porque, por um lado, se põem a serviço dos interesses dos grupos que os controlam e, por outro, as transformações estruturais do jornalismo – tais como a chegada da internet e a aceleração geral da informação – fazem com que os meios sejam cada vez menos úteis à cidadania.[46]

Constata ainda a existência de um conflito decorrente dos meios de comunicação, que passam a enfrentar uma crítica quanto ao seu modo de atuação, sobre isso aciona uma pergunta legítima e controversa: se os grupos oligarcas da imprensa servem ao interesse do cidadão ou ao de seus proprietários.

---

[44] *Ibid.*, p.141.

[45] *Ibid.*, p.15.

[46] RAMONET, I. Meios de comunicação: um poder a serviço de interesses privados? *In*: MORAES, D.; RAMONET, I.; SERRANO, P. *Mídia, poder e contrapoder*: da concentração monopólica à democratização da informação. Tradução: Karina Patrício. São Paulo: Boitempo; Rio de Janeiro: FAPERJ, 2013. p. 53.

> A questão vai além da simples variação das ações. Considerando que o contexto econômico em que vivemos é dominado pelo neoliberalismo, devemos nos perguntar: qual é o comportamento dos meios de comunicação e conglomerados midiáticos no sistema neoliberal? Podemos identificar esse comportamento? O que é o neoliberalismo? É, de maneira geral, a ideia de que o mercado é mais importante do que o estado e deve ter um espaço cada vez maior em detrimento deste. E quais são os atores do mercado? São as empresas ou os grupos financeiros. Então, os conglomerados midiáticos são grandes atores do mercado e, ao mesmo tempo, sua missão é difundir ideologias disfarçadas de informação – "ideologia" talvez seja uma palavra politizada, digamos que promovem uma visão de mundo, é isso que os meios de comunicação fazem.[47]

Ramonet afirma que os meios de comunicação têm a missão de "domesticar as sociedades", mas que os cidadãos, ainda que se tenha de relativizar, já percebem as benesses do poder midiático como sendo dissimulação.

> Quando, na metade do século XIX, aparece a imprensa de massa, surge um novo ator: a opinião pública, tal como a chamamos hoje. A imprensa faz, constrói, cria opinião pública. Como diz Pierre Bourdieu, a opinião pública não existe, ela é reflexo dos meios de comunicação'; se não existisse comunicação de massa, não haveria opinião pública, e sim pressupostos ou crenças. A opinião pública pressiona os poderes legítimos e, além disso, transmite a eles seu descontentamento ou sua desaprovação em relação a tal ou qual medida, sendo um agente indispensável para o bom funcionamento da democracia atual. Sem liberdade de expressão (e de impressão) não há nem pode haver democracia, pois, do contrário, quem construiria a opinião pública? Só os dirigentes políticos? Só o discurso da propaganda? Evidentemente, isso não é aceitável. É por esse motivo que falamos em quarto poder, ele é uma espécie de contrapoder, um contrapeso aos poderes legítimos na democracia.[48]

No entanto, conforme observa, no quadro atual houve um confisco dos poderes midiáticos pelo poder econômico e financeiro e eles deixaram de exercer sua função de contrapoder, tornando-se uma espécie de poder complementar para oprimir ou manter o estado de coisas na sociedade. Outro agravante é que numa democracia é o único poder que não comporta nenhum tipo de contrapoder, portanto, sob tal viés de funcionamento, não se

---

[47] *Ibid.*, p. 62-63.
[48] *Ibid.*, p. 65.

pode dizer que seja democrático. Daí o questionamento sobre quem critica o poder midiático? O questionamento do autor não se dirige à liberdade de expressão, "[...] estamos dizendo que os meios de comunicação, em nome dessa liberdade, não aceitam nenhum tipo de crítica. Mas a questão é: não a aceitam em nome da liberdade de expressão ou da liberdade de empresa?"[49] No geral, afirma, defendem a liberdade de empresa, e qualquer voz dissonante voltada a sua atuação tenderá a ser excluída do jogo democrático.

Nesse sentido, diante da percepção de que o funcionamento das empresas de mídia não é da maneira como deveria ser, a internet surge com um potencial de democratização da comunicação, propondo mudanças no modelo, oferecendo uma multiplicidade de vozes, posto que é relativamente barato do ponto de vista tecnológico cada indivíduo se expressar com seu próprio meio, seja em um blog ou em comentários nas redes. A nova personagem é o "cidadão informante", que não é jornalista profissional, um amador especialista que, em muitos casos, pode ter vasto conhecimento sobre determinados campos, como, por exemplo, uma celebridade, um acadêmico, que, graças à internet, tem a possibilidade de ecoar sua informação.

Com essa profusão de novos produtores de informação, a própria situação do jornalismo se complexifica. O cenário complica sua especificidade. "Qual é a especificidade do jornalista?", questiona Ramonet. "O jornalista tem a missão de encontrar várias fontes que digam a mesma coisa para garantir a veracidade da informação".[50] No entanto, a rapidez da informação abrevia-lhe o tempo sob o risco de perder o furo de reportagem; o jornalismo investigativo, por ser oneroso, tende a arrefecer; o jornalista tem atrofiadas suas especificidades. "O interesse é dos empresários, dos proprietários da imprensa. Para eles, o ideal seria fazer jornalismo sem jornalistas, sem salários e sem ninguém que seja capaz de problematizar o tipo de informação que é divulgada".[51]

Ramonet cita exemplo de um jornalismo nos Estados Unidos que funciona sob outra lógica. Jornais digitais, financiados por mecenas ou por fundações, que vêm sendo praticados sem fins lucrativos, por convicção. "O bom jornalismo", cujas investigações são indispensáveis à democracia. "O intuito dessas iniciativas é realizar investigações indispensáveis para a informação, que a grande imprensa já não faz, pois se contenta vivendo do espetáculo".[52]

---

[49] *Ibid.*, p. 66.

[50] *Ibid.*, p. 69.

[51] *Ibid.*, p. 69.

[52] *Ibid.*, p. 70.

No cenário nacional, a atuação de novos meios, na elaboração desse jornalismo que possa brotar de maneira plural na nova estrutura e exercer a função de contrapoder, ou seja, de vigiar o exercício do poder, como peça fundamental ao bom funcionamento do sistema democrático, encontra definição no artigo da pesquisadora do *objETHOS – Observatório da Ética Jornalística*, Clarissa Peixoto, *Práxis contra-hegemônica e jornalismo de resistência.*

> No Brasil, as experiências jornalísticas que buscam se diferenciar de certo padrão estabelecido fazem parte do que se convencionou chamar de "imprensa alternativa" – ela pode ser identificada também como jornalismo ou veículos de jornalismo independentes, à margem, populares. O surgimento dessas iniciativas é recorrente ao longo da história, no entanto, com a internet, elas encontraram novas oportunidades para produzir e circular conteúdo.
> [...]
> Os veículos alternativos que se colocam como dissonantes dos veículos tradicionais de jornalismo representam uma variedade de compreensões sobre o papel do jornalismo. Eles vão desde aqueles que propõem uma ação mais militante e organizada, como veículos de partidos e alguns movimentos sociais (o jornal do MST, por exemplo, mais diretamente ligado à militância política); passam pelos canais ligados aos movimentos de ativismo em comunicação, que mesclam jornalismo, ciberativismo e midialivrismo, até aqueles veículos que não atuam em relação direta com a ação político-militante, mas buscam se diferenciar dos veículos tradicionais por mais rigor metodológico na produção jornalística e independência editorial de grandes grupos econômicos e políticos.
> [...]
> No Brasil, a crescente desvalorização do trabalho para profissionais do jornalismo é outro aspecto que impulsiona a criação de alternativas. A multifuncionalidade, os vínculos precários e as demissões frequentes são fatores que obrigam os jornalistas a buscar novos caminhos para se manterem na profissão. Soma-se ao contexto, a concentração da mídia, que atinge o patamar de oligopólio, comprometendo a pluralidade do pensamento, necessária para as sociedades democráticas.[53]

---

[53] PEIXOTO, C. Práxis contra-hegemônica e jornalismo de resistência. *Jornal GGN*, [*S.l.*], 7 out. 2019. Disponível em: https://jornalggn.com.br/artigos/praxis-contra-hegemonica-e-jornalismo-de-resistencia-por-clarissa-peixoto/. Acesso em: 7 out. 2019.

Ante a relativização da ideia desse ofício como instituição de democracia, a necessária apresentação do contraditório encontra eco nas considerações do fundador e diretor editorial do *Diário do Centro do Mundo*, Paulo Nogueira, "Os donos escolhem cuidadosamente o que dar e o que não dar em seus jornais, revistas, rádios, telejornais. E isso é claramente transmitido para editores, comentaristas, colunistas",[54] escreveu após a saída de Dilma Rousseff do cargo da Presidência da República e com a chegada do vice, Michel Temer, ao poder, numa análise em matéria intitulada *Como vai ser o noticiário da mídia plutocrática daqui por diante*, que, segundo afirmava, àquela altura se esforçaria na forja de notícias positivas para a legitimação do novo comando. O jornalista chamava a atenção para o embate de narrativas que, dentre idas e vindas, a partir dali se estabeleceria.

A radiografia do golpe

Um dos objetivos centrais deste livro é o entendimento da captura da pauta difusa que se espalhou pelas cidades brasileiras, a partir dos levantes impetrados pelo Movimento Passe Livre (MPL) contra o aumento de passagens do transporte público no início de junho de 2013, e que acabou se convertendo em uma pauta única em torno do combate à corrupção.

Jessé Souza, referindo-se especificamente ao gatilho que possibilitou a captura da pauta difusa alardeada nos dias de junho de 2013, identifica, nas atribulações que se sucediam, o enviesamento capitaneado pelo *Jornal Nacional*, da Rede Globo, e encampado pelos demais veículos. O pesquisador acredita numa ligação clara entre as Jornadas de Junho, ocorridas em 2013, e os desdobramentos culminantes na deposição de Dilma Rousseff do Planalto, que passam necessariamente pela ação da mídia hegemônica brasileira.

Para ele, a questão central é saber como protestos localizados, com ênfase em políticas municipais, se tornaram federalizados e, sob essa conversão, capazes de atingir de maneira fatal a popularidade da presidenta, que, até aquele momento, governava com altos índices de aprovação. Manifestações que eclodiram a partir da iniciativa do Movimento Passe Livre (MPL), contra o aumento da tarifa de transporte público na capital paulista. "Se tomarmos o Jornal Nacional, da Rede Globo, uma espécie de porta-voz

---

[54] NOGUEIRA, P. Como vai ser o noticiário da mídia plutocrática daqui por diante. *DCM*, [*S.l.*], 12 maio 2016. Disponível em: https://www.diariodocentrodomundo.com.br/como-vai-ser-o-noticiario-da-midia-plutocratica-daqui-por-diante-por-paulo-nogueira/. Acesso em: 12 maio 2016.

da reação conservadora extraparlamentar que se forma nas ruas do país e que só se conclui com o *impeachment* da presidente eleita, podemos acompanhar passo a passo esse processo".[55]

Nos primeiros dias dos protestos, 10, 12 e 13 de junho, a cobertura se mostrava contrária às manifestações, com citações de vandalismo e imagens de bloqueio de vias públicas. No dia 13, a PEC 37 foi pela primeira vez mencionada no telejornal.

> É interessante notar aqui já um início da articulação e do conluio entre o aparato jurídico-policial do Estado e a imprensa. A PEC e sua crítica passa a ser frequentemente referida pelo Jornal Nacional como uma demanda cada vez mais importante das "ruas". A PEC limitava a atividade de investigação criminal às polícias federal e civil dos estados e do Distrito Federal, como, aliás, acontece na maioria dos Estados democráticos. Isso contrariava o desejo dos integrantes do Ministério Público, que também queriam investigar e acusar, o que por sua vez contrariava a divisão de trabalho típica do judiciário. A ideia aqui é que haja controles recíprocos e nenhum órgão possa monopolizar todas as ações e momentos processuais. O "agrado" do JN ao MP já lançava as primeiras bases da atuação em conluio.[56]

Se a partir daí já se percebia um potencial de crítica ao governo, ainda não se descobrira a federalização da crise. Conforme observa, a cobertura do dia 17 de junho (quando os protestos passaram a ser convocados em capitais e outras cidades de todo o Brasil) trazia uma mudança. "O protesto passou a ser definido como pacífico, e a bandeira brasileira se tornou seu símbolo. Agora os protestos eram tidos como 'expressão democrática' e já não se dizia que causavam tumulto ou prejuízo ao trânsito".[57] Seu sentido, antes negativo, transitou para a via da legitimidade, com ênfase em bandeiras contra os gastos da Copa do Mundo de 2014, a PEC 37 e, de maneira mais abstrata, contra a corrupção. Os tumultos, por sua vez, passaram a ser tratados como ação de uma "minoria de vândalos".

No dia 18, a cobertura se posiciona contrária à repressão policial aos protestos, agora considerados pacíficos. Na edição do dia seguinte, a federalização dos protestos com o objetivo de atingir o governo federal. "Pela primeira vez o Jornal Nacional mostrou queda de popularidade da

---

[55] SOUZA, J. *A radiografia do golpe*: entenda como e por que você foi enganado. Rio de Janeiro: LeYa, 2016. p. 89.

[56] *Ibid.*, p. 89-90.

[57] *Ibid.*, p. 90.

presidenta Dilma: de 79% de contentamento com o governo em março de 2013 – sua maior aprovação histórica – para 71% em junho".[58] Havia ali a percepção de que os protestos podiam ser canalizados.

> O Jornal Nacional cerrou fileiras contra a presidenta e seu governo. Os temas que se tornariam clássicos mais tarde se constituíram aqui. A bandeira da antipolítica e antipartidos surgiu. Inflação e custo de vida se tornaram bandeiras e substituíram a passagem de ônibus. Entraram com toda força o ataque à PEC 37 e o tema cada vez mais importante da corrupção.[59]

Nos dias seguintes, a cobertura se acirrou a federalizar conflitos antes localizados, a bandeira anticorrupção foi desfraldada e cobriu a pauta daí em diante, transmutando-se, sob o efeito midiático seletivo, de manifestação com sentido popular a "festa pacífica e democrática". "A mídia passou, a partir de junho de 2013, a se associar às instituições do aparelho jurídico-policial no processo de deslegitimar o governo eleito. Palavras de ordem como 'Muda Brasil' [...] passaram a dominar o imaginário das manifestações".[60] Com o resultado da violência simbólica, no dia 29, pesquisa mostrava que a popularidade da presidenta havia despencado 27 pontos percentuais desde o início dos protestos; comparada a março daquele ano, a queda era de 35 pontos, e a rejeição avançara de 7% para 25%. Para o autor, esse era o início do golpe.

Lava Jato: tudo começou em junho de 2013 é o título do artigo de Luis Nassif publicado já no epicentro da crise do governo, em 09/03/2016, cinco dias após a operação de condução coercitiva contra o ex-presidente Lula, que, para o autor, foi um "divisor de águas". Sua análise coaduna com as proposições de Jessé Souza, e amplia pontos da discussão, a partir da inserção de outros elementos, que propiciam alicerces para o que será exposto no capítulo seguinte.

> O ponto de partida foram as manifestações de junho de 2013, que deixaram claro que o Brasil estava preparado para a sua "Primavera", a exemplo das que ocorreram nos países árabes e do leste europeu. Essa possibilidade alertou organismos de outros países, como o próprio FBI e acendeu alerta na Cooperação Internacional – a organização informal de procuradores e polícias federais de vários países, que se articularam a partir de 2002 para combate ao crime organizado.

---

[58] *Ibid.*, p. 91.

[59] *Ibid.*, p. 91.

[60] *Ibid.*, p. 94.

Evidência: informação me foi confirmada por Jamil Chade, correspondente do Estadão em Genebra, para explicar porque o FBI decidiu só agora investir contra a FIFA. As manifestações teriam comprovado que a opinião pública brasileira estaria suficientemente madura para apoiar ações anticorrupção – e de interesse geopolítico dos EUA, claro.

Atenção – não significa que as primeiras manifestações foram articuladas de fora para dentro. O início foi de um grupo acima de qualquer suspeita, o MPL (Movimento Passe Livre). Foi a surpreendente adesão de todos os setores, da classe média à extrema esquerda que mostrou que a sede de participação, trazida pelas redes sociais, havia transbordado para as ruas. As manipulações das manifestações passam a ocorrer mais tarde devido à absoluta insensibilidade do governo Dilma e do próprio PT em entender o momento.

É a partir daí que, em contato com a cooperação internacional, começam a ser planejadas as duas grandes operações mundiais anticorrupção do momento: a Lava Jato, que visaria desmontar a quadrilha que se apossou da Petrobras e a do FBI contra quadrilha que se apossou da FIFA e da CBF.

Houve movimentos internos relevantes que antecederam o início do jogo. No bojo das manifestações de 2013 ficou nítida a parceria da Globo com o MPF.

Evidência – Do nada começaram a pipocar cartazes pedindo a derrubada da PEC 37 – que proibia procuradores de realizar investigações por conta própria. Os veículos da Globo passaram a dar cobertura exaustiva à campanha, ajudando na derrubada da PEC. Matérias no Jornal Nacional (http://migre.me/tbj1a e http://migre.me/tbj1I) conferindo dimensão nacional ao movimento. E propondo não apenas derrubar a PEC, como aprovar nova PEC que garantisse explicitamente o poder do MP de investigar (http://mcaf.ee/auivz5).

No mesmo mês de junho de 2013 surge outro fato revelador: o vazamento de informações da NSA (Agência de Segurança Nacional) pelo ex-técnico Edward Snowden.

Na primeira semana, foram vazados documentos de casos internos de espionagem. Depois, a espionagem sobre outros países. Na enxurrada de documentos vazados, fica-se sabendo que a NSA espionava preferencialmente a Petrobras.

De repente, um juiz de 1ª instância em Curitiba, Sérgio Moro, tendo como fonte de informação apenas um doleiro, Alberto Yousseff, tem acesso a um enorme volume de informações sobre a Petrobras e consegue nacionalizar um processo regional.

> Até hoje a Lava Jato não revelou como chegou às primeiras informações sobre a Petrobras, que permitiram expandir a operação para todo o país.
>
> O que se viu, dali em diante, foram dois dutos de informação montados entre o MPF brasileiro e a cooperação Internacional: o duto da Lava Jato e o duto da FIFA. Pelo duto da Lava Jato vieram informações centrais para o desmantelamento da quadrilha da Petrobras. Já o duto da FIFA ficou obstruído.
>
> [...]
>
> **A estratégia midiática da Lava Jato**
>
> [...]
>
> 1. Acesso a informações críticas sobre a quadrilha que atuava na Petrobras.
>
> 2. Identificação de algum inquérito regional que pudesse ser nacionalizado. Não havia nenhum melhor que Sérgio Moro, testado na AP 470 – como assessor da Ministra Rosa Weber – tendo atuado no caso Banestado.
>
> 3. Montagem imediata de um aparato de comunicação, contratando assessorias especiais, montando hotsites de maneira a potencializar as denúncias de corrupção. O que foi feito pela Procuradoria Geral da República.[61]

Além de potente parceria com um grupo midiático para a produção diária de denúncias contra os adversários, num "constante fluxo de revelações" capaz de manter "o interesse do público elevado e os líderes partidários na defensiva".[62]

Nassif inclui na estratégia outro componente, que logrou expressiva atuação em outro flanco. "Outro know-how adquirido foi o da criação de personagens para atuar como polos nas batalhas pelas redes sociais".[63]

---

[61] NASSIF, L. Lava Jato: tudo começou em junho de 2013. *Jornal GGN*, [*S.l.*], 9 mar. 2016. Disponível em: https://jornalggn.com.br/coluna-economica/lava-jato-tudo-comecou-em-junho-de-2013/. Acesso em: 9 mar. 2016. O texto, com modificações, compõe a obra *A resistência ao golpe de 2016* (PRONER *et al.*, 2016, p. 247-252).

[62] Tais dizeres constam em artigo do próprio Sérgio Moro, publicado em 2004, sobre a Operação *Mani Pulite*, na Itália, na qual o magistrado se inspirava. Esse tema será expandido na seção "A corrupção da opinião pública", no segundo capítulo deste livro.

[63] [...] Nas redes sociais e movimentações de rua surgem, da noite para o dia, movimentos como o "Movimento Brasil Livre" e "Estudantes Pela Liberdade". Constatou-se, com o tempo, que eram financiados pelo Charles Kock Institute, ONG de dois irmãos, Charles e David, herdeiros donos de uma das maiores fortunas dos Estados Unidos. Os Kock ficaram conhecidos por financiar ONGs de ultradireita visando interferir na política norte-americana (http://migre.me/tbj3w). E tem obviamente ambições de ampliar seu império petrolífero explorando outras bacias fora dos EUA. [...] (*Ibid.*).

O golpe em rede

O pesquisador e professor Sérgio Amadeu da Silveira analisa *O golpe em rede e a mobilização do senso comum*, artigo em que – além do arranjo entre setores do Ministério Público e do Poder Judiciário com a *Rede Globo* e com outros grupos jornalísticos do país, numa "operação judicial-midiática" que levou à derrubada do governo – aborda o papel da internet no processo. Não obstante a certeza de que a internet é democratizante, pelo fato de ter incluído vários contingentes de pessoas no debate e na produção das narrativas políticas, cujas manifestações se encontravam antes restritas aos que tinham acesso aos meios de comunicação de massa, sua ocorrência abriu oportunidade para vozes de variados espectros se afirmarem. Segundo salienta, apesar da pequena ascensão da classe média baixa no Brasil naqueles últimos anos, o senso comum formador dos valores e da consciência dos brasileiros sobre as causas das misérias no país quase nada havia mudado, a esquerda abandonou as ruas e não deu a devida atenção ao potencial comunicativo das redes.

> As forças democráticas e a esquerda que dirigia o país desconsiderou os traços centrais do senso comum, do imaginário de nossa sociedade.
> Em junho de 2013, quando a manifestação do Movimento do Passe Livre foi violentamente reprimida pela PM paulista, uma onda de indignação tomou conta das redes sociais. Milhares de pessoas estavam dispostas a se solidarizar com quem lutava contra o aumento das tarifas de ônibus. Na manifestação seguinte à brutal repressão, no dia 17 de junho, no Largo da Batata, em São Paulo, o senso comum foi chamado e foi retrabalhado pelos diversos grupos que estavam nas redes. Começou ali a disputa aberta. Não era "só por 20 centavos". Grupos do movimento de Combate à Corrupção (MCC), que possuía algo em torno de 20 mil *likes*, e o Anonymous Brasil, com um pouco mais de 50 mil seguidores no Facebook, entre outros, passaram a disputar os motivos pelos quais estávamos nas ruas. No dia 20 de junho, após o anúncio da redução das tarifas, diversos coletivos financiados por empresários, muitos sem se conhecer, sentiram que era hora de ir para a avenida Paulista. A Rede Globo, naquela noite, suspendeu sua programação e começou a chamar as pessoas para irem à avenida. Ali as elites econômicas perceberam que as redes seriam um novo terreno para a disputa política.[64]

---

[64] ROVAI, R. (org.). *Golpe 16*. São Paulo: Publisher Brasil, 2016. p. 189-190.

Conforme suas observações, junho de 2013 demonstrou inúmeras possibilidades de uma rede distribuída, tanto na formação de coletivos como o Ninja, com sua dinâmica de cobertura que mostrou à grande imprensa que já não podia controlar o que seria notícia, quanto à formação da blogosfera progressista a tentar algum contraponto com a imprensa tradicional, que, àquela altura, já adotara a narrativa de que os problemas do Brasil se resumiam à corrupção. "Para os desavisados, o discurso era que o PT havia trazido a corrupção para o país. Para os cínicos, a corrupção já existia, mas o PT a 'sistematizou'".[65] Tal discurso hegemônico foi adotado e pulverizado de maneira descentralizada nas redes, por meio da replicação de vídeos, *memes* e textos, por grupos de direita que se organizaram em torno de um discurso voltado a "[...] reacionários inconformados com a pequena, mas expressiva ascensão de pobres ao mercado consumidor, aos aeroportos, aos espaços antes dominados pela elite branca endinheirada".[66] Grupos como o MBL, o VemPraRua_BR, Revoltados Online, AnonymousBR atingiram mais de 1 milhão de seguidores nos meses seguintes a junho de 2013.

> O golpe foi consequência de um longo processo em que a esquerda abriu mão de seu papel transformador e conscientizador. E a direita, utilizando todas as aplicações e novidades da comunicação em rede, trabalhou o senso comum para criar a narrativa de que os males e incômodos do país nasceram do PT, um partido apresentado como essencialmente corrupto.
> [...]
> O fato é que o golpe não foi fruto apenas de um resultado apertado em 2014 ou de um processo da Operação Lava Jato. Para o golpe dar certo, precisava das manifestações de rua, da gritaria e dos panelaços convocados pela Internet. Para a operação judicial-midiática vingar era preciso sustentar nas redes sociais a narrativa de "passar o Brasil a limpo", de que o que estava ocorrendo era o verdadeiro combate à corrupção.[67]

Tal constatação encontra endosso nas considerações de Ivana Bentes, em entrevista à *IHU On-Line* (revista do Instituto Humanitas Unisinos), publicada no Jornal *GGN*.

> Se Junho de 2013 produziu a Mídia Ninja e o Movimento Passe Livre – MPL, nas eleições de 2014 as redes sociais foram o ambiente de reconfiguração do campo conservador, de forma

---

[65] *Ibid.*, p. 190.

[66] *Ibid.*, p. 191.

[67] *Ibid.*, p. 192-193.

> quase paródica, com a consolidação do Movimento Brasil Livre – MBL, popularização de canais e páginas como a TV Revolta e Revoltados on-line, que deram visibilidade e construíram uma identidade de direita, com forte propagação de informações, conteúdos, comandos, vindos da grande mídia, mas também dos novos ideólogos da revolução conservadora.[68]

Dentre esses novos agentes da "revolução conservadora", um grupo se destaca.

O MBL e as pílulas proféticas do provisório

Instituído em novembro de 2014, com sede em São Paulo e adeptos no Rio Grande do Sul, o Movimento Brasil Livre (MBL), que teve participação destacada no processo de *impeachment* de Dilma Rousseff (foi um dos responsáveis, junto com Vem pra Rua, Revoltados Online, partido Solidariedade e SOS Forças Armadas, pelas convocações em rede das manifestações contra o governo e contra a corrupção que mobilizaram quase um milhão de manifestantes em mais de 150 municípios brasileiros, em 15 de março de 2015), espalhou-se posteriormente pelo Brasil. "Com bandeiras do liberalismo, seu posicionamento inicial tinha como repertórios ser 'contra a bandalheira' e 'contra tudo que está aí'. Em pouco tempo, trocou esses *slogans* pelo 'Fora PT'".[69] Na esteira do capital simbólico angariado por outro grupo, sobretudo a partir das Jornadas de Junho, "Sua sigla foi criada para confundir e capturar o lastro de sucesso do MPL (Movimento Passe livre), movimento distinto".[70] A professora pesquisadora Maria da Glória Gohn perfila o surgimento do grupo, sua formação e, sobretudo, as bandeiras que empunha.

> Entretanto, existem algumas relações entre certos grupos que se manifestaram em junho de 2013 e o MBL, especialmente o grupo Estudantes pela Liberdade (EPL), considerado por alguns pesquisadores como uma das "incubadoras" do MBL (Klausen, 2017). O EPL é uma organização estudantil internacional que se dedica sobretudo a cursos para formação política de jovens (Amaral, apud Jinkings, Doria e

---

[68] BENTES, I. Mídia e Judiciário impuseram uma operação de guerra simbólica, diz Ivana Bentes. [Entrevista cedida a] *IHU On-Line. Jornal GGN*, [S.l.], 3 maio 2016. Disponível em: https://jornalggn.com.br/politica/midia-e-judiciario-impuseram-uma-operacao-de-guerra-simbolica-diz-ivana-bentes/. Acesso em: 7 set. 2016.

[69] GOHN, M. G. *Manifestações e protestos no Brasil:* correntes e contracorrentes na atualidade. São Paulo: Cortez, 2017. p. 45-46.

[70] *Ibid.*, p. 46.

Cleto, 2016). Fundado em 2008 nos Estados Unidos, O EPL é apoiado por redes de fundações de grupos empresariais a exemplo do Atlas Network, de perfil neoliberal moderno. O destaque do EPL é que seu perfil ideológico une o liberal a proposições consideradas dos libertários, ou seja, apoia propostas liberais para o papel do mercado e atuação do Estado na economia, com privatizações, Estado mínimo e fim do financiamento de políticas públicas distributivas, mas também defende posições consideradas avançadas em relação aos liberais clássicos ou aos conservadores tradicionalistas, como em temas ligados à moral e aos costumes, a exemplo de suas posições em questões de gênero, aborto etc. O EPL chega ao Brasil em 2012 e participa das manifestações de junho. Kim Kataguiri, futuro líder fundador do MBL a partir de 2014, será o articulador do EPL nas ruas.[71]

A autora nota que o MBL, formado principalmente por jovens, assim como seus líderes Kim Kataguiri e Fernando Holiday – tratados pelos adeptos com status de *popstars* –, organizou-se como uma *startup*. "Na realidade, o movimento assemelha-se mais a um grupo de pressão, pois não se trata de um movimento social estruturado com bases organizadas".[72]

Em entrevista concedida ao *Brasil de Fato RS*, o editor do site *The Intercept Brasil*, Leandro Demori, discorreu, dentre outros recortes, sobre tais origens do MBL. Sob o título *'A Lava Jato é uma máquina de construção de narrativas',* diz editor do Intercept, assim é apresentado.

> **Katia Marko, Brasil de Fato** - O editor do site jornalístico The Intercept Brasil Leandro Demori participou do 4° Encontro Nacional pelo Direito à Comunicação, realizado no final de outubro, em São Luís, no Maranhão, para falar sobre o papel da imprensa na Operação Lava-Jato. Segundo ele, a imprensa e a Lava-Jato acabaram se tornando em algum momento quase um corpo jurídico nesses quase cinco anos de operação. E destaca uma reportagem no site do Intercept chamada Rede Atlas[73] para entender o que aconteceu no Brasil pós-2013.[74]

---

[71] *Ibid.*, p. 46.

[72] *Ibid.*, p. 48.

[73] FANG, L. Esfera de influência: como os libertários americanos estão reinventando a política latino-americana. *Intercept Brasil*, [S.l.], 11 ago. 2017. Disponível em: https://theintercept.com/2017/08/11/esfera-de-influencia--como-os-libertarios-americanos-estao-reinventando-a-politica-latino-americana/. Acesso em: 19 nov. 2019.

[74] "A LAVA Jato é uma máquina de construção de narrativas", diz editor do Intercept. *Brasil 247*, [S.l.], 19 nov. 2019. Disponível em: https://www.brasil247.com/brasil/a-lava-jato-e-uma-maquina-de-construcao-de-narrativas-diz-editor-do-intercept. Acesso em: 19 nov. 2019.

Demori responde sobre como pensar uma nova comunicação, comenta desdobramentos de junho de 2013, e sobre jornalismo e a Operação Lava Jato. A seguir a reprodução de parte da resposta à pergunta: "O que é essa Rede Atlas? Por que é importante conhecer?".

> **Leandro Demori:** *Em 2013, quando o Brasil teve as manifestações, grupos de direita e extrema-direita internacionais ligados fortemente ao capital financeiro muito poderoso que estão nessa Rede Atlas, como vocês podem ver nessa reportagem, identificaram que a esquerda latino-americana estava perdendo suas vias, a esquerda que era governo em vários países na América Latina, inclusive o Brasil, e acabou sofrendo a convulsão social que a gente viu no país em 2013.*
>
> *Esses grupos pegaram os jovens que estavam nas ruas naquela época que não tinham ainda ligações partidárias, políticas, ainda não tinham uma formação ideológica nem uma estratégia de tomada de poder muito clara, e acolheram esses jovens. Por esses jovens você pode pensar MBL, e grupos de Kim Kataguiri, Marcel van Hattem, todas essas pessoas que a gente vê aí hoje em dia. O que aconteceu nesse momento? Esses grupos treinaram essas pessoas para que elas usassem a internet para atacar instituições e pessoas físicas e criar uma estratégia para isso, não foi uma coisa feita por acaso.*
>
> *E a estratégia foi a seguinte: foram monitorados no Brasil cerca de dois mil nomes de pessoas alinhadas à esquerda latino-americana, progressistas que estavam na cabeça das instituições brasileiras. Por instituições entende-se judiciário, classe política, mas também instituições não formalizadas, por exemplo, classe artística, classe jornalística, academia, que inclui, professores, mas também estudantes, movimentos sociais em geral. Houve esse monitoramento dessas instituições brasileiras e dentro desse monitoramento se chegou a esses mais ou menos dois mil nomes de brasileiros ligados à esquerda brasileira, ou com uma visão mais progressista de sociedade.*
>
> *Esses grupos pegaram esses jovens e os treinaram para atuar na internet, colonizar a internet, popularizar a internet, e usar como ferramenta muito poderosa contra esses nomes dentro das instituições, e essa ferramenta é o escracho. Para vocês terem uma ideia nessa reportagem da Rede Atlas mostra que até mesmo concurso de vídeos de escracho e de ataques públicos foram feitos, para filtrar, por exemplo, as melhores cabeças que conseguiam ir para essa guerra, esse embate digital contra essas pessoas.[75]*
>
> [...]

---

[75] *Ibid.*

Além da análise de sua gênese, o movimento – cuja existência foi germinada na era em que as novas tecnologias dotaram de acesso rápido e notícias velozes as múltiplas telas –, que se especializou em pequenas profecias para um público que se avolumava, ganha também, nos mesmos moldes, a sua crítica.

Um dia após as eleições presidenciais da Argentina em outubro de 2019, que apearam logo no primeiro turno a proposta neoliberal do então presidente Mauricio Macri, na tentativa de reeleição, o *Diário do Centro do Mundo* publica uma compilação com 10 vezes em que o MBL enaltecia as medidas que enfim salvariam o país vizinho e que, dessa forma, apontava os melhores rumos a serem seguidos pelo Brasil. Na verdade, as pílulas de profecias do MBL tinham um efeito diário bombástico, uma vez que não podiam ser conferidas, e assim angariavam o intuito de atiçar a malta de descontentes que se informava, e se inflamava, junto à imantação de tais postagens. Passado o frenesi das tempestades de informação até 2016, o *Diário do Centro do Mundo* se propõe a relembrar. "O MBL, desde 2015, apostava no desastroso governo neoliberal de Mauricio Macri na Argentina. Vamos relembrar 10 vezes que o movimento de Kim Kataguiri exaltou a direita que afundou nosso país vizinho".[76]

Figura 1 – Dez vezes em que o MBL disse que Macri ia salvar a Argentina

Fonte: Foto Reprodução

---

[76] ARAUJO, P. Z. de. Dez vezes em que o MBL disse que Macri ia salvar a Argentina. *DCM*, [S.l.], 28 out. 2019. Disponível em: https://www.diariodocentrodomundo.com.br/essencial/10-vezes-em-que-o-mbl-disse-que-macri-ia-salvar-a-argentina/. Acesso em: 28 out. 2019.

Figura 2 – MBL e medidas liberais de Macri

Fonte: Foto Reprodução Twitter

Figura 3 – MBL exalta Macri

Fonte: Foto Reprodução Facebook

"[...] O MBL ainda apagou alguns posts no Twitter, mas o mico deles nas redes sociais segue eterno".[77] E assim encerra, breve, bem ao estilo adotado pelo movimento.

O resgate de publicações, a exemplo dessas do MBL, é uma das pautas a que se dedicam os veículos de contranarrativa, para não deixar se perder registro essencial de informações divulgadas intencionalmente com fins políticos, que, pela sua profusão e celeridade, uma vez que passada a tensão do momento em que foram veiculadas, praticamente se dissipam no cipoal de outras tantas informações circulantes em rede; bem como a história narrada pelos meios hegemônicos carece de relativização, daí a importância do contraditório como componente do bom andamento do sistema democrático. Dessa maneira, o empreendimento de contranarrativas é tarefa merecedora de escrutínio.

---

[77] *Ibid.*

CARTOGRAFIA DE CONTRANARRATIVAS

Ao longo deste capítulo será traçada uma vasta cartografia da crítica oferecida pelos novos meios no que se refere à atuação dos veículos da mídia tradicional, interligada a análises de professores, pesquisadores, jornalistas, juristas. A contranarrativa articulada por essa rede de sites e blogs que se denominam progressistas se concentrará nos elementos que tornaram possíveis a destituição de Dilma Rousseff da Presidência da República num processo de *impeachment*, segundo coberturas nos veículos tradicionais; golpe, na definição daqueles. A saber, a explicitação de um conluio entre setores da grande imprensa e o poder Judiciário, sobretudo de integrantes da Operação Lava Jato, a partir de estratégias definidas que serão, por meio de publicações livres e colaborativas, aqui explicitadas.

Dois episódios se distinguem: a condução coercitiva do ex-presidente Luiz Inácio Lula da Silva, ocorrida em 04/03/2016, e os vazamentos para a imprensa do diálogo entre a então presidenta Dilma Rousseff e o ex-presidente, na véspera de ser nomeado por ela como ministro da Casa Civil, em 16/03/2016. Dois eventos tendo por protagonistas as decisões do então juiz Sérgio Moro e que aceleraram o processo em curso, uma vez que angariaram apoio da opinião pública, sob o estandarte do combate à corrupção.

O monopólio do golpe

Na obra *Por que gritamos golpe?*, lançada a quente em 2016, compilação de artigos escritos de dentro das conturbações do processo de afastamento de Dilma Rousseff, o jornalista Mauro Lopes, membro dos coletivos *Jornalistas Livres* e *Outras Palavras*, contribui com o texto *As quatro famílias que decidiram derrubar um governo democrático*. Sua análise sintetiza uma angulação da crítica veiculada pelos sites midialivristas durante todo o período em relação ao comportamento da imprensa tradicional brasileira, capitaneada pelas empresas pertencentes a essas famílias, Rede Globo adiante.

> Quatro famílias decidiram: Basta! Fora! Os Marinho (Organizações Globo), os Civita (Grupo Abril/*Veja*), os Frias (Grupo Folha) e os Mesquita (Grupo Estado). A essas famílias somaram-se outras com mídias de segunda linha, como os Alzugaray (Editora Três/*Istoé*) e os Saad (Rede Bandeirantes), ou regionais, como os Sirotsky (RBS, influente no sul do país). Colocaram em movimento uma máquina de propaganda incontrastável, sob o nome de "imprensa", para criar opinião e atmosfera para o golpe de Estado contra o governo de Dilma Rousseff, eleito por 54 milhões de pessoas em 26 de outubro de 2014.[78]

Quatro famílias concentram o poder de decisão daquilo que vai insuflar a formulação do imaginário da opinião pública, com todo o arsenal jornalístico de que dispõem.[79] Sob a liderança dos Marinho, destaque para o produto televisivo *Jornal Nacional*.

> Mesmo fragilizado em relação aos últimos anos, o *Jornal Nacional* foi o principal instrumento da campanha, em articulação com a tropa de procuradores e delegados sob a liderança do juiz Sérgio Moro, em Curitiba. Na véspera do verdadeiro sequestro de Lula, travestido de "condução coercitiva" pela polícia federal em 5 de março de 2016, houve uma edição histórica do *JN*: quarenta minutos de massacre sistemático ao principal líder popular do país desde Getúlio Vargas. Assim o foi, meses e meses a fio. Manchetes convocando manifestações contra o governo; vazamentos de investigações em articulação com a operação Lava Jato; editoriais, artigos, entrevistas, pesquisas. As quatro famílias, seguidas pelas demais, operaram como numa rede nacional oficial do golpe, numa articulação inédita na história do jornalismo no país – a competição, ícone maior do capitalismo e do discurso de todos esses meios, foi deixada de lado em prol de uma colaboração aberta para derrubar o governo.[80]

Lopes lembra outras semelhanças dessas duas épocas, como o editorial de *O Globo*, publicado no dia 2 de abril de 1964, em que celebrava o golpe, e participação, em 2016, sobretudo do "porta-voz informal do grupo", o

---

[78] LOPES, M. As quatro famílias que decidiram derrubar um governo democrático. *In*: JINKINGS, I.; DORIA, K.; CLETO, M. (org.). *Por que gritamos golpe?*: para entender o impeachment e a crise. São Paulo: Boitempo, 2016. p. 120.

[79] O panorama da imprensa brasileira estrangulada pelas quatro famílias foi um dos centros do relatório anual *Liberdade de imprensa no mundo*, da organização não governamental Repórteres sem Fronteiras, divulgado em abril. O Brasil ficou em 104.º lugar num ranking de 180 países. Segundo o relatório, "a propriedade dos meios de comunicação continua concentrada em mãos das famílias mais ricas" (*Ibid.*, p. 125).

[80] *Ibid.*, p. 121.

jornalista Merval Pereira,[81] cujo artigo, de 6 de março de 2016, em tom de editorial, escancarava "[...] o clamor por um golpe de Estado num quase transplante do eixo discursivo contra Jango".[82] A crítica passa ainda pela disputa narrativa estabelecida pelos veículos dessas quatro famílias em oposição ao que mostrava a imprensa internacional, pois, em relação a 2016, "Enquanto no Brasil alardeavam um processo constitucional de *impeachment*, o ataque à democracia foi denunciado em todos os principais meios de comunicação do planeta".[83] Ante tais cenários midiaticamente adversos, a lembrança do único combativo jornal na ocasião do golpe anterior é seguida de um breve panorama da contranarrativa atual, cujo parecer vem ao encontro do escopo proposto nesta pesquisa no que tange ao aparato comunicativo que se instala.

> Agora não há um Última Hora, mas a internet e as redes sociais viram nascer uma vigorosa imprensa independente do império midiático. Uma teia de sites, blogs, páginas no Facebook e perfis no Twitter assumiu a contranarrativa e denunciou o golpe e a narrativa das quatro famílias, ao lado de poucas publicações da mídia tradicional.
> Os números ainda são pequenos quando comparados às audiências dos veículos das famílias dominantes, mas crescem continuamente.[84]

Numa perspectiva histórica, Lopes traça um paralelo do comportamento da imprensa na época do golpe de 1964, que depôs o presidente João Goulart do poder, com o que ocorria em 2016. Traço em comum mimetizado nos refrãos "Fora!" e "Basta!". Destaca que, no dia 31 de março de 1964, o mais famoso editorial a favor do golpe, publicado no *Correio da Manhã*, pertencente à família Bittencourt, trazia no título um *Basta!*, antecedido por outro com o título *Fora!*. Em 13 de março de 2016, o *Estado de S. Paulo* remontava o título famoso, para conclamar os "brasileiros de bem" a um uníssono "Basta!".

---

[81] PEREIRA, M. Em busca da saída. *O Globo*, [S.l.], 6 mar. 2016. Disponível em: https://blogs.oglobo.globo.com/merval-pereira/post/em-busca-da-saida.html. Acesso em: 4 set. 2019.

[82] LOPES, M. *In*: JINKINGS; DORIA; CLETO, 2016, p. 121.

[83] *Ibid.*, p. 122.

[84] As duas principais iniciativas de imprensa independente que atuam no *Hard News* (cobertura a quente dos fatos do dia, de preferência em tempo real) são o *Mídia Ninja* (com mais de 850 mil seguidores no Facebook) e os *Jornalistas Livres* (com mais de 450 mil seguidores) e crescem a taxas de 10% ao mês, enquanto os veículos das grandes famílias perdem leitores e audiência continuamente. Nos momentos mais dramáticos do desenrolar do golpe, a rede de mídias independentes atingiu um público estimado em mais de 30 milhões de pessoas, algo como 15% da população brasileira (*Ibid.*, p. 125).

O mesmo editorial serviu como objeto de análise em artigo do *Observatório da Imprensa*, na edição 894, de 15/03/2016, que também relaciona as aproximações entre os dois textos, separados pelo intervalo de cinco décadas. Sob o título *Estadão imita editorial do Correio da Manhã publicado em março de 1964*, Dairan Paul, pesquisador do *ObjETHOS*, assim inicia:

> "Não é possível continuar neste caos em todos os sentidos e em todos os setores. Tanto no lado administrativo como no lado econômico e financeiro. Basta de farsa".

> "Chegou a hora de os brasileiros de bem, exaustos diante de uma presidente que não honra o cargo que ocupa e que hoje é o principal entrave para a recuperação nacional, dizerem em uma só voz, em alto e bom som: basta!".

> Entre as duas aspas, há uma diferença de quase 52 anos; as semelhanças, no entanto, são gritantes. A primeira citação provém do editorial *Basta!*,[85] escrito pelo jornal *Correio da Manhã* em 31 de março de 1964, às vésperas do golpe militar que depôs o presidente Jango Goulart. Na segunda sentença, temos o recente editorial do *Estadão – Chegou a hora de dizer: basta! –*,[86] de 13 de março de 2016, data em que uma série de manifestações contra o governo assolou o país.
> [...]
> De 1964 até 2016, as estratégias pouco mudaram: nos dois editoriais citados, a ideia consiste em personalizar uma crise política na figura do administrador incompetente – "João Goulart não tem a capacidade para exercer a Presidência da República e resolver os problemas da Nação dentro da legalidade constitucional", ou, ainda a referência à presidenta Dilma Rousseff como uma pessoa "sem nenhuma vocação nem para a política nem para a administração".[87]

O autor salienta o tom próximo à ofensa, à beira do ódio, adotado pelo editorial, que reservava a petistas predicativos como uma "matilha", "tigrada", "essa turma [...] quase marginal"; o fato de testificar que "a maioria dos brasileiros" – referindo-se a pesquisas de opinião pública sem que as

---

[85] FUNDAÇÃO GETÚLIO VARGAS. Centro de Pesquisa e Documentação de História Contemporânea do Brasil. *Basta!* Disponível em: https://cpdoc.fgv.br/sites/default/files/imagens/dossies/nav_jgoulart/fotos/Modulo6/bn02.jpg. Acesso em: 5 set. 2019.

[86] CHEGOU a hora de dizer: basta! *Estadão*, [S.l.], 13 mar. 2016. Disponível em: https://opiniao.estadao.com.br/noticias/geral,chegou-a-hora-de-dizer-basta,10000020896. Acesso em: 3 set. 2019.

[87] PAUL, D. Estadão imita editorial do Correio da Manhã publicado em março de 1964. *Observatório da Imprensa*, [S.l.], 15 mar. 2016. Disponível em: http://observatoriodaimprensa.com.br/crise-politica/estadao-imita-editorial-do-correio-da-manha-publicado-em-marco-de-1964/. Acesso em: 3 set. 2019.

citasse –, desejavam, naquele momento, a destituição da presidenta; e, ainda, a invocação dos mantras moralistas "cidadãos de bem", "famílias indignadas". "A pressão, à la 1964, também está presente: 'tudo isso poderia ter sido evitado se Dilma tivesse tido a grandeza de renunciar ao cargo'".[88] Por essa agressividade editorial num contexto em que a polarização já se encontrava acirrada, classifica a postura do jornal como ativista e panfletária, crítica que não se aplica apenas ao *Estadão*, posto que se verifica no posicionamento adotado naquele período pela cobertura de vários outros veículos.

> O problema maior é notar que as especulações não são exclusividades do Estadão. À tarde, durante as manifestações de 13 de março, *GloboNews* reuniu seu time de repórteres para realizar a cobertura dos protestos. No estúdio, como de costume, jornalistas palpitam: "acho que está claro que o governo, no modelo que está, não sobrevive", diz Cristiana Lôbo, e continua: "não é que o país está dividido. Ele foi dividido nas eleições". Após ser vaiado na tarde de protestos, o senador Aécio Neves, citado em delações de Alberto Youssef e Delcídio do Amaral, é timidamente mencionado pela jornalista, de forma indireta: "o apoio à Lava Jato é o guarda-chuva para dizer não à Dilma, ao Lula e ao PT. Como eles são o poder central, hoje foca neles. Mas se tiver mais... foca nesses também".[89]

Perante esse *pool* não oficializado entre as principais empresas de comunicação do país, ligadas, sobretudo, às quatro famílias, cujo material jornalístico dia a dia angariava volume de forma seletiva quanto aos alvos de suas notícias, opiniões e reportagens, igualmente se avolumavam as análises críticas acerca dessa empreitada midiática.

No artigo *O jornal do golpe*, que compõe o livro *Golpe 16*, título dedicado ao *Jornal Nacional*, da Rede Globo, o jornalista e ex-editor-executivo da revista *Fórum* Glauco Faria examina a abordagem do telejornal na cobertura do episódio da condução coercitiva contra o ex-presidente Lula,[90] cujos procedimentos contribuíram para inflar as manifestações a favor do *impeachment*, marcadas para o dia 13 de março, ou seja, nove dias depois. Quanto à cobertura dos protestos feita pela GloboNews, emissora de TV fechada da família Marinho, constata.

---

[88] *Ibid.*

[89] *Ibid.*

[90] O ex-presidente foi alvo de mandado de busca e apreensão e de condução coercitiva (quando o investigado é obrigado a depor), na realização da 24ª fase da Operação Lava Jato, batizada de Aletheia.

Em consonância com a narrativa feita pelo jornalismo global na televisão aberta, o canal, durante as manifestações do dia 13 de março, insistia na tese de que o país não estava mais "dividido" entre defensores do *impeachment* e aqueles que não apoiavam o afastamento. Merval Pereira,[91] por exemplo, dizia que o país não estava dividido, mas era "contra [a presidenta Dilma Rousseff]".[92]

Quanto ao *Jornal Nacional*, Faria destaca que a edição de 4 de março demonstra o quão poderoso, embora nem tanto quanto antes,[93] o mais importante telejornal da TV aberta ainda é, no sentido de funcionar como um verdadeiro farol para boa parte do setor mais conservador, nos campos político e econômico, da sociedade brasileira. "Para este setor, é ele quem 'legitima' ou não um tema ou assunto ao divulgar matérias de jornais ou de publicações semanais que apontam o norte da direita. É o telejornal que diz aonde ir, e que corre junto".[94] Como exemplo, ele cita a edição do dia anterior, em que o *JN* amplia espaço para repercutir reportagem da revista *IstoÉ* – que havia antecipado sua edição, normalmente publicada aos finais de semana, para quinta-feira –, com trechos da delação premiada do senador Delcídio do Amaral (PT-MS). Estratégia de cobertura assim classificada "Tratava-se de manter uma narrativa de criminalização da principal figura do petismo, criando o ambiente propício para que aumentasse a adesão de manifestantes aos protestos a favor do *impeachment* marcados para 13 de março".[95] O autor recorre a artigo de 3 de março de 2016, *JN promove massacre contra Lula: a guerra total da Globo pra exterminar a esquerda*,[96] escrito por Rodrigo Vianna e publicado no blog *Escrivinhador*, na revista *Fórum*.

---

[91] PEREIRA, M. País não está dividido: é contra! *O Globo*, [S.l.], 14 mar. 2016. Disponível em: https://blogs.oglobo.globo.com/merval-pereira/post/pais-nao-esta-dividido-e-contra.html. Acesso em: 30 set. 2019.

[92] FARIA, G. "O jornal do golpe". *In*: ROVAI, R. (org.). *Golpe 16*. São Paulo: Publisher Brasil, 2016. p. 102.

[93] O autor recorre a dados da notícia "Em quatro anos, 'Jornal Nacional' perde 28% de seu público'", de 09/02/2016, por Ricardo Feltrin.
Apenas entre 2012 e 2015, o "Jornal Nacional", perdeu 28 em cada 100 telespectadores que antes acompanhavam ao telejornal da Globo todas as noites em todo o Brasil.
A queda de audiência, apontada por dados consolidados obtidos por esta coluna, mostram que a participação do "JN" no universo de TVs ligadas, nas 15 principais regiões metropolitanas do país, caiu de 53,7% em 2012 para 38,9% no ano passado.
Em pontos, no Painel Nacional de Televisão, o "JN" caiu de uma média de 31,8 pontos em 2012 para 24,8 pontos no ano passado. Cada ponto no PNT equivale a cerca de 240 mil domicílios.
O telejornal da Globo ainda é líder incontestável de audiência no país, mas, ano após ano, vem perdendo público e importância. [...]". Disponível em: https://tvefamosos.uol.com.br/noticias/ooops/2016/02/09/em-quatro-a-nos-jornal-nacional-perde-28-de-seu-publico.htm. Acesso em: 1 out. 2019.

[94] *Ibid.*, p. 103.

[95] *Ibid.*, p. 100.

[96] Disponível em: https://revistaforum.com.br/blogs/rodrigovianna/brodrigovianna-jn-promove-massacre--contra-lula-a-guerra-total-da-globo-pra-exterminar-o-pt/. Acesso em: 1 out. 2019.

> Foi um massacre com mais de quarenta minutos. Estou numa pequena cidade no interior do Ceará. Na pracinha central, numa pequena lanchonete, vi (mais do que ouvi) as TVs ligadas na Globo, no horário do Jornal Nacional.
> Duas matérias (cada uma com cerca de 4 minutos, uma eternidade em TV) promoveram a "leitura" da revista Istoé. Sim, numa estratégia antitelevisiva, que só se justifica nos momentos de intervenção política total dentro do noticiário, a revista foi exposta na tela, enquanto os repórteres escalados por Ali Kamel liam cada trecho da suposta delação de Delcídio Amaral. [...].[97]

Essa reportagem da revista *IstoÉ* e o desempenho dos veículos de comunicação ligados aos grupos empresariais de mídia pertencentes às famílias ora mencionadas serão tratados em seções específicas adiante.

Figura 4 – Capa da revista *IstoÉ*, edição 2.413, de 9 mar. 2016. Delcídio conta tudo.

Conta tudo, mas só demos um pedaço [98]
Fonte: *Diário do Centro do Mundo*, 9 mar. 2016

Da condução coercitiva aos megaprotestos do dia 13

"4 de março de 2016. Naquela sexta-feira, no início da manhã, ocorreu um dos episódios mais emblemáticos do processo que levou ao afastamento de Dilma Rousseff. O ex-presidente Lula foi alvo de uma condução coercitiva

---

[97] FARIA, 2016, p. 99.
[98] Comentário que acompanha a capa da revista, presente no artigo de Kiko Nogueira, no *Diário do centro do Mundo*, em 09/03/2016, em que discorre sobre a edição. Disponível em: https://www.diariodocentrodomundo.com.br/a-istoe-com-a-delacao-de-delcidio-sem-aecio-e-o-apice-da-industria-de-vazamentos-de-moro-por--kiko-nogueira/. Acesso em: 10 mar. 2016.

assinada pelo juiz Sérgio Moro [...]".[99] Com esse tom narrativo, Glauco Faria inicia seu texto de análise do papel desempenhado pelo veículo durante os desdobramentos dos eventos naquele dia.

O ex-presidente foi levado de seu apartamento, em São Bernardo do Campo, às seis horas da manhã, para prestar depoimento num posto da Polícia Federal no aeroporto de Congonhas, em São Paulo, e só foi liberado por volta das 12 horas. No decorrer do dia, vários juristas, advogados e especialistas contestaram a decisão do então juiz quanto à sua legalidade, no entanto, na edição daquela noite no *Jornal Nacional*, nenhuma dessas vozes dissonantes foi exibida.[100]

O mesmo tom narrativo pode ser observado na abertura do texto do repórter e criador do blog *Viomundo*, Luiz Carlos Azenha, "Globo, a central de manipulação do golpe", que se encontra na mesma obra e retrata outro evento culminante na vida política nacional recente, envolvendo as mesmas personagens sob o recorrente *modus operandi* na cobertura.

> Tarde de 16 de março de 2016. Os apresentadores da Globo-News estão excitados. A emissora começa a colocar no ar os grampos telefônicos do ex-presidente Lula feitos no âmbito da Operação Lava Jato. Os comentaristas da emissora passam a repercutir as gravações.
>
> A certa altura, um dos âncoras atribui o furo de reportagem ao repórter Vladimir Netto, que é baseado em Brasília, mas estava em Curitiba. Netto é filho de Miriam Leitão, comentarista de economia da TV Globo e da rádio CBN e colunista de *O Globo*.

---

[99] FARIA, 2016, p. 97.

[100] Destaque para duas publicações do site especializado *Conjur* (Consultor Jurídico):
SHOW DA ACUSAÇÃO – Condução de Lula para depor foi ilegal e espetacularizada, dizem advogados
Por Tadeu Rover e Giselle Souza – 4 de março de 2016, 12h41 – *Notícia alterada às 17h do dia 4/3 para acréscimos.
A operação "lava jato", que investiga um esquema de corrupção na Petrobras, chegou ao ex-presidente Lula e a seu instituto. Porém, apesar da aparente boa intenção dos investigadores de combater a corrupção, o *modus operandi* foi mais uma vez criticado por advogados. A transformação de cada fase em um espetáculo midiático e o desrespeito às normas penais foram ressaltados por advogados que atuam na "lava jato" consultados pela revista **Consultor Jurídico**. [...].
Disponível em: https://www.conjur.com.br/2016-mar-04/conducao-lula-foi-ilegal-espetacularizada-dizem--advogados. Acesso em: 1 out. 2019.
OPINIÃO – Condução coercitiva de ex-presidente Lula foi ilegal e inconstitucional
Por Lenio Luiz Streck– 4 de março de 2016, 18h43
Vimos um espetáculo lamentável na sexta-feira, 4 de março. Este dia ficará marcado como "o dia em que um ex-presidente da República foi ilegal e inconstitucionalmente preso por algumas horas", sendo o ato apelidado de "condução coercitiva". Sem trocadilho, tucanaram a prisão cautelar.
Nem preciso dizer o que diz a Constituição acerca da liberdade e sobre o direito de somente se fazer alguma coisa em virtude de lei, afora o direito de ir e vir. Todo o artigo 5º da CF pode ser aplicado aqui. [...]. Disponível em: https://www.conjur.com.br/2016-mar-04/streck-conducao-coercitiva-lula-foi-ilegal-inconstitucional. Acesso em: 1 out. 2019.

> No Grupo Globo é assim: os jornalistas mais influentes têm acesso a múltiplas plataformas e raramente divergem da linha editorial da família Marinho.
> Naquela tarde não houve questionamento à legalidade dos grampos. Não houve entrevistas com os que foram grampeados, nem com algum advogado que questionasse a decisão do juiz Sérgio Moro de romper o sigilo em torno das gravações.[101]

Diante de tal silenciamento acerca de abordagens que deixaram de ser realizadas nas coberturas, que pudessem suscitar no telespectador uma apreensão mais ampla dos acontecimentos reportados, dimensão salutar ao exercício da profissão do jornalista, o autor pondera que existiam ao menos dois motivos para questionar a decisão do ex-juiz, por ser uma das gravações entre Lula e a presidenta da República, e várias outras entre o ex-presidente e interlocutores que gozavam de foro privilegiado. Tanto GloboNews quanto o *Jornal Nacional*, ao contrário, propagaram o conteúdo da conversa durante dias, o que levou, de imediato, a então mandatária à suspeição de tentar livrar Lula da possibilidade de ser preso, uma vez que, ao assumir o cargo como ministro da Casa Civil, ele teria direito a foro privilegiado. Aquela conversa, conforme lembra, em particular tratava do envio de um termo de posse para Lula assinar.

A sequência dos eventos, num ambiente já insuflado daqueles últimos dias, serviu para deteriorar o ambiente político e fragilizar de maneira incontornável a situação do governo, pois, diante da impressão de que a presidenta manobrava para livrar o ex-presidente de uma possível prisão, desencadeou-se uma onda de protestos, preparando o cenário para a votação do processo de *impeachment* contra Dilma Rousseff, na Câmara dos Deputados, no dia 17 de abril. A cobertura realizada pelos telejornais do Grupo Globo contribuiu de maneira decisiva para o desfecho. Quanto aos procedimentos, Azenha ressalta que há ao menos duas irregularidades nas ações de Moro. Primeira, determinou à Polícia Federal a suspensão das interceptações de Lula às 11h12 e a conversa com Dilma ocorreu às 13h32; segunda, por se tratar de uma gravação com a presidenta da República, o conteúdo deveria ser tratado com sigilo e o caso encaminhado ao Supremo Tribunal Federal. Contudo, o material foi parar na mesma tarde no noticiário da GloboNews. Sugestão do autor para os bastidores do vazamento:

---

[101] AZENHA, L. C. "Globo, a central de manipulação do golpe". *In*: ROVAI, R. (org.). *Golpe 16*. São Paulo: Publisher Brasil, 2016. p. 126.

"O repórter que as recebeu é o mesmo que, alguns meses depois, lançou um livro sobre a Operação Lava Jato em Curitiba com a presença de Moro",[102] referindo-se, obviamente, a Vladimir Netto.[103]

Figura 5 – Miriam Leitão, seu filho Vladimir Netto e Moro   Figura 6 – Lava Jato

 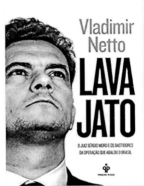

Fonte: Editora Primeira Pessoa; 1.ª ed. (21 de junho de 2016)

Indícios de vazamentos de informações privilegiadas da Operação Lava Jato para a Globo já tinham sido constatados, evidência que ficou marcante na sexta-feira, 4 de março de 2016, quando equipes de reportagem já

---

[102] Ibid., p. 127.
[103] Vladimir Netto é autor do livro *Lava Jato – O juiz Sergio Moro e os bastidores da operação que abalou o Brasil*. A relação do repórter com o então juiz Sérgio Moro, e também com o coordenador da Operação Lava Jato, Deltan Dallagnol, é tema de notícia e análise em inúmeras oportunidades em diversos sites progressistas. A exemplo de publicação de Paulo Nogueira, crítico ferrenho, de 28 de junho de 2016, no *Diário do Centro do Mundo*:
Os problemas do livro "Lava Jato – O juiz Sergio Moro e os bastidores da operação que abalou o Brasil", do jornalista Vladimir Netto, começam logo no prefácio. Gabeira, em mais um espasmo de ódio antipetista, relembra o dia em que Lula foi coagido a depor.
[...]
Vladimir não aproveita a oportunidade que teve em humanizar o relato com personagens como o próprio Moro, naturalmente, e o Japonês da Federal, que se tornou amigo do autor e apareceu no lançamento do livro em Curitiba, sorriso na boca e tornozeleira no pé.
O perfil de Moro é miserável. E o pouco que se tem é comprometido pela glorificação dele.
[...]
O livro de Vladimir Netto — filho de Míriam Leitão e repórter da TV Globo — revela, indiretamente, a pobreza da cultura editorial da Globo. Todas as coisas que citei acima teriam sido observadas numa cultura jornalística melhor. Fora isso, o livro trai também a parceria Moro-Globo na desestabilização de Dilma. Foram parceiros na empreitada. Ou cúmplices no crime, se você preferir.
[...]
O objetivo foi divinizar Moro e a Lava Jato. Mas isso não foi atingido, dados os variados problemas do texto. Ficou um espaço aberto para um novo bajulador." Disponível em: https://www.diariodocentrodomundo.com.br/os-problemas-do-livro-lava-jato-o-juiz-sergio-moro-e-os-bastidores-da-operacao-que-abalou-o-brasil-comecam-logo-no-prefacio-de-gabeira-por-paulo-nogueira/. Acesso em: 29 jun. 2016.

acompanhavam desde cedo os procedimentos da condução do ex-presidente pela Polícia Federal. Os noticiários daquele dia e os dos dias posteriores foram propulsores capitais para a instalação do clima de comoção que potencializou os protestos do dia 13. "O papel da Globo naquele dia foi decisivo. Como em manifestações anteriores, a emissora começou a cobertura logo cedo, como se tentasse esquentar o protesto mais importante, o da avenida Paulista, marcado para o período da tarde".[104]

Para um panorama da narrativa empregada pelos programas dos veículos da família Marinho, a análise de Bia Barbosa e Helena Martins, publicada no dia 14, no blog *Intervozes*, da *Carta Capital*, é substancial para deslindar *O papel da mídia nas manifestações do 13 de março*.

> Os números da Polícia Militar apontam para mais de 3 milhões de pessoas nas ruas em todo o Brasil no domingo 13. Seria, de acordo com a imprensa, a maior manifestação da história do País – maior que as Diretas Já e que os atos de junho de 2013.
>
> Foram os resultados das investigações do Ministério Público e da Polícia Federal os responsáveis por mobilizar tanta gente? Foram as delações premiadas da Operação Lava Jato? Os inúmeros erros dos governos Lula e Dilma, ao longo de 13 anos? Foram os recursos dos partidos de direita usados para convocar e levar muitos pras ruas?
>
> Foi tudo isso. Mas nada teria a dimensão alcançada sem o papel estrutural dos meios de comunicação de massa em nossa sociedade. [...].[105]

As autoras mapeiam como componente central de tal corpulência a atuação da mídia, que não cumpria apenas o papel de reportar os atos ocorrentes pelos 26 estados da federação e no Distrito Federal, apresentados como advento espontâneo da vontade da população brasileira, narrativa que influencia na formação da opinião pública, que se via representada nos manifestantes mostrados, indignados com a ideia de corrupção generalizada, restrita ao governo federal, o que levou aquela grande leva de "cidadãos de bem" a engrossar as colunas dos indignados a se imantarem do dever cívico de estar em verde e amarelo nas ruas naquele 13, para depor o que se acreditava, sob certeza consolidada, "o pior governo de todos os tempos". Dentre

---

[104] AZENHA, 2016, p. 130-131.

[105] Trecho desse texto foi citado por Luiz Carlos Azenha (p. 131).

* Colaborou Iara Moura. Bia Barbosa, Helena Martins e Iara Moura são jornalistas e integrantes do Conselho Diretor do Intervozes. Disponível em:https://www.cartacapital.com.br/blogs/intervozes/o-papel-da-midia--nas-manifestacoes-do-13-de-marco/. Acesso em: 1 out. 2019.

múltiplos exemplos desse processo sutil de produção da opinião pública, trabalhada de maneira sistemática ao longo daqueles últimos 15 meses e ali culminadas, apontam a vinheta do "Vem Pra Rua", repetida durante toda a programação da *Rádio Transamérica*, de São Paulo, e a convocação no editorial do *Estadão* daquele domingo. Sutil, pois "Não precisa transpirar ódio – aliás, é melhor que não o faça, senão o jogo fica muito descarado. Vale mais apostar em frases simples repetidas à exaustão e na invisibilização de opiniões divergentes – rasgando qualquer manual de bom jornalismo".[106]

Quanto ao *Jornal Nacional*, o esquadrinhamento perpassa a sucessão de episódios que, segundo constatam, desde 4 de março, com o vazamento da delação premiada de Delcídio do Amaral, passando pela cobertura da condução coercitiva de Lula, sinalizam a articulação entre a mídia e o Judiciário nessa operação de convencimento dos brasileiros, cuja participação do telejornal global preponderou no jogo político.

> Na quinta-feira 10, promotores de São Paulo pedem a prisão preventiva de Lula. A peça jurídica é criticada por juristas, especialistas e inúmeros membros do Ministério Público. Novamente, a crítica não ganha espaço no *Jornal Nacional*.
> No sábado 12, o telejornal destina sete minutos para negar o pedido de direito de resposta do Instituto Lula acerca da cobertura da emissora sobre este fato. A emissora se diz "surpreendida" por ser chamada a cumprir uma lei em vigor no Brasil – que tem o objetivo, exatamente, de garantir o princípio constitucional do equilíbrio jornalístico e o direito de não ser ofendido nos meios de comunicação.
> Nega a resposta e veicula, no lugar, um editorial apaixonado em que reitera acusações e defende o que considera sua missão: "informar o povo, respaldada pela Constituição", "com serenidade e sem nada a temer".
> Para fortalecer seu argumento, a mesma edição do *JN* publica nota da Associação Brasileira de Imprensa (ABI) contra qualquer tentativa de intimidação à imprensa. Numa retórica que inverte a lógica das coisas, a empresa utiliza-se do discurso de defesa da liberdade de imprensa pra seguir sua atuação autoritária, avessa à pluralidade de pensamento no País.[107]

No decorrer daqueles dias, o roteiro parecia traçado em matérias e opiniões que repetiam a ideia e levavam a crer que o ciclo do Partido dos Trabalhadores no poder central havia inevitavelmente se aproximado do fim. E quanto ao domingo, 13:

---

[106] *Ibid.*

[107] *Ibid.*

Às 9h de domingo, a GloboNews dá início à sua cobertura ininterrupta, que se prolongou por mais de 12 horas, das manifestações. Não foi preciso muito esforço – nem uma convocatória explícita – para levar os brasileiros às ruas. O cenário já estava montado.

Ao longo do dia, repórteres e comentaristas se revezaram para enaltecer os protestos, repetir à exaustão, a cada cidade noticiada, os motivos que já estavam claros para os telespectadores, e jogar sobre os atos um peso decisivo sobre o processo de mudanças no comando do governo federal.

A comentarista Cristiana Lobo sentenciou que "o governo não reúne mais energia para resolver o problema da economia, nem para reaglutinar a base no Congresso, nem para responder às denúncias da Lava Jato. Está nocauteado".

[...]

"Podemos chegar ao final do dia sem a ideia de que o país está dividido", avaliou Renata Lo Prete. "Imagina o efeito de uma onda; todo mundo é arrastado um pouco. Quem estava se agarrando ao governo ou fazendo conta de que valia ficar ao lado do governo vai rever essa conta. Tudo vai se precipitar porque a rua mandou um recado muito forte", sentenciou. "Os perdedores claros são Dilma, Lula e o PT".[108]

A cobertura ao longo do domingo na TV aberta ocupou espaço considerável, inclusive com a suspensão da exibição do tradicional filme vespertino para mostrar, ao vivo, o que se passava na Avenida Paulista.[109] Aspecto importante constatado ao longo da programação, assim como já vinha ocorrendo conforme padrão global estabelecido, diz respeito à seletividade, com a presença massiva de vozes de funcionários da emissora e de líderes políticos pró-*impeachment*, sem que, no entanto, fosse levado ao ar o contraditório.

A mesma seletividade se repetiu no programa nobre da noite, agora na TV aberta. Em trinta e cinco minutos de *Fantástico*, coube ao PT apenas 45 segundos de fala; à Secretaria de Comunicação da Presidência da República, 30 segundos; e, aos protestos pró-governo, que também aconteceram pelo país, menos de 2,5 minutos.

---

[108] *Ibid.*

[109] As autoras mencionam em trecho o comportamento de alguns profissionais que trabalhavam na cobertura, que de modo algum primava pela parcialidade jornalística, em relação ao que ocorria em frente à sede de outro ator importante no processo, a Federação das Indústrias do Estado de São Paulo (Fiesp), situada em um prédio na Avenida Paulista, em cujas imediações aglomerava-se o epicentro dos protestos. "Agora há pouco a gente presenciou o momento mais emocionante das manifestações. A Fiesp jogou balões verdes e amarelos contra o número de impostos que os brasileiros pagam. Foi um movimento muito forte, as pessoas aplaudiram, foi uma emoção aqui", declarou um repórter. Outra jornalista não conteve o entusiasmo e afirmou: "está linda a festa" (*Ibid.*).

> A reportagem de abertura do programa, que teve 17 minutos de giro nacional e internacional sobre os atos, não teve qualquer contraponto. O bloco sobre as manifestações foi encerrado com mais de 6 minutos sobre novas táticas e descobertas da operação Lava Jato, selando um domingo nada plural – e triste – para o jornalismo brasileiro.[110]

De volta ao texto de Glauco Faria, com observações acerca das estratégias usuais do telejornal global, que, em última instância, servem aos interesses comerciais e políticos da empresa, uma vez que as notícias recebem um tratamento cujos espaços oferecidos aos envolvidos em determinada questão são desproporcionais de lado a lado – como ocorreu no caso da condução coercitiva –, além do trabalho na qualidade das declarações, mais ainda, na escolha cuidadosa de quem fala. Trecho de uma análise do jornalista Carlos Castilho, originalmente publicada no *Observatório da Imprensa*, do qual é editor, e republicada no site da revista *Fórum*, em 16 de março de 2016, sob o título *A Globo, o Jornal Nacional e a manipulação de contextos na montagem de notícias*, é trazido pelo autor a fim de elucidar tais constatações.

> O que a *Globo* sabe fazer magistralmente é manipular contextos, como por exemplo, a alocação de tempos para acusação e defesa. Uma denúncia feita por algum delator no processo Lava Jato recebe um detalhamento que toma vários minutos enquanto a defesa merece rápidas e burocráticas menções do tipo "todas as doações foram registradas de acordo com a lei eleitoral", "não comentamos inquéritos em andamento", ou "ainda não tivemos acesso aos autos do processo", sem falar no lacônico "não conseguimos contato com,,,,".
> Discutir a legalidade de tal processo é chover no molhado porque a emissora sempre vai alegar que seguiu o preceito jornalístico da consulta à parte atacada ou agredida. A questão é a diferença de tempo e detalhamento. Na maioria dos casos de divulgação de denúncias por delação premiada não houve da parte dos telejornais da *TV Globo* a preocupação em apresentar de forma detalhada os argumentos da outra parte. Assim, o telespectador acabou sempre ficando sob o efeito do impacto da denúncia, mesmo aqueles que não acreditaram nela.[111]

---

[110] *Ibid.*

[111] CASTILHO, C. A Globo, o Jornal Nacional e a manipulação de contextos na montagem de notícias. *Fórum*, [S.l.], 16 mar. 2016. Disponível em: https://revistaforum.com.br/noticias/a-globo-o-jornal-nacional-e-a-manipulacao-de-contextos-na-montagem-de-noticias/. Acesso em: 2 out. 2019.

Para além dessa citação, Castilho analisa o *modus operandi* do *JN* não só de maneira restrita, ou seja, consonante ao proselitismo em favor de causas político-financeiras alinhadas às Organizações Globo, mas também inserido em uma cultura já tradicional do jornalismo que prioriza a veracidade e exatidão dos fatos e dados, embora não tenha desenvolvido nos mesmos padrões mecanismos editoriais capazes de contextualizar corretamente uma notícia. Ou seja, sobretudo naquela disputa em torno do *impeachment*/golpe em que dados e fatos foram inseridos num contexto de acordo com interesses estabelecidos. "Um editor ou jornalista pode criar um contexto sem alterar dados, fatos ou eventos".[112] Assim, induzir sua audiência a percepções e opiniões condicionadas a determinada narrativa jornalística.

Além da constatação de que as redações não são um ambiente democrático, posto que a cultura política responde às influências de quem a comanda, somado ao tempo escasso e, por vezes, ao pouco preparo teórico do repórter para os necessários procedimentos de contextualização das matérias – quesito que escapa também aos manuais de redação –, sem que se descartem os interesses e objetivos da fonte, a plataforma televisão carrega suscetibilidades capazes de infundir no seu público percepções descontextualizadas, devido à rapidez com que as notícias são apresentadas ou pelo ângulo das imagens escolhido na edição. "A manipulação da imagem como notícia num telejornal provoca no telespectador reações mais emocionais do que as geradas pela leitura de um jornal ou revista, onde a postura é mais analítica, pela própria natureza do veículo ou plataforma de comunicação".[113]

Castilho encerra sua análise defendendo, diante de tais processos de distorção informativa e da manipulação de contextos, a importância de se tentar identificar os meandros de uma notícia ao consumi-la.

> Esta é uma tarefa que o leitor, telespectador, ouvinte ou internauta terá que fazer sozinho porque a maioria dos veículos não disponibiliza este tipo de dado.
> É muito improvável uma mudança na política editorial do *Jornal Nacional* porque são rotinas e valores entranhados há décadas no telejornal que serve de guia para todos os demais noticiários da *TV Globo*. Por paradoxal que pareça, é mais possível o surgimento de uma nova atitude entre os

---

[112] *Ibid.*

[113] *Ibid.*

telespectadores na medida em que eles descobrirem como funciona o enviesamento da informação transmitida por meio da manipulação dos contextos onde está inserida a notícia".[114]

Essa, porém, é uma tarefa a que se arvora a rede de sites colaborativos com suas notícias e pontos de vista, e que pleiteiam continuamente, por meio de inúmeras iniciativas propiciadas pela emergência de novas plataformas, a ampliação da possibilidade de transmissão e consequente contribuição contranarrativa – quer por apresentar contextos, quer por oferecer a crítica – ante os relatos jornalísticos tradicionais.[115]

Nessa urdidura de análises que se tecem e se desenovelam em perspectiva de entendimento sobre a atividade jornalística praticada nos grandes veículos, não apenas jornalistas experimentados, bem como artistas, acadêmicos e representantes do meio jurídico, contribuem com seus diagnósticos na explicitação dos processos que se empregam na construção de determinadas narrativas.

As relações jurídico-midiáticas

Na seção "Ponto de Vista" do *objETHOS*, a professora de jornalismo da Universidade Federal Fluminense (UFF) e colaboradora do site Sylvia Debossan Moretzsohn já apontava, no decorrer dos eventos à época da condução coercitiva, o consórcio que se notabilizou – embora alheio ao discernimento de grande parte da população – entre integrantes da força-tarefa de Curitiba e boa parte da imprensa tradicional brasileira. "Lava Jato e mídia, a aliança no limiar do golpe" tem início num resumo do que seria a ação espetacular capaz de gerar um enredo digno de novela, que

---

[114] *Ibid.*

[115] Coberturas na imprensa brasileira de eventos bem mais recentes, as grandes manifestações que eclodiram no Chile, em outubro de 2019, suscitaram acurada observação do jornalista Ricardo Kotscho, no seu blog *Balaio do Kotscho*, em que atesta a falta de contextualização e análise para melhor informar o seu público. Kotscho critica um tipo de jornalismo que caracteriza como "jornalismo drone" e constata que quem acompanhou o levante popular pela imprensa brasileira ficou sem respostas sobre as causas que levaram, de um dia para o outro, multidões às ruas, mesmo com os riscos de repressão por parte do governo.
[...] Ficamos sabendo apenas que 100 mil, depois 500 mil, mais adiante, 1 milhão de pessoas ocuparam ruas, praças e avenidas de Santiago, gritando que "o Chile acordou!".
Inventaram por aqui o "jornalismo drone", que mostra imagens do alto e não vai perguntar às pessoas o que as faz arriscar a vida para melhorar de vida.
É como se a história do nosso tempo só pudesse ser contada por números e gráficos.
Se as estatísticas oficiais mostravam um país em franco desenvolvimento, com crescimento do PIB e das exportações, um modelo para a América Latina, como é que os chilenos ousaram dizer que era tudo uma grande mentira e que cada vez mais gente estava passando fome nesse paraíso do neoliberalismo? [...].
Disponível em: https://www.balaiodokotscho.com.br/2019/10/26/chile-em-transe-jornalismo-drone-nao--tem-mais-pessoas-so-numeros/. Acesso em: 27 out. 2019.

inspirou em jornalistas ligados à cobertura tradicional um misto de euforia e vaticínio, cujas palavras cobiçam o anúncio do fato antes do ocorrido e remetem às entranhas do conluio mídia-judiciário.

> O espetáculo estava armado de maneira tão perfeita que seus organizadores já se sentiam à vontade para antecipar a comemoração. "É um dia histórico", proclamou Eliane Catanhêde em sua coluna no *Estado de S.Paulo*, publicada pouco antes das dez da manhã daquela sexta-feira, 4 de março, quando o ex-presidente Lula, seu filho mais velho e alguns de seus colaboradores mais próximos foram retirados de casa para, sob condução coercitiva, prestar depoimento no inquérito da Operação Lava Jato. "É o fim do projeto do PT, o fim de uma era", saudou a jornalista. Ainda no início da madrugada, o editor-chefe da revista Época, Diego Escosteguy, nem se preocupava em disfarçar a informação privilegiada que recebera: pelo twitter, alimentava as expectativas para o amanhecer que teria "tudo para ser especial, cheio de paz e amor" e tripudiava dos que, encurralados, estariam com seu destino selado.[116]

Figura 7 – Postagens pelo Twitter

---

[116] MORETZSOHN, S. D. Lava Jato e mídia, a aliança no limiar do golpe. *objETHOS*, [S.l.], 7 mar. 2016. Disponível em: https://objethos.wordpress.com/2016/03/07/ponto-de-vista-lava-jato-e-midia-a-alianca-no-limiar-do-golpe/. Acesso em: 5 set. 2019.

Fonte: Moretzsohn (2016)

Segundo a pesquisadora, algo então destoou do que se traçara como script. A notícia da presença de Lula no posto da Polícia Federal em um aeroporto provocou tumulto entre alas partidárias e de oposição. Diferentes especulações e versões para os motivos que levaram àquele inesperado desfecho, fato é que – diante da repercussão negativa, pois foram inúmeros os questionamentos de eminentes conhecedores das leis e dos seus devidos processos acerca da ilegalidade e da inconstitucionalidade do uso da condução coercitiva naquelas circunstâncias – o ex-presidente acabou liberado. Com o aparato midiático que se formou para a transmissão do desenrolar daqueles eventos, Lula dispunha agora desse poderoso palanque que, de maneira imprevista, acabou por lhe ser facultado mediante a deliberação do então juiz Sérgio Moro.[117]

Quanto à atuação de jornalistas e comentaristas, o que se verificou na sequência foi a tentativa de imobilizar o discurso de Lula, qualificando-o, não raro, como uma espécie de "fala para convertidos". Moretzsohn observa decadência no desempenho da profissão, com seus praticantes ciosos em confinar as "personagens" de suas narrativas à docilidade de suas próprias expectativas. "A esta imprensa não apenas lhe falta humor: o inconformismo

---

[117] Ocasião em que encerrou seu discurso da seguinte maneira: "Se quiseram matar a jararaca, não bateram na cabeça. Bateram no rabo e a jararaca está viva, como sempre esteve".
Jornal Hoje – Confira na íntegra o discurso de Lula sobre a 24ª fase da Operação Lava Jato
26 min – Exibição em 4 mar. 2016.
Durante o discurso, o ex-presidente Luiz Inácio Lula da Silva, investigado na nova fase da Operação Lava Jato, se defendeu das acusações. Confira. Disponível em: https://globoplay.globo.com/v/4860113/. Acesso em: 4 out. 2019.

com o que foge ao previsto é a demonstração mais cabal da decadência desse jornalismo que se acostumou com a facilidade de 'vazamentos' e abdicou do trabalho de apuração".[118] Sua análise aponta para outra modulação no comportamento dos profissionais da grande imprensa, que, por um lado, acusavam na atitude do ex-presidente o risco de um suposto acirramento para o conflito, enquanto, por outro, paradoxalmente, exaltavam os panelaços e animavam as fileiras de descontentes para o 13 de março. Ou seja, sob tais pontos de vista, como legítimas classificavam-se as levas que aspiravam à derrubada da presidenta; e violentas quaisquer reações que se opunham a tal desfecho. "Mais ou menos como no discurso recorrente que acusa Lula e o PT de dividirem o país entre "nós" e "eles", como se Lula e o PT tivessem inventado a luta de classes".[119]

O diapasão que equalizaria o discurso entre jornalistas e lavajatistas em relação ao ex-presidente era o de que "nenhum cidadão poderia se considerar acima da lei" (síntese da estratégia: elege-se a ameaça, nela ressalta-se o que é socialmente condenável, e então se qualifica a combatê-la), sentença que coloca em sintonia o artigo de Eliane Catanhêde, no *Estadão*, com o *tweet* de Míriam Leitão em sua rede social. A diferença é que a plataforma usada por esta permitiu quase que de imediato uma contestação pública (e publicável), conforme pode ser observado.

Figura 8 – Coluna de Eliane Catanhêde no *Estadão*, de 4 mar. 2016. É o fim do projeto do PT.

Fonte: https://politica.estadao.com.br/noticias/geral,e-o-fim-do-projeto-do-pt,10000019501. Acesso em: 4 out. 2019

---

[118] *Ibid.*
[119] *Ibid.*

Figura 9 – Postagens pelo Twitter

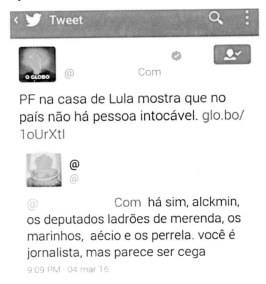

Fonte: Reprodução rede social

Foram inúmeras as ocasiões em que essa máxima aparece também diretamente vinculada ao juiz da Lava Jato. *O antagonista*, por exemplo, site direitista que, da mesma forma depositário das oportunidades de emissão oriundas do surgimento das plataformas digitais, se notabilizou no alinhamento aos lavajatistas e, sobretudo, a Sérgio Moro, se dedica à exaltação dos feitos do então magistrado. Sob o título garrafal *MORO: "NÃO IMPORTA O QUÃO ALTO VOCÊ ESTEJA, A LEI AINDA ESTÁ ACIMA DE VOCÊ"*, publicação de 12 de julho de 2017, aclama, em breve e característico texto,

> Ao concluir a primeira sentença contra Lula, Sérgio Moro ressaltou que sua condenação não lhe traz "qualquer satisfação pessoal".
> "Pelo contrário. É de todo lamentável que um ex-presidente da República seja condenado criminalmente, mas a causa disso são os crimes por ele praticados e a culpa não é da regular aplicação da lei".
> Prevalece o ditado: "Não importa o quão alto você esteja, a lei ainda está acima de você".[120]

---

[120] MORO: "Não importa o quão alto você esteja, a lei ainda está acima de você". *O Antagonista*, [S.l.], 12 jul. 2017. Disponível em: https://www.oantagonista.com/brasil/moro-nao-importa-o-quao-alto-voce-esteja-a-lei-ainda-esta-acima-de-voce/. Acesso em: 4 out. 2019.

Afora o panfletário, outros exemplos perpassam as publicações que se referem às façanhas do arauto de Curitiba. *"Ninguém está acima da lei", diz Moro em discurso nos EUA*, assim é anunciada a presença do juiz que, naquela data, havia falado para formandos na cerimônia de formatura da Universidade de Notre Dame, nos Estados Unidos, em notícia do portal *G1*, no *Globo.com*, em 20 de maio de 2018 – acompanhado do pomposo subtítulo "Juiz falou a formandos da Universidade de Notre Dame, onde já discursaram Obama e George W. Bush", e logo abaixo o trecho de onde o título foi pinçado:

> "Nunca se esqueçam da pedra angular das nações democrá-ticas, que é o estado de direito. Isso significa que todos têm igual proteção da lei. Isso significa que é preciso proteger os mais vulneráveis. Mas também significa que ninguém está acima da lei", disse. "Essa é uma lição não só para o Brasil, mas até para democracias maduras", emendou.[121]

Tanto título quanto subtítulo praticamente se replicam na matéria da *Folha de S. Paulo, Ninguém está acima da lei, diz Moro em discurso de formatura nos EUA* – "O juiz foi o principal orador da cerimônia na Universidade de Notre Dame", antecedendo declaração análoga. "'O alicerce de nações democráticas é o Estado de Direito, o que significa que todos têm direito à igual proteção da lei. Isso quer dizer que é preciso proteger os mais vulneráveis, mas também que ninguém está acima da lei', declarou".[122]

Retomando o compasso das reflexões de Sylvia Moretzsohn, dentre as análises por ela elencadas e dispostas em *links* que levam a notícias, artigos, *posts* e vídeos para que o leitor/internauta possa averiguar os indicadores que lhe permitem transitar na coerência de tal raciocínio, destaca-se, aqui, a do ex-juiz e ex-desembargador, professor de Direito Penal e Processo Penal na Universidade Federal do Rio de Janeiro Geraldo Prado, no portal *Justificando*. Publicação daquela mesma sexta-feira em que Lula foi levado para depor na Polícia Federal, já a partir do título *Lacerdismo jurídico ou Moro acima da lei*, é possível conferir aquilo que classifica como um tipo de moralismo seletivo (título e texto que aproximam atuação de duas per-sonagens em épocas distintas com forte influência nos rumos da política

---

[121] 'NINGUÉM está acima da lei', diz Moro em discurso nos EUA. *G1*, [*S.l.*], 20 maio 2018. Disponível em: https://g1.globo.com/mundo/noticia/ninguem-esta-acima-da-lei-diz-moro-em-discurso-nos-eua.ghtml. Acesso em: 4 out. 2019.

[122] CARAZZAI, E. H. Ninguém está acima da lei, diz Moro em discurso de formatura nos EUA. *Folha de S. Paulo*, [*S.l.*], 20 maio 2018. Disponível em: https://www1.folha.uol.com.br/poder/2018/05/ninguem-esta-acima-da--lei-diz-moro-em-discurso-de-formatura-nos-eua.shtml. Acesso em: 5 out. 2019.

nacional, Carlos Lacerda e Sérgio Moro, estando este, na ocasião, ainda sob a pressuposta imparcialidade outorgada pela toga).

> [...] O "moralismo" sempre foi a arma de reserva do arsenal conservador das elites brasileiras. Nunca foi usado para denunciar a escravidão, a exploração das empregadas domésticas, o exílio interno a que estão condenadas as pessoas que moram em favelas sem água e esgoto, a vergonha do salário mínimo pré-2003, o "branqueamento" das nossas virtudes e o "enegrecimento" de nossos defeitos, obra cara aos "intelectuais" que se sentem no direito de serem os porta-vozes da elite que pretende colonizar o seu próprio povo. Alguns encontram cadeira na Academia Brasileira de Letras.
> [...]
> O certo é que este moralismo constitui a expressão pública do autoritarismo. É impensável, em certos grupos, que a corrupção seja investigada no Brasil no marco do estado de direito. É impensável não por que seja impossível investigar com regras constitucionais.[123]
> [...]

Prado exemplifica o descalabro ocorrido nas decisões tomadas no Brasil em nome do combate à corrupção em comparação ao que ocorre em países sob regras ainda mais rígidas como a Alemanha e os Estados Unidos, em casos específicos do Deutsche Bank e da IBM, respectivamente, em que tais práticas foram investigadas e punidas "[...] sem que as investigações quebrassem a economia, sacrificassem empregos e, principalmente, sem que as Constituições fossem desrespeitadas e a vontade popular achincalhada. Nestes lugares ninguém está acima da lei".[124] Sejam os potenciais investigados, sejam os investidos do legítimo poder pelo estado democrático e de direito para que se façam cumprir as normas constitucionais vigentes.

Lava Jato e implicações econômicas

Uma profusão, aliás, de textos opinativos e de contextualizações acerca das implicações da Lava Jato na economia do país pode ser encontrada nas publicações de vários sites progressistas, efeitos que, quando reportados na grande imprensa, quase que invariavelmente se resumem aos milhões de reais que as ações da força-tarefa fizeram retornar aos cofres públicos,

---

[123] PRADO, G. Lacerdismo jurídico ou Moro acima da lei. *Justificando*, [S.l.], 4 mar. 2016. Disponível em: http://www.justificando.com/2016/03/04/lacerdismo-juridico-ou-moro-acima-da-lei/. Acesso em: 3 out. 2019.

[124] *Ibid.*

valores muito reduzidos se comparados aos colaterais. Em artigo publicado na seção "Blog da Redação", categoria "Crise brasileira", no *Outras Palavras*, Artur Araújo aborda *As consequências econômicas da Lava Jato*, cujo subtítulo já anuncia "Para entender o desmonte da indústria nacional: operação preservou fortunas pessoais de empresários e mirou Petrobras e empreiteiras. Milhares foram demitidos, receitas minguaram e setores estratégicos caem em mãos estrangeiras...".[125] O autor inicia o texto afirmando que

> A Operação Lava Jato, sob o disfarce de combate à corrupção, moveu guerra de extermínio contra as empresas brasileiras dos setores de construção civil pesada, petróleo & gás e de construção naval, atingindo também a área metal-mecânica e de máquinas & equipamentos, além de toda a rede produtiva a montante e a jusante dessas cadeias longas.
>
> Ao invés de punir com rigor acionistas majoritários e altos executivos, corruptos e corruptores, negociou com eles sentenças leves com preservação do grosso dos patrimônios pessoais, obteve "delações" e concentrou todo seu aparato bélico no destroçamento de companhias e empregos e na interferência no processo democrático nacional, particularmente nas eleições de 2018.[126]

Como argumentação, recorre a dados apresentados em outro artigo, publicado no mesmo dia (28/08/2019), no *Valor Econômico*, em que Luiz Fernando de Paula e Rafael Moura se esforçam a quantificar tais efeitos que tiveram forte contribuição para o aprofundamento da crise econômica de 2015, que centraram na desestruturação de dois setores importantes, em que o capital nacional era competitivo em nível internacional: o da indústria da construção civil e o do petróleo e gás. "Seus dados demonstram que interesses políticos e econômicos antinacionais e antidesenvolvimento valeram-se de uma momentaneamente vitoriosa Lava Jato para predar um país derrotado [...]".[127] E destaca trechos dessa análise.

> Os principais efeitos da crise se concentraram na indústria de construção civil, sofrendo com a paralisia resultante da retração aguda dos investimentos estatais pelos efeitos da Lava-Jato.
> [...]

---

[125] ARAÚJO, A. As consequências econômicas da Lava Jato. *Blog da Redação*, [S.l.], 28 ago. 2019. Disponível em: https://outraspalavras.net/blog/as-consequencias-economicas-da-lava-jato/. Acesso em: 6 out. 2019.

[126] *Ibid.*

[127] *Ibid.*

> Quando analisamos as maiores empreiteiras, seu desmonte e descapitalização também são notórios. Os dados levantados pelo jornal 'O Empreiteiro' mostram que somente entre 2015 e 2016, por exemplo, Queiroz Galvão, Andrade Gutierrez e Camargo Corrêa tiveram queda em suas receitas brutas de, respectivamente, 37%, 31% e 39%. A Odebrecht é o caso mais emblemático: a maior construtora nacional tinha, em 2014, um faturamento bruto de R$ 107 bilhões, com 168 mil funcionários e operações em 27 países. Já em 2017 – quase quatro anos após a eclosão do escândalo e seu presidente/herdeiro preso – seu faturamento era de R$ 82 bilhões, com 58 mil funcionários e atividades apenas em 14 países.
> [...]
> As inversões da estatal [Petrobrás] caem de 1,97% do PIB em 2013 para 0,73% do PIB em 2017 e de 9,44% do volume total de investimentos para 4,69% no mesmo recorte. Dentro do próprio conjunto de investimentos públicos, o volume responsável pela Petrobras também caiu de 49,3% em 2013 para 36,5% em 2017. Essa retração aguda da atuação da empresa contribuiu para uma redução dos trabalhadores empregados formalmente no Sistema Petrobras de 86.108 para 68.829 entre 2013 e 2016, e de 360.180 para 117.555 entre os terceirizados no período equivalente. Ou seja, num intervalo de quatro anos a cadeia produtiva direta da empresa teve perda de quase 260 mil postos de trabalho formais e informais.[128]
> [...]

Na avaliação que faz sobre *Os grandes negócios que nascem da cartelização da mídia*, título do artigo em que demonstra as decisões viabilizadas a partir das convicções cristalizadas com o predomínio do discurso único, Luis Nassif aborda o funcionamento dos grupos de comunicação no Brasil e a maneira como a aglomeração de poder sob os mesmos proprietários de veículos que constituem esses grupos influencia nos rumos políticos e econômicos no país, uma vez que a formação da opinião pública acaba por se tornar instrumento de captura também das decisões das instituições do Judiciário. Nassif discorre acerca do que chama "mercado de opinião", que, assim como ocorre no mercado de consumo, tem na competição elemento central de defesa do consumidor, com a agravante de que informação e opinião diversificadas, por permitir o confronto de ideias, são componentes

---

[128] *Ibid.*

primordiais para a construção da democracia. "Não apenas isso. Campanhas de mídia podem decidir guerras comerciais, assassinar reputações corporativas, influenciar a política e o Judiciário, incutir ódio ou esperança".[129]

Como se trata de modalidade especial de consumo, ocorre, por meio de tal consumo, a introjeção do que se denomina "bens de *status*", elementos que permitem ao consumidor se sentir identificado com sua classe social ou emular classes que ocupam posição socioeconômica acima.

> Ter a mesma opinião da sua classe social, ou compartilhar a opinião da classe de seus chefes, tornou-se um dos instrumentos de conforto das incertezas sociais da classe média em relação ao mais forte sentimento social – o medo –, permitindo a ele a sensação ilusória da consolidação de seu *status* social. É um sentimento especialmente motivador daqueles de ascensão social recente, cuja geração anterior veio da área rural ou das periferias do consumo, e para os quais o risco de retrocesso é um fantasma permanente.[130]

Sentimento que, para o autor, sobretudo diante de mudanças sociais, é "[...] o principal impulsionador do chamado *efeito-manada*, a capacidade de direcionar a opinião pública com discursos de ódio dirigidos a minorias – raciais, políticas ou sociais [...]".[131] Sobre a cartelização na mídia no mercado de opinião brasileiro, sintetiza quadro do monopólio que se mantinha até início da década de 2010, com os grupos:

> 1. *Sistema Globo*, com a maior TV aberta, a maior rede de emissoras, a maior rede de rádios, o maior portal de Internet e o maior jornal do Rio de Janeiro;
> 2. Um subgrupo de publicações impressas de primeiro time, com *Folha*, *Estadão* e *Veja*;
> 3. Outros veículos com influência relativa, como a rede *Bandeirantes*, a *Record* e a revista *IstoÉ*;
> 4. O contraponto solitário da revista *CartaCapital*, de Mino Carta.[132]

Além, é claro, de inúmeros veículos regionais, repercutindo a opinião desses veículos centrais. No entanto, no decorrer da década, os demais veículos perderam parte de sua influência e houve concentração inédita em torno do Sistema Globo.

---

[129] NASSIF, L. "Os grandes negócios que nascem da cartelização da mídia". *In*: SOUZA, J.; VALIM, R. (coord.). *Resgatar o Brasil*. São Paulo: Contracorrente: Boitempo, 2018. p. 104.

[130] *Ibid.*, p. 105.

[131] *Ibid.*, p. 105.

[132] *Ibid.*, p. 109.

> A *Globo* passou a deter uma influência imbatível junto a média e alta gerência privada, ao mercado, ao Judiciário de maneira geral, ao Ministério Público, e às corporações de elite, estas fortalecidas nos últimos anos pelas políticas do PT – como a AGU (Advocacia Geral da União), CGU (Controladoria Geral da União), e TCU (Tribunal de Contas da União), ocupadas em grande parte pelos chamados "concurseiros".[133]

Paralelamente, ante a força comunicativa que emergia das redes sociais, esses grupos de mídia realizaram alguns movimentos. De início, fragilizados pela maxidesvalorização de 1999, inseguros em relação às novas mídias, com a adoção do estilo do megaempresário de mídia Rupert Murdok, importado por Roberto Civita, da editora Abril, montou-se um cartel em defesa do modelo. Esquema que partiu da criação de factoides, gerados e repercutidos por esses veículos, ganhou força com o "mensalão" e se consolidou com a Lava Jato. Estratégias foram montadas diante da única narrativa discordante, provinda "[...] de um conjunto de *blogs* e *sites* jornalísticos independentes".[134]

> Na primeira, o governo Temer, mal assumindo, proibiu qualquer publicidade de empresas públicas nesses veículos. O movimento mais expressivo foi a parceria montada com o Ministério Público e a Justiça, usando a estratégia da invisibilização da parte contrária. Ambos, MPF e Poder Judiciário consideram que, se não saiu na mídia, não aconteceu. Foi um movimento de autodefesa, fundado na parceria com a mídia tradicional, que varreu para baixo do tapete todos os abusos ocorridos no período.[135]

Ao analisar "Como a cartelização abre caminho para jogadas", Nassif afirma que, após o "golpe do *impeachment*", o caminho ficou livre para um verdadeiro balcão de negócios, o maior desde as privatizações dos anos 1990, e destaca dois casos exemplares para demostrar como essa cartelização da opinião pública trouxe prejuízos para o Brasil: o caso Petrobras e o caso Eletrobras.

Quanto ao caso Petrobras, conforme expõe, a integração de todas as etapas, desde a prospecção até a distribuição, é da lógica das empresas petrolíferas e que, durante o *boom* do petróleo, várias empresas comercializadoras surgiram e queriam aumentar a participação no refino e na distribuição.

---

[133] *Ibid.*, p. 109.

[134] *Ibid.*, p. 110.

[135] *Ibid.*, p. 110-111.

> Um dos objetivos centrais do golpe foi a revogação da lei de partilha – que concedia à Petrobras o controle sobre o pré-sal – e o desmonte da própria Petrobras.
>
> Para tanto, a mídia, especialmente as Organizações Globo, trataram de espalhar o *fakenews* da Petrobras excessivamente endividada, sem capacidade de investimento, podendo quebrar. E a única salvação seria a venda de partes expressivas dela, da exploração ao refino e à distribuição.[136]

Nassif explica que existe um termômetro para avaliar a solidez de uma empresa, que consiste na colocação de bônus no mercado internacional, em que a empresa se submete à análise de agências de risco e a avalições de investidores. Dentre alguns exemplos específicos, o autor afirma que, durante todos os governos do Partido dos Trabalhadores, a Petrobras fez emissões regulares de bônus sem dificuldades de colocação e sempre com a demanda superior à oferta. E que até uma semana antes da posse de Pedro Parente como presidente da empresa (01/06/2016) foram emitidos bônus em Nova York com extrema folga. "Mas a narrativa ecoada pelos grupos de mídia era o *fakenews* da Petrobras quebrada. Firmou-se uma convicção na opinião pública oficial que permitiu a Pedro Parente iniciar o desmonte da empresa. O único contraponto foi dos *blogs* independentes".[137]

Em relação ao caso Eletrobras, o jornalista fundador do *GGN* desnuda, com a apresentação de dados e comparações, a estratégia de privatização adotada, cujo "engodo monumental" da metodologia elaborada a partir de

---

[136] *Ibid.*, p. 111-112.

[137] *Ibid.*, p. 113.

Por exemplo, o *Desmonte da Petrobras responde por 19% do desemprego no Brasil*, notícia do Instituto de Estudos Estratégicos do Petróleo (Ineep) republicada pelo *Jornal GGN*, em 02/10/2019.

A redução e o desinvestimento na Petrobras desde 2015 custou o emprego de 2,5 milhões de brasileiros, o equivalente a 19% do desemprego atual, e provocou o aprofundamento da crise econômica no país. Os dados fazem parte da exposição feita pelo cientista social William Nozaki em Salvador, durante o Ato em Defesa da Petrobras na Bahia, na manhã dessa segunda-feira (23).

[...]

O novo governo e a nova direção da Petrobras caminham no sentido da aceleração da venda de ativos da empresa e da completa saída da Região Nordeste.

[...]

Segundo estudos do Ineep, entre 2018 e 2022, 60% do total dos investimentos no país seriam feitos pela Petrobras, caso não houvesse o desinvestimento. Os novos planos da Petrobras não prevêem qualquer investimento na região Nordeste nos próximos anos. Se a saída da empresa for confirmada, só na região devem ser perdidos mais 319 mil empregos.

Ainda segundo o Instituto, cada R$ 1 bilhão investido na Petrobras se reverte em R$ 1,28 bilhão no PIB nacional, e gera 30 mil postos de trabalho.

[...]

Disponível em: https://jornalggn.com.br/noticia/desmonte-da-petrobras-responde-por-19-do-desemprego--no-brasil/. Acesso em: 6 out. 2019.

um estudo da 3G, grupo financeiro controlado pelo multiempresário Jorge Paulo Lehman, que, por não ter "valor nenhum", nunca foi aplicada em qualquer processo de fusão e aquisição de mercado. Pela mera análise contábil, o valor do controle da Eletrobras – "[...] companhia com ativos avaliados em 400 a 600 bilhões de reais, com dívidas de 39 bilhões e passivos ocultos de 64 bilhões, mas que podem ser liquidados por um terço disso"[138] – foi estimado em R$ 15 bilhões.

"Os cálculos e projeções apresentados para avaliar o preço se baseavam nos valores contábeis dos ativos e passivos de balanço. [...] O que sempre valeu é a projeção de resultados, ajustados por fatores como risco e volatilidade das ações".[139] Nassif informa que a Eletrobras tem 184 usinas e produz 42.000 MW de energia e que o valor das concessões não entra em seu balanço. Como comparação, exemplifica com a Usina São Simão, da Cemig, com 1.710 MW de potência instalada, que teve uma concessão vendida por R$ 7,1 bilhões, cujo valor não estava em nenhum balanço. "Por uma regra de três simples, apenas as concessões da Eletrobras deveriam valer R$ 289 bilhões".[140]

E encerra seu artigo alertando para o efeito do discurso único. "O discurso único ajudou a consolidar, igualmente, grandes desastres macroeconômicos, como os cortes dos financiamentos dos bancos públicos, aprofundando a recessão; ou a Lei do teto, congelando as despesas públicas por 20 anos".[141]

De volta às relações

Retomando Geraldo Prado, é flagrante, já no início de sua arguição, um alerta: "A Constituição da República está sendo sistematicamente violada no âmbito da Operação Lava-Jato. Os tribunais, ao tolerarem as violações, fragilizam as bases constitucionais da nossa democracia".[142]

O professor lembra que, nas democracias contemporâneas, estão todos sob a obrigação das regras instituídas pela Constituição, no sentido da contenção do poder e da evitação dos arbítrios. Dentre o rol das garantias constitucionais violadas pelas decisões da Lava Jato, verificadas no âmbito de suas investigações desenvolvidas na UFRJ, destaca duas que vinham sendo

---

[138] *Ibid.*, p. 113.
[139] *Ibid.*, p. 113.
[140] *Ibid.*, p. 113.
[141] *Ibid.*, p. 114.
[142] PRADO, 2016.

aplicadas como *modus operandi* da força-tarefa, toleradas pelos tribunais, reverberadas sob forma de espetáculos midiático-políticos pela imprensa e, em razão disso mesmo, aplaudidas pela opinião pública. Uma se refere às "conduções antijurídicas", posto que "[...] é impeditivo da condução coercitiva de pessoas que têm domicílio certo e se fazem representar nos procedimentos";[143] outra diz respeito às várias prisões provisórias decretadas e "[...] apoiadas em um único argumento: o suspeito ou acusado é culpado da prática dos crimes investigados. Isso viola clara e literalmente a presunção de inocência nos termos da Constituição".[144] Espetáculos que, conforme explana, tanto no que se refere às conduções quanto às prisões provisórias, tinham por função enfraquecer o governo "[...] e tomar pela via da criminalização da política a legitimidade que as urnas não oferecem às grandes empresas de mídia e não ofereceram a setores insatisfeitos da oposição".[145]

Criminalização ostensiva da política que, num ricochete, pela escolha de linha editorial fundada na intensificação da cobertura seletiva e, portanto, na inexistência de contraponto na programação dos principais veículos de informação do país, assim como opiniões que coadunam com as contidas nesse próprio artigo de contranarrativa que poderiam contribuir com o debate político por encerrar em si o contraditório, auxiliou na sedimentação do curso para os resultados das eleições de outubro de 2018, com a ascensão de Jair Bolsonaro ao cargo máximo.

Sua crítica alcança as relações entre lavajatistas e a mídia brasileira e leva além, para uma compreensão de determinada pragmática da Justiça que, na excepcionalidade, acabou encampada e enaltecida pela mídia e, por esse e outros fatores, extraiu daí sua robustez, o que lhes possibilitou, a ambos, nessa ação conjunta, construir consensos nos setores mais propensos da sociedade brasileira.

> Não há dúvida de que as grandes corporações midiáticas no Brasil criam o ambiente favorável a que decisões inconstitucionais sejam proferidas em um ritmo frenético, que não sejam barradas nos tribunais, e que isso sirva como argumento sobre a sua (falsa) legitimidade... quando em verdade, a história é implacável ao denunciar, retrospectivamente, que a confirmação judicial serve apenas para revelar o quanto os tribunais contribuem, muitas vezes de modo inadvertido, outras vezes não, para consolidar o autoritarismo.

---

[143] *Ibid.*

[144] *Ibid.*

[145] *Ibid.*

Mais. O projeto de poder que alimenta este contexto simplesmente naturalizou a delação, conferiu credibilidade a ela e nos transformou em um país de Silvérios dos Reis. Não sem muito gozo. A contradição é da essência do moralismo. Esta é a essência do que chamo de "Lacerdismo Jurídico", que se compraz até mesmo com a normalidade da tortura, se for empregada contra os de sempre.[146]

O artigo se encerra com um alerta ao Supremo Tribunal Federal, ao qual caberia, sem temor, com urgência, pôr fim ao que se instalara, corrigindo, a contragosto dos que, com suas ações, conscientemente, derrubaram as contenções levantadas pelo estado de direito. "[...] que não tenha receio dos editoriais de uma mídia cuja ausência de isenção é um dado conhecido, que não ceda às investidas golpistas de oportunistas [...]".[147]

Ilustração dos procedimentos desse "Lacerdismo Jurídico", "que se compraz até mesmo com a normalidade da tortura", pode ser identificada na fala do ministro do Supremo Tribunal Federal (STF) Gilmar Mendes, durante votação de proposta do ministro Dias Toffoli sobre a Lava Jato, em sessão do dia 02/10/2019, em que citou no plenário as reportagens da Vaza Jato publicadas pelo *The Intercept Brasil* e criticou duramente a atuação do procurador Deltan Dallagnol, coordenador da Lava Jato, e do ex-juiz federal Sérgio Moro.

Na mesma data, a revista Fórum publicou matéria e vídeos com as declarações do ministro. "'Hoje se sabe de maneira muito clara, o Intercept está aí para confirmar e nunca foi desmentido, que usava-se a prisão provisória como elemento de tortura', disse Gilmar, que ainda afirmou que a Lava Jato é um projeto político [...]".[148] Quanto aos agentes públicos da Operação,

> Gilmar disparou dizendo que Moro, Dallagnol e os demais procuradores expostos na Vaza Jato eram gangster e promoviam torturas, além de dizer que desrespeitavam o processo penal, perseguiam ministros do Supremo e articulavam um projeto político.

---

[146] "Lacerdismo jurídico" faz referência ao jornalista e político Carlos Lacerda (1914-1977). Lacerda fez fortuna política, no campo da direita, empunhando bandeiras de moralismo e nacionalismo que o tornaram imune a críticas sobre fatos de extraordinária gravidade, como a tentativa de golpe de estado em 1955, a bordo do Cruzador Tamandaré, e a falsa "Carta Brandi", publicada em seu jornal com o propósito de atingir o então vice-presidente João Goulart.
Com sua retórica potente de combate à corrupção, Lacerda foi um dos líderes civis do golpe militar de 64, que teve amplo apoio das classes médias e das elites. Naquela época as "panelas do Leblon" também batiam. (*Ibid.*).

[147] *Ibid.*

[148] ASSISTA ao momento em que Gilmar Mendes chama Dallagnol, Moro e cia de torturadores. *Fórum*, [*S.l.*], 2 out. 2019. Disponível em: https://revistaforum.com.br/politica/vaza-jato/assista-ao-momento-em-que-gilmar-mendes-chama-dallagnol-moro-e-cia-de-torturadores/. Acesso em: 3 out. 2019.

> "Hoje se sabe de maneira muito clara, o Intercept está aí para confirmar e nunca foi desmentido, que usava-se a prisão provisória como elemento de tortura. E quem defende tortura não pode ter assento na Suprema Corte do Brasil", declarou o magistrado.[149]

As estreitas relações que se estabeleceram entre mídia e Judiciário (parceria, consórcio, conluio, a depender dos críticos), alicerçadas na ampla divulgação sincronizada de material proveniente de vazamentos – seja de conversas grampeadas, de delações premiadas ou de alguma operação de busca, apreensão ou de prisão; ou mesmo de condução coercitiva, como foi no caso do ex-presidente Lula –, ajustadas ao consequente enaltecimento da figura do então juiz federal e de procuradores da força-tarefa, e à demonização seletiva da política, tiveram sua forja sob o lema legítimo do combate à corrupção, e, por isso mesmo, extraíram daí o seu êxito. A corrupção de alguns alvos específicos.

E esse conluio, esboçado sob a mesma bandeira do combate à corrupção, que instilou na opinião pública um moralismo, um dever cívico, minimamente resumido no brado estereotipado de "O gigante acordou!" entoado entre carros de som, hinos, bandeiras, lágrimas e risos, dentre tantos outros adereços verde-amarelos que preencheram as ruas, as capas, as telas e que se ampliavam a cada convocação do "brasileiro de bem" cansado "dessa gente" corrupta que se apossara do comando do país sob os governos petistas, provou-se eficiente, uma vez capaz de fomentar desacordos de setores da sociedade brasileira em relação, principalmente, ao ex-presidente Lula.

Em artigo de 06/10/2019, na seção "Política", no *GGN, Lula, o mito nascido do povo e os Salieris que o odeiam*, Eduardo Ramos discorre sobre os preconceitos que pesam contra o ex-presidente. Segundo observa, estão presentes nas expressões verbais, desde piadas repetidas por cidadãos comuns aos clichês entoados na grande imprensa. "O caldo psíquico-social que domina esses nossos amigos, parentes, colegas de trabalho é o mesmo que atinge os corações e as mentes dos jornalistas da grande mídia, seus patrões e os agentes públicos que lidam com Lula".[150] Dentre outros episódios, Ramos lembra que mesmo Moro e Dallagnol se referiam a Lula como "O

---

[149] *Ibid.*

[150] RAMOS, E. Lula, o mito nascido do povo e os Salieris que o odeiam. *Jornal GGN*, [*S.l.*], 6 out. 2019. Disponível em: https://jornalggn.com.br/politica/378406-2/. Acesso em: 6 out. 2019.

Nine", alusão ao fato do ex-presidente ter perdido um dedo em acidente de trabalho na juventude. Na abertura do seu texto, duas referências bastante ilustrativas das constatações que as sucedem:

> Em 2005, Jorge Bornhausen, líder do antigo PFL (atual DEM) proclamava, animado com os rumos que tomavam a crise do mensalão e os planos de *impeachment* de Lula: "Vamos acabar com essa raça!"
> Soa semelhante ao brado do "príncipe de nossas elites", Fernando Henrique Cardoso, em 2014, na disputa presidencial entre Dilma e Aécio: "Vamos tirar 'essa gente' do poder."
> Em ambos os casos, a conotação óbvia de superioridade de "uma classe de gente sobre outra classe de gente", algo como "os civilizados x essa gentalha petista", com o mesmo fundamento psíquico e social que um racista se refere aos negros, os europeus aos povos que colonizaram [...].[151]

Também no *GGN*, o jornalista Cesar Calejon traz um estudo de caso da quase candidatura do apresentador Luciano Huck à Presidência da República nas eleições 2018, em que constata como os principais grupos empresariais e de comunicação do país podem se alinhar de forma coesa para atingirem objetivos comuns. Além das articulações em torno de uma eventual candidatura a ser construída, a estratégia de erosão sistemática da figura do ex-presidente se fez notar na narrativa dos principais veículos, de forma uníssona "mais enfaticamente a partir de 2013, explorando a eventual prisão do ex-presidente como um espetáculo da dramaturgia".[152] A montagem das imagens e o texto que se seguem espelham a reiteração do cerco nos demais componentes da mídia tradicional brasileira.

---

[151] *Ibid.*

[152] CALEJON, C. A quase candidatura de Luciano Huck e a importância da ciência. *Jornal GGN*, [S.l.], 28 out. 2019. Disponível em: https://jornalggn.com.br/artigos/a-quase-candidatura-de-luciano-huck-e-a-importancia-da-ciencia-por-cesar-calejon/. Acesso em: 28 out. 2019.

Figura 10 – Montagem

Fonte: https://jornalggn.com.br, 28 out. 2019

Entre agosto de 2016 (data do impedimento de Dilma Rousseff) e outubro de 2018 (Eleições), somente a Veja (Grupo Abril), por exemplo, possivelmente uma das revistas mais influentes do Brasil nesta época, publicou 48 capas que, de alguma maneira (direta ou indiretamente), caracterizavam o ex-presidente Lula como o chefe de uma quadrilha criminosa (PT) que assaltou o Brasil, e a Operação Lava Jato, comandada pelo ex-juiz Sérgio Moro, como a solução para o problema da corrupção. Somente em 2017, ano pré-eleitoral, foram 28 capas aludindo à mesma narrativa, o que representa uma média superior a uma capa a cada duas semanas. Durante o ano inteiro.

Já a revista Isto É (Editora Três), entre o impedimento de Dilma e as Eleições de Outubro de 2018, publicou 55 capas semanais avançando esta mesma agenda, o que também representa uma média superior a uma capa publicada a cada duas semanas. Durante dois anos e dois meses.

A revista Época (Editora Globo) publicou 31 capas estruturando este raciocínio e a Exame (Abril) deu pelo menos nove capas com esta mensagem neste mesmo período.[153]

Os efeitos fomentados pela orquestração da grande mídia – cujas matérias recebem acompanhamento e análise pelo site *Manchetômetro*,[154] que compreende o monitoramento da cobertura realizada pelos principais jornais impressos do país (*Folha de S. Paulo, O Estado de S. Paulo* e *O Globo*), e também o produto jornalístico televisivo *Jornal Nacional* – podem ser observados nas medições do gráfico a seguir. Quando o tópico de buscas "para visualizar a distribuição de matérias contrárias, favoráveis, ambivalentes e neutras" é a palavra "Lula", o maior pico no período entre janeiro de 2016 e dezembro de 2019 se concentra justamente em março de 2016, com a valência de cobertura aferida como "contrária" ao ex-presidente disparada em primeiro lugar em relação às demais; seguido de abril de 2018, com a sua prisão; e maio de 2017, quando foi interrogado pessoalmente por Sérgio Moro, em Curitiba.

---

[153]   *Ibid.*

[154]   Conforme texto encontrado na seção Institucional, no próprio site:
O Manchetômetro é um site de acompanhamento da cobertura da grande mídia sobre temas de economia e política produzido pelo Laboratório de Estudos de Mídia e Esfera Pública (LEMEP). O LEMEP tem registro no Diretório de Grupos de Pesquisa do CNPq e é sediado no Instituto de Estudos Sociais e Políticos (IESP) da Universidade do Estado do Rio de Janeiro (UERJ). O Manchetômetro não tem filiação com partidos ou grupos econômicos. Disponível em: http://www.manchetometro.com.br/. Acesso em: 26 dez. 2019.

Figura 11 – Gráfico Manchetômetro "Lula"

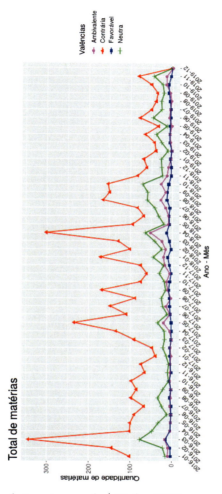

Fonte: http://www.manchetometro.com.br/, 26 dez. 2019
Estado de São Paulo, Folha de São Paulo e O Globo
A análise leva em conta as capas e duas páginas de opinião das edições diárias. Todos os textos sobre política e economia nessas páginas passam por análise de valência (ver metodologia) e codificação de temas importantes.
Jornal Nacional
A análise leva em conta todo o conteúdo veiculado diariamente pelo programa. Codificamos valências e o tempo de cada notícia.
Valor
Codificamos apenas os textos opinativos que aparecem em três páginas do jornal: a que contém o artigo de opinião da seção de Política e as duas páginas opinativas. O Valor é publicado somente de segunda à sexta-feira.

A edição da edição de *IstoÉ*

Cumpre um apêndice para abordagem da edição n. 2.413 da semanal *IstoÉ*, por se tratar de uma capa com a delação premiada de Delcídio do Amaral implicando o ex-presidente Lula e a então presidenta Dilma, *DELCÍDIO CONTA TUDO*, que teve a data de publicação antecipada para sincronizar com a condução coercitiva a que foi submetido o ex-presidente, sob a ótica crítica do outro lado da narrativa. No dia 9 de março de 2016, o jornalista Kiko Nogueira escreveu no *Diário do Centro do Mundo* sobre esse conteúdo exclusivo publicado pela revista: *A Istoé com a delação de Delcídio sem Aécio é o ápice da indústria de vazamentos*. Análise que demonstra a prática de vazamento seletivo que se tornou corriqueira no jornalismo brasileiro.

> A capa da Istoé com a delação de Delcídio do Amaral, que durou menos de sete dias, explicita a existência de dois tipos de seletividade: o vazamento e a edição do vazamento.
> Segundo a Folha e o Globo, Delcídio não entregou apenas Lula e Dilma, como afirmou a revista em sua versão da capa da Veja dos anos 90 ("Pedro Collor Conta Tudo").
> Delcídio citou também Renan Calheiros, Edison Lobão, Romero Jucá, Valdir Raupp e Aécio Neves. Um jornalista da casa contou ao DCM que Michel Temer também teria sido mencionado.
> Não é a primeira vez que Aécio aparece na Lava Jato. Já falaram dele o doleiro Youseff e o operador Carlos Alexandre Rocha, o Ceará. Aécio não está sendo investigado.[155]

Para que se possa acompanhar os métodos comuns à força-tarefa e setores da imprensa majoritária na sincronia das operações com o que seria levado a público, Nogueira oferece o contexto em que se deu tal publicação, às vésperas do cumprimento da condução coercitiva, e cita, ainda, a circunstância de ostracismo em que se encontrava o veículo quando escolhido para a preparação do que viria no dia seguinte.

> A escolha da Istoé para receber a delação surpreendeu quem achava que ela ainda existia. Um funcionário afirma que a editora Três "não tem dinheiro para mandar repórter para Curitiba de ônibus".

---

[155] NOGUEIRA, K. A Istoé com a delação de Delcídio sem Aécio é o ápice da indústria de vazamentos. *DCM*, [S.l.], 9 mar. 2016. Disponível em: http://www.diariodocentrodomundo.com.br/a-istoe-com-a-delacao-de-delcidio-sem-aecio-e-o-apice-da-industria-de-vazamentos-de-moro-por-kiko-nogueira/. Acesso em: 10 mar. 2016.

> Segundo Janio de Freitas, isso ocorreu porque a Veja e a Época, "na corrida para ver qual acusa e denuncia mais, costumam antecipar na internet os seus bombardeios. A Lava Jato desejava que a alegada delação de Delcídio só fosse divulgada na quinta-feira, véspera das ações planejadas. A primeira etapa funcionou sem falhas, até para 'IstoÉ' lembrar-se de si mesma."
> No dia seguinte à chegada da publicação às bancas, policiais federais estavam na casa de Lula cumprindo um mandado de condução coercitiva. O *impeachment* ressuscitou.[156]

A análise aponta os vínculos entre quem toma as decisões editoriais sobre o que deveria ser mostrado e a maneira como seria mostrado na revista com representantes do poder político. Ou seja, o que deveria atingir o status de notícia passa mais pelo escrutínio ideológico e pelas amarras de amizades que necessariamente pelos agora dispensáveis critérios jornalísticos.

> Um email do dono da Editora Três, Caco Alzugaray, cumprimentando sua equipe, é revelador: "Hoje, como em algum dos primeiros dias de julho de 1992, quando trouxemos o Eriberto França na capa da IstoÉ e jogamos a pá de cal sobre o governo Collor, foi um dia histórico pro Brasil, pra Três, pra IstoÉ, pra todos nós", escreveu.
> "Nossos dias, como os da grande maioria dos trabalhadores do Brasil atual, não estão nada fáceis. Mas é assim, fazendo a nossa parte (e muito bem feita como vcs estão fazendo!) é que vamos colaborar para virarmos o jogo! De novo, no Brasil e na Três!"[157]

O jornalista do *DCM* lembra que "Caco é amigo de Aécio", e que, até a entrada deste na disputa presidencial de 2014, a revista fazia uma cobertura acrítica do governo e que a amizade, óbvio, conta só parte da história. O dono da semanal possui um rol de "brothers", intocáveis na empresa, dentre os quais Marcelo Odebrecht e Michel Temer.

"O caso Istoé é o ápice (por enquanto) da indústria de vazamentos de Sergio Moro. Ele mesmo se declarou favorável a esse expediente em seu ensaio sobre a Mãos Limpas, falando da vantagem de contar com 'jornais e revistas simpatizantes'".[158] Nogueira se refere à operação italiana

---

[156] *Ibid.*

[157] *Ibid.*

[158] *Ibid.*

Mani Pulite e afirma que tais procedimentos nada têm a ver com justiça. "Estamos diante de outro fenômeno jornalístico: a publicação de documentos sem qualquer checagem, de fonte suspeita, para coincidir com um cronograma policial, cujo único trabalho de edição é dar um jeito de tirar os 'brothers' da parada".[159]

Com a frase e imagem seguintes finaliza seu artigo: "O chato é que eles acabam aparecendo".

Figura 12 – Montagem Delcídio

Fonte: https://www.diariodocentrodomundo.com.br/wp-content/uploads/2016/03/Captura-de-Tela-2016-03-09-%C3%A0s-10.31.32.png

Dentre numerosas capas que colocavam Lula e Dilma no centro dos assuntos relacionados à corrupção – desbancada pelas ações da Lava Jato, conforme fazem crer tais narrativas –, seja por delações, reportagens, entrevistas ou análises, que proliferavam naqueles meses, outra edição da revista, pretensamente autodenominada como "edição histórica", número 2.415, com sua capa preta, a estampa dos dois ícones petistas sobre um ubíquo *BASTA!* vermelho, mereceu crítica significativa no *Diário do Centro do Mundo*. Edição que, assim como muitas outras anteriores, e subsequentes, colocava a presidenta na rota do *impeachment*.

A análise feita pelo jornalista Mauro Donato, do dia 22 de março de 2016, retoma aquela publicação de *IstoÉ* de duas semanas antes – no espaço

---
[159] *Ibid.*

temporal, portanto, entre as duas capas, em que ocorreu a condução coercitiva de Lula e o vazamento dos grampos que revelavam em rede nacional as conversas entre os dois – a fim de descortinar os porquês dos bastidores na decisão editorial da revista que, conforme aponta, gerou controvérsia entre a cúpula e a equipe de São Paulo, ou seja, *Por que a "edição histórica" da Istoé não é assinada por quase ninguém.*

> Desde o vazamento da delação premiada de Delcídio do Amaral, as redações da IstoÉ estão em crise. A reportagem da diretora da sucursal de Brasília, Débora Bergamasco, foi comemorada pela cúpula da revista e levou muitos a compararem à de Pedro Collor na Veja, tamanho o impacto e possibilidade de qualificá-la como um gatilho no processo de *impeachment*.
>
> Mas a maneira como foi obtida a delação e o sincronismo entre a publicação antecipada para quinta-feira, na véspera da condução coercitiva de Lula, provocou imenso desconforto entre jornalistas da casa.
>
> O clima azedou de vez nos últimos dias e culminou com a "edição histórica" desta semana. Na revista inteira, só assinam as matérias o editor de política e repórteres de Brasília. O mal estar atingiu o ápice quando o departamento de arte foi deslocado para um canto, numa sala à qual quase ninguém tinha acesso.
>
> Só o 'núcleo duro' da IstoÉ estava fechando a edição. Até a tarde de sexta-feira, ninguém sabia como seria a capa. Isso fez com que toda a equipe de São Paulo tenha se recusado a assinar as reportagens. Na cobertura do protesto ocorrido após a nomeação de Lula para a Casa Civil no dia 16 último, que vai da página 54 a 59, nem mesmo crédito para as fotos existe.
>
> Como não poderia ser diferente, a capa é sombria, toda preta com um grande "Basta" em vermelho e fotos em preto e branco de Dilma e Lula.[160]
>
> [...]

---

[160] DONATO, M. Por que a "edição histórica" da Istoé não é assinada por quase ninguém. *DCM*, [S.l.], 22 mar. 2016. Disponível em: http://www.diariodocentrodomundo.com.br/por-que-a-edicao-historica-da-istoe-nao--e-assinada-por-quase-ninguem-por-mauro-donato/. Acesso em: 24 mar. 2016.

Figura 13 – Revista *IstoÉ*, edição 2.415, de 23 mar. 2016. Basta!

Fonte: https://www.diariodocentrodomundo.com.br/wp-content/uploads/2016/03/istoe.png

Rememorando o texto de Kiko Nogueira, que alertava para a amizade entre o dono da Editora Três, Caco Alzugaray, e Aécio Neves como fundamento para a mudança de curso na cobertura da revista em relação ao governo do PT, conforme observa, acrítica até Aécio entrar na disputa ao Planalto, não é de se estranhar entrevista do candidato tucano derrotado nas eleições presidenciais de 2014 fazendo apologia ao *impeachment* da presidenta Dilma Rousseff.[161] Preterido nas urnas, lembrado por Delcídio, esquecido pela revista, agora reaparece, duas edições depois, como arauto a anunciar um novo tempo para o país.

Sem nenhuma novidade, a edição abre com uma entrevista de 3 páginas com Aécio Neves defendendo o *impeachment* – sobre o que mais ele dissertaria? – e traz intensa reprodução

---

[161] Entrevista - AÉCIO NEVES "O *impeachment* trará harmonia"
Presidente do PSDB e líder da oposição diz que os tucanos darão contribuição ao PMDB no pós-Dilma e que o Brasil se une na indignação ao atual governo
por Débora Bergamasco
No texto de abertura da entrevista pode ser lido:
O senador Aécio Neves (PSDB-MG), uma das principais lideranças políticas do País, está finalizando um acordo de pactuação pelo Brasil com as oposições e com o PMDB, o partido mais importante da base aliada da presidente Dilma Rousseff.
O PSDB já discute com o presidente do Senado, Renan Calheiros (PMDB-AL), com o vice-presidente da República, Michel Temer, e outras lideranças peemedebistas como será o período pós-*impeachment*. Há consenso para que tucanos apoiem o eventual governo de Temer.
Segundo ele, esta nova gestão representaria um período de transição até 2018, a fim de que o Brasil tenha tranquilidade para começar a aprovar imediatamente após a saída de Dilma agendas estruturantes para tirar o País da crise.
NEVES, A. "O *impeachment* trará harmonia". [Entrevista cedida a] Débora Bergamasco. *Istoé*, [S.l.], 18 mar. 2016. Disponível em: https://istoe.com.br/449061_O+IMPEACHMENT+TRARA+HARMONIA+/. Acesso em: 17 out. 2019.

dos diálogos grampeados pela Lava Jato, preocupando-se notadamente em destacar os trechos em que há incidência de termos chulos (inclusive na capa).

[...]

Todo o teor é de final dos tempos, "acabou", ora de panfletagem. Uma das manchetes não é outra coisa senão uma ordem: "Congresso, tenha dignidade e cumpra seu papel!" Assim, com exclamação.

[...]

O editorial da "edição histórica" da IstoÉ, intitulado A HORA DE SE RETIRAR (assim mesmo, todo em maiúsculas ou caixa alta, para os antigos) começa com: "Não há um único brasileiro hoje minimamente informado que não esteja a se perguntar: em que país estamos?"

Ora, estamos no país em que chefes e editores censuram e marginalizam seus próprios jornalistas em razão de uma manutenção de poder que há muito vem-lhe escapando como água pelos dedos. Um país no qual alguns barões da mídia parecem não ter se dado conta ainda da existência da internet e que não se consegue mais enganar todo mundo o tempo todo.[162]

"Não há um único brasileiro hoje minimamente informado que não esteja a se perguntar: em que país estamos?"[163] Pelo tom de generalização adotado na pergunta retórica que abre o editorial, uma alegada unanimidade se formara naquele momento entre brasileiros "minimamente informados", a saber, informados pelo que os meios hegemônicos de comunicação no Brasil colocam à disposição para que todos esses brasileiros possam estar devidamente, e minimamente, informados, de acordo com o conceito de informação estabelecido pelas decisões editoriais de suas chefias.

A narrativa segue, enaltece a Lava Jato e concentra seu bombardeio no conteúdo dos diálogos vazados, apresentando o veredicto de que Dilma, ao nomear Lula ministro da Casa Civil, agiu para obstruir a Justiça, o que, segundo sua sentença, configura crime de responsabilidade, e, desse modo, decreta que a permanência da presidenta no cargo, ainda que eleita, torna-se insustentável, pois, graças à decisão do então juiz Sérgio Moro de fornecer o fruto dos grampos irregulares para ampla divulgação nas emissoras do Grupo Globo, tornou-se possível informar o brasileiro sobre "Um colossal conjunto de provas de bandidagem explícita". O enredo, nessa perspectiva,

---

[162] DONATO, 2016.

[163] MARQUES, C. J. A hora de se retirar. *Istoé*, [*S.l.*], 18 mar. 2016. Disponível em: https://istoe.com.br/449081_A+HORA+DE+SE+RETIRAR/. Acesso em: 17 out. 2019.

já que encontrou enfim nesse episódio o seu clímax, clama por um iminente desfecho. Segundo roteiro, traçado pelo diretor editorial Carlos José Marques, tal desfecho não seria outro senão a renúncia ao cargo por parte da mandatária, cujo gesto patriótico poderia lhe reservar na história, e na memória, "uma abdicação minimamente honrosa", ou o requentado "Basta!" que viria, impávido, pelas vias do *impeachment* (golpe, por outros focos narrativos).

> Dilma forneceu caudalosos fundamentos para o *impeachment*. O povo não a quer mais. Está claro! A dimensão oceânica das manifestações, que não param, deveria levá-la a um gesto de grandeza: renunciar ao cargo pela perda de representatividade. Retirando-se imediatamente, com uma abdicação minimamente honrosa, daria sua contribuição patriótica, deixando o Brasil seguir seu rumo de reconstrução. Ela, como todos ali, já deveriam ter entendido que chegou o fim! Basta!
> [...]
> Dilma e seus poucos interlocutores estão agora sitiados no Planalto. Não podem sair às ruas sob pena de ouvirem os apupos. Hoje ela é um arremedo de mandatária que nada manda. Figura decorativa odiada pela sociedade. Restam-lhe os militantes fiéis à seita petista, turbinados por recursos partidários e aparato digno de gangues, que continuam a tumultuar o ambiente. Mas o processo é irreversível.
> Dilma precisa ser apeada do poder freando essa marcha de insensatez que, junto com Lula e o PT, vem trilhando em nome de uma insaciável sanha de controle da máquina e do dinheiro público, cujo desfecho pode ser a destruição completa do Estado. Há um clamor generalizado de socorro emitido pela sociedade e os poderes constituídos, especialmente Judiciário e Legislativo, devem atender de pronto. Parem, na letra da lei, o descalabro praticado no Executivo! Os rumos da Nação estão em xeque e é preciso urgentemente providências que não são outras que não o *impeachment* ou deposição da mandatária.[164]

Rememorando a contranarrativa na resposta de Mauro Donato "Um país no qual alguns barões da mídia parecem não ter se dado conta ainda da existência da internet e que não se consegue mais enganar todo mundo o tempo todo", é profícuo o rastreio por subsídios que levem ao entendimento de outras angulações possíveis, dispostas num tempo e espaço próprios dos novos dispositivos, para que se possa munir de uma contrainformação verossímil esses brasileiros "minimamente informados".

---

[164] *Ibid.*

O ir e vir da *Veja*

Para retomar o refrão narrativo de "Ninguém está acima da lei", que serve como espécie de amálgama na justificativa para judicializar as coberturas jornalísticas realizadas pela grande mídia, sob a máxima ressoada pelas ruas – num processo contínuo de heroicização do então juiz Sérgio Moro –, agora, noutra condição, um dos veículos que se notabilizou como porta-voz dessa imprensa, dita acima de quaisquer interesses, custasse o que custasse, pois estava, acima de tudo, a serviço de um Brasil melhor, e que teve sua marca por anos laureada pelo slogan "Indispensável", dedica--se a ouvir, enfim, o outro lado. A revista *Veja* se abre para publicação dos diálogos revelados a partir de arquivos obtidos pelo *The Intercept Brasil*, no que se convencionou chamar "Vaza Jato".

O discurso de *Veja*, assim como não poderia deixar de ser, uma vez que todo seu histórico de edições, em se tratando de capas e reportagens bombásticas que acompanharam todo o período de governos petistas (2003-2016), reiteradamente gravitou também em torno do tema do "combate à corrupção", no sentido apontado por Jessé Souza, como sendo praticada apenas pelo Estado, e enquanto gerido por administrações do Partido dos Trabalhadores, ou seja, uma corrupção seletiva. A edição n. 2.639, de 19 de junho de 2019, no entanto, trazia na capa o busto de Sérgio Moro, clássico, centralizado, em ruínas, e logo abaixo o enunciado *DESMORONANDO* – "Diálogos comprometedores com o Ministério Público, com claras transgressões à lei, desconstroem a imagem de Sergio Moro, o grande herói da Lava-Jato".[165] Na "Carta ao leitor", em que sua decisão editorial pareceu ter demarcado uma mudança de curso, logo na abertura do texto, com a habitual apresentação do que ali se encontrava, *Veja* se reveste do papel de jornalismo imparcial e tece, como de costume, uma justificativa acompanhada de um autoelogio.

> Desde o seu início, a Lava-Jato vem prestando um grande e relevante serviço na luta anticorrupção no Brasil. Até maio, foram 61 fases, 321 prisões, 13 bilhões de reais recuperados e 244 condenações. Não há dúvida sobre os feitos positivos da operação para acabar com a promiscuidade desavergonhada que se instalou entre os setores público e privado no Brasil. Logo na largada, VEJA compreendeu a importância daquele momento e apoiou a investigação com uma vasta e intensa

---

[165] VEJA. São Paulo: Abril, n. 2.639, 19 jun. 2019. Disponível em: https://veja.abril.com.br/edicoes--veja/2639/. Acesso em: 5 out. 2019.

> cobertura. Em cinco anos, foram 68 capas sobre o assunto e centenas de reportagens, tanto na edição impressa quanto na versão digital. Evidentemente, nada muda nesse aspecto. Continuaremos a incansável batalha contra um dos principais males que atrapalham o desenvolvimento do país: a corrupção.[166]

Ora, se nos cinco anos da operação realizou-se vasta e intensa cobertura, com direito a 68 capas e centenas de reportagens sobre o grande e relevante serviço prestado "na luta anticorrupção no Brasil", levado a cabo pela Lava Jato "para acabar com a promiscuidade desavergonhada que se instalou", *Veja* reforça que esse mal – contra o qual a revista continuará travando incansável batalha, ainda que a presente edição seja para mostrar o outro lado da Lava Jato –, "se instalou" durante e, portanto, por engenho do governo petista.

Ao contrário do tratamento dispensado ao possível envolvimento do governo em casos de corrupção ao longo dessas edições, o que se reserva a Sérgio Moro, ainda que o motivo da capa transite na contramão das várias outras anteriores, o tratamento a ele dispensado reveste-se dos paramentos do registro linguístico adequado a uma autoridade, em outras palavras, mesmo servindo de texto acusatório, beira quase um pedido de "escusas" – para fazer uso de termo caro ao ex-magistrado.

> Mas, como um veículo de comunicação sério e responsável, não podemos deixar de registrar que um dos maiores ícones da Lava-Jato, o ministro da Justiça, Sergio Moro, ultrapassou de forma inequívoca a linha da decência e da legalidade no papel de magistrado. Os diálogos revelados pelo site The Intercept mostram um juiz que abandona a equidistância das partes do processo, a imparcialidade intrínseca ao cargo, e passa a instruir e a apoiar um dos lados, o da acusação.[167]

Mas, "como um veículo de comunicação sério e responsável", falta à *Veja* um *mea culpa* acerca da desmedida exaltação, ao longo dos anos – sobretudo em momentos agudos da vida nacional, como o que culminou na deposição de Dilma Rousseff –, dos integrantes da Lava Jato, posto que, por outro lado, esmerou-se em cobertura implacável sobre suposta culpa de algumas personagens específicas dentre aqueles que eram implicados nas delações premiadas, ainda que carecesse de necessária checagem jornalística antes da construção de narrativas que contribuíram para açular o séquito dos indignados às ruas.

---

[166] CARTA ao leitor: ninguém está acima da lei. *Veja*, [*S.l.*], 14 jun. 2019. Disponível em: https://veja.abril.com.br/revista-veja/carta-ao-leitor-ninguem-esta-acima-da-lei/. Acesso em: 5 out. 2019.

[167] *Ibid.*

Figura 14 – Capa da revista *Veja*, edição 2.639, de 19 jun. 2019

Fonte: *Veja*, Edição 2.639, 19 jun. 2019

Três semanas depois, outra capa para Moro, outros diálogos vazados, outras revelações em parceria com *The Intercept Brasil. JUSTIÇA COM AS PRÓPRIAS MÃOS* – "Diálogos inéditos mostram que Sergio Moro cometeu irregularidades, desequilibrando a balança em favor da acusação nos processos da Lava-Jato".[168] A reportagem da revista, a primeira em parceria com o site de Glenn Greenwald, informava que mensagens inéditas analisadas mostravam que o então juiz cometera, sim, irregularidades, pois orientava ilegalmente as ações da força-tarefa.

Figura 15 – Capa da revista *Veja*, edição 2.642, de 10 jul. 2019

Fonte: *Veja*, Edição 2.642, 10 jul. 2019

---

[168] VEJA. São Paulo: Abril, n. 2.642, 10 jul. 2019. Disponível em: https://veja.abril.com.br/edicoes-veja/2642/. Acesso em: 8 out. 2019.

Nesta edição, a "Carta ao leitor" discorria *Sobre princípios e valores* que, conforme o texto, são os compromissos da revista. "Ao contrário daqueles que fomentam o ódio ou se aproveitam dele, os compromissos de VEJA não são com pessoas ou partidos".

> Nesta edição que chega a você, leitor, **VEJA** publica uma reportagem em parceria com o site **The Intercept Brasil. O texto** utiliza como matéria-prima o conjunto de **diálogos** repassados por uma fonte anônima ao jornalista Glenn Greenwald, editor do Intercept, e revela de forma cabal como **Sergio Moro** exorbitava de suas funções de juiz, comandando as ações dos procuradores na **Lava-Jato.** Durante duas semanas, oito jornalistas, cinco de VEJA e três do site, selecionaram os diálogos e checaram — em processos judiciais e com entrevistas — as informações que constavam neles. Pela leitura do material, fica evidente que as ordens do então juiz eram cumpridas à risca pelo Ministério Público e que ele se comportava como parte da equipe de investigação, uma espécie de técnico do time — não como um magistrado imparcial. Alguns dos exemplos de irregularidades: Moro apontava abertamente aos procuradores as delações de sua preferência, alertava sobre a falta de provas nas denúncias e chegava a receber material dos procuradores para embasar suas decisões.[169]

Sobre essa "Carta ao leitor" de *Veja*, Fernando Brito, no blog *Tijolaço*, inscreve sua crítica com a contundência de uma interrogação acerca das "consequências as mais graves e dramáticas" devido ao que ali é chamado eufemisticamente de "irregularidades" praticadas pelo então juiz, que só foram possíveis de se concretizar graças à campanha de divinização de Moro diante de seu leitor, feito com o qual o veículo contribuiu de maneira ostensiva, "inclusive com capas-panfleto nos dias de eleição". Ou seja, apesar de agora capa e reportagem para anunciar sobre os "pés de barro de seu decaído ídolo", cabe a indagação: *O "mea culpa" da Veja. Confessar apaga o estrago que ela fez?*.

> A Veja publica um editorial – "Carta ao leitor' – onde tenta penitenciar por, até agora, ter 'tratado como herói' o ex-juiz Sérgio Moro.

---

[169] CARTA ao leitor: sobre princípios e valores. *Veja*, [S.l.], 5 jul. 2019 Disponível em: https://veja.abril.com.br/politica/carta-ao-leitor-sobre-principios-e-valores/. Acesso em: 8 out. 2019.

Reconhece que "ele se comportava como parte da equipe de investigação, uma espécie de técnico do time — não como um magistrado imparcial".

Como a Veja recorre à metáfora futebolística ao dizer de Moro que se "comportava como técnico do time", há de reconhecer a absoluta exatidão da expressão da voz dos estádios referida, esta semana, na Câmara: era um "juiz ladrão".

Se estivéssemos tratando realmente de um jogo de futebol, haveria uma unanimidade em anular a partida e realizar outra, sob uma arbitragem correta.

Mas não estamos diante de uma partida do Brasileirão.

Houve consequências as mais graves e dramáticas para as liberdades individuais, os poderes institucionais e para o Estado de Direito. A honra de pessoas acusadas e julgadas sem equilíbrio não pode ser devolvida como, eventualmente, aquilo que do que tanto se gabam, o dinheiro restituído por corruptos.

Não há dificuldades de batizar o que Veja e outros órgão de imprensa fizeram, ainda que com palavras suaves: uma campanha em favor de Sérgio Moro e da realização de seu plano supremo: condenar Lula e impedir que ele disputasse, como favorito, as eleições presidenciais.

Sérgio Moro pode ter cometido um crime, tipificado nos códigos penais – que a Veja eufemisticamente chama de "irregularidades" – mas a vítima deste crime vai muito além de Lula e de outros que possam injustamente terem sido condenados ou desmoralizados.

A vítima é o Brasil e seu povo, de quem se roubou, a golpes de mídia, seu bem mais precioso: seu livre arbítrio, a possibilidade de formar, de maneira honrada e lúcida, a sua consciência e, por livre arbítrio, construir suas decisões.

Não há atenuante possível para Sérgio Moro. Não há como dizer que ele era um juiz e só aqui e ali era "técnico do time".
[...]
O mesmo se pode dizer de um jornalismo que, tendo praticado meses e anos de campanha ostensiva, inclusive com capas-panfleto nos dias de eleição, pretende ser honesto com uma capa e uma competente reportagem mostrando os pés de barro de seu decaído ídolo.

> A Veja precisa ir além de dizer, umas verdades depois de milhares de mentiras; precisa pedir desculpas a seus leitores e ao Brasil pelo que fez.[170]

Não obstante as críticas e ponderações nessa mesma linha, *Veja* amplia seu catálogo com o espaço para que o agora ministro de Justiça e Segurança Pública do governo Jair Bolsonaro possa atuar numa fase de operação antidesmoronamento (para fazer alusão à edição 2.639). "*BRASÍLIA É CHEIA DE INTRIGAS*", a sentença do ex-juiz pode ser lida protocolada ao lado de sua imagem sólida, constituída na austeridade da capa da edição 2.655, de 6 de outubro de 2019, que se funde ao texto "Em entrevista a VEJA, Sergio Moro diz que não será candidato em 2022 e fala de sua relação com Jair Bolsonaro, da libertação de Lula, do julgamento do STF sobre segunda instância e das mensagens vazadas da Lava-Jato".[171]

Figura 16 – Capa da revista *Veja*, edição 2.655, de 6 out. 2019

Fonte: *Veja*, Edição 2.655, 6 out. 2019

"Fernando Morais e o 'custo Lula': a Veja perde o dono, mas não perde o vício".

Sob esse título – publicado originalmente no perfil de Facebook do autor, Fernando Morais –, foi republicado pelo *Diário do Centro do Mundo*, no dia 6 de outubro, um exemplo de contranarrativa sobre informações veiculadas na grande imprensa envolvendo o ex-presidente Luiz Inácio

---

[170] BRITO, F. O 'mea culpa' da Veja. Confessar apaga o estrago que ela fez? *Tijolaço*, [S.l.], 5 jul. 2019. Disponível em: http://www.tijolaco.net/blog/o-mea-culpa-da-veja-confessar-apaga-o-estrago-que-ela-fez/. Acesso em: 9 out. 2019.

[171] VEJA. São Paulo: Abril, n. 2.566, 6 out. 2019. Disponível em: https://veja.abril.com.br/edicoes-veja/2566-2/. Acesso em: 10 out. 2019.

Lula da Silva, e trazido aqui para acareação. Biógrafo experimentado, cioso do rigor na checagem dos dados e do mérito das minúcias, rebate nota de *Veja*[172] sobre os custos com a sala da superintendência da Polícia Federal, em Curitiba, onde Lula estava preso desde abril de 2018, cumprindo pena, após condenação em segunda instância, pelo caso do triplex do Guarujá (SP). A polêmica se estabeleceu após, na sexta-feira, 27 de setembro, o Ministério Público Federal (MPF) no Paraná ter solicitado à Justiça que o ex-presidente passasse a cumprir o restante de sua pena no regime semiaberto. Diante da recusa do líder petista, que disse não pretender barganhar sua liberdade, e sim sair inocentado, as notícias proliferaram.

Figura 17 – Spa milionário

Fonte: Veja mentindo em notinha. Foto: Reprodução/Facebook.

Veja ressuscita o "Tutóia Hilton", onde Herzog foi assassinado

---

[172] **A fatura milionária do 'spa' de Lula em Curitiba**
O 'custo Lula' é o grande motivo para que a Justiça decida pelo despejo do petista na semana que vem
Por **Robson Bonin**
4 out 2019, 10h30
Quem acompanha o dia a dia da Polícia Federal em Curitiba diz que a estadia de Lula na superintendência já custou mais de 6 milhões de reais aos cofres públicos.
Esse é o grande motivo para que a Justiça decida pelo despejo na semana que vem.
A rotina de spa de Lula deve mesmo acabar.
Disponível em: https://veja.abril.com.br/blog/radar/a-fatura-milionaria-do-spa-de-lula-em-curitiba/.
Acesso em: 10 out. 2019.

Ao publicar uma nota chamando de "Spa milionário" o cubículo de 22 metros quadrados em que Lula está preso há um ano e meio, a revista Veja desta semana reprisa o sórdido colunista Cláudio Marques, que 1975 afirmava que Vladimir Herzog deveria ser levado para o "Tutóia Hilton" – o DOI-CODI que funcionava na rua Tutóia e onde Vlado foi assassinado. Veja mente ao dizer que a prisão de Lula em Curitiba já custou aos cofres públicos R$ 6 milhões. Isso significaria, se fosse verdade, um custo diário de R 12 mil. É mentira.

A única despesa diária da Federal com o ex-presidente se resume à quentinha da hora do almoço – que nem sempre consome, já que às vezes familiares e advogados costumam levar almoço para ele. Lula comprou (ou compra) e paga do próprio bolso, por meio de seus advogados, a televisão aberta que usa, os dois gaveteiros para guardar seus pertences, a tampa do vaso sanitário, o papel higiênico e os rolos de papel chuga, sabonetes, o café, o pão, a esteira de ginástica (adquirida numa loja de objetos usados de Curitiba) e uma cômoda.

Embora uma simpática funcionária apareça algumas vezes por semana para a faxina, a limpeza diária é feita pelo próprio presidente (obsessivo com higiene e organização), que mantém dentro de um balde plástico, sob o guarda-roupa, pagos por ele, escovões, sabão, produtos de limpeza e panos de chão que Lula usa diariamente para manter a cela limpa. Para ter água fresca e filtrada, e para conservar os alimentos perecíveis, Lula pediu a instalação de uma mini geladeira na cela. Negado o pedido, ele foi obrigado a comprar um cooler elétrico, que funciona como frigobar, e, semanalmente, renova o estoque de garrafinhas de plástico de água mineral. Com seu próprio dinheiro.

Os R$ 6 milhões inventados por Veja seriam suficientes para comprar meio milhão de quentinhas, cuja unidade custa, em média, treze reais.

Veja perde o dono, mas não perde o vício.[173]

O vício a que se refere o texto se vincula à tradicional batalha simbólica travada pela revista e outros veículos da mídia hegemônica brasileira a partir de sua cobertura, sobretudo no período de análise compreendido nesta pesquisa em torno do lema do combate à corrupção. Cobertura em grande parte fundada em vazamentos seletivos de informações envolvendo investigados pela Operação Lava Jato, cuja divulgação era de interesse da força-tarefa. Divulgação que,

---

[173] FERNANDO Morais e o "custo Lula": a Veja perde o dono, mas não perde o vício. *DCM*, [*S.l.*], 6 out. 2019. Disponível em: https://www.diariodocentrodomundo.com.br/fernando-morais-e-o-custo-lula-a-veja-perde-o-dono-mas-nao-perde-o-vicio/. Acesso em: 6 out. 2019.

apesar de carecer de rígida checagem, se realizava com destaque, ganhando manchetes e, assim, acirrando o clima de instabilidade política no país.

As relações que esses veículos estabeleceram com integrantes da Lava Jato mostram-se mais entranhadas que o mero tratamento entre jornalistas e fontes para que se possa levar informação relevante e de interesse público à sociedade, de acordo com os cânones jornalísticos, conforme se passa comprovar com o *The Intercept Brasil* e seus parceiros.

Em 5 de outubro de 2019, no portal *GGN*, Luis Nassif, sob o título *As novas fakenews da Lava Jato e o suicídio continuado da mídia*, comenta o comportamento sugestionável recorrente por parte de representantes dessa "brava mídia brasileira", mesmo após tais revelações.

> A brava mídia brasileira é mais sugestionável que o ratinho de Pavlov. Está-se em pleno processo de desnudamento do mais prolongado período de antijornalismo da história, no qual a Lava Jato trazia a mídia pela mão, meramente acenando com a cenoura (ou o queijo) de alguma notícia, de um fakenews ou de uma falsa ênfase.
>
> Há um esforço insano para poupar os jornalistas e veículos que participaram desse espetáculo dantesco de antijornalismo, uma vergonha parada no ar, a espera de uma autocrítica em um ponto qualquer de um futuro distante.
>
> No meio do processo, a Lava Jato saca mais algumas cenouras, e os ratinhos de Pavlov recomeçam a bailar.[174] [...]

Dentre exemplos bastante recentes (além de duas publicações do *Estadão*), o jornalista destaca um do dia 4 de outubro, do blog *Radar,* da revista *Veja*, sobre depoimento do ex-diretor da Petrobras, que foi preso pela Lava Jato "por operar propinas para o PT na estatal", Renato Duque, em interrogatório na Justiça Federal do Paraná em que ele afirma o envolvimento pessoal da então presidenta Dilma Rousseff no esquema.

> [...] Duque, que já obteve benefícios como delator em acordos pontuais, tenta ainda hoje fechar uma delação definitiva que o tire da cadeia. Na proposta apresentada à força-tarefa da Lava-Jato, ele juntou a foto que ilustra esta nota. Inédita, a imagem mostra o operador do PT em clima amistoso com Dilma Rousseff no gabinete presidencial, quando,

---

[174] NASSIF, L. As novas fakenews da Lava Jato e o suicídio continuado da mídia. *Jornal GGN*, [S.l.], 5 out. 2019. Disponível em: https://jornalggn.com.br/politica/as-novas-fakenews-da-lava-jato-e-o-suicidio-continuado--da-midia-por-luis-nassif/. Acesso em: 6 out. 2019.

segundo a proposta de delação, uma comprometedora conversa ocorreu.[175]

Em oposição ao modo acrítico que a suposta prova inédita apresentada pelo delator foi divulgada, cuja afirmação da manchete induz o leitor a uma certeza – *Proposta de delação de Renato Duque tem prova inédita contra Dilma* –, Nassif dispara, emprestando contexto ao episódio:

> **Veja** – a revista, que ganhou a parceria do The Intercept para se redimir de todos os pecados passados, que destruíram sua credibilidade, estampa a chamada nas redes sociais: "Proposta de delação de Renato Duque tem prova inédita contra Dilma".
> O pobre do leitor vai atrás e encontra um selfie de Duque com Dilma. É a tal prova inédita da cumplicidade. Dilma foi por anos presidente do Conselho da Petrobras. Tinha pelo menos uma reunião por mês com Duque. Posa para uma foto meiga de Duque. Não há nenhum valor legal, como prova e, em jornalismo sério, nenhum valor jornalístico, a não ser por mera curiosidade na seção de Gente. Pouco importa! Não se preocupam sequer em informar que Duque é um réu que passou anos preso até aceitar delatar. E provavelmente a Lava Jato passou a perna no delator, como faz com Leo Pinheiro. O sujeito entrega a alma – a delação preparada pelos procuradores – e a delação não será homologada, por falta absoluta de provas.[176]

Quanto às duas publicações do *Estadão*, a primeira: *Leia toda a delação de Palocci*,[177] também de 4 de outubro, traz o que Nassif ironicamente nomina "A milésima delação de Palocci", posto que os veículos da imprensa reportam qualquer nova informação ligada a essa personagem como fosse um grande furo. Para ele, o ex-ministro tenta envolver os ex-presidentes Lula e Dilma sem apresentar provas, baseando-se apenas na sua palavra, para conseguir benefícios próprios da dinâmica das delações premiadas, e que, portanto, conforme afirma, não passaria pelo crivo da verossimilhança, apesar de receber o tratamento de notícia séria, sem tais ponderações ou cotejo. Não obstante, "No mesmo dia, espontaneamente Marcelo Odebrecht,

---

[175] BONIN, R. Proposta de delação de Renato Duque tem prova inédita contra Dilma. *Veja*, [S.l.], 4 out. 2019. Disponível em: https://veja.abril.com.br/blog/radar/proposta-de-delacao-de-renato-duque-tem-prova-inedita-contra-dilma/. Acesso em: 11 out. 2019.

[176] NASSIF, 2019.

[177] ORTEGA, P. *et al*. Leia toda a delação de Palocci. *Estadão*, [S.l.], 4 out. 2019. Disponível em: https://politica.estadao.com.br/blogs/fausto-macedo/leia-toda-a-delacao-de-palocci/. Acesso em: 11 out. 2019.

organizador do maior esquema de corrupção da história, dá um depoimento em um inquérito e espontaneamente diz que jamais tratou de propinas ou compensações com Lula e Dilma".[178]

A segunda, de 30 de setembro, remonta às investigações em torno da prisão dos *hackers* acusados de invadir celulares de autoridades: *Nove dias de diálogo entre Manuela e o hacker*. No destaque da matéria, anunciava-se que "Nas conversas, às quais o 'Estado' teve acesso, Walter Delgatti demonstra desejo de expor o teor interceptado em celulares de procuradores da Lava Jato e do ministro da Justiça, Sérgio Moro, para, nas palavras dele, 'fazer justiça'".[179] Esse ter acesso revela um pouco do que se tornou prática comum entre agentes públicos da Polícia Federal e repórteres da grande imprensa na obtenção de matéria-prima para publicações. Ao que Nassif rebate:

> **O caso Manuela** – ao contrário de Deltan Dallagnol, Manuela Dávila entrega seu celular para ser periciado pela Polícia Federal, com os diálogos que manteve com os hackers. Os policiais-repórteres da PF tratam de vazar os diálogos para os repórteres-policiais da mídia, tratando o caso como uma revelação secreta de segredos recônditos. E jornalistas que questionaram o vazamento de informações do Intercept – prática jornalista saudável – se cala com os vazamentos da PF – vazamento efetuado por agente público, portanto prática criminosa.[180]

Após exemplificar o que identifica como "fakenews", por conta de alguns fiapos de informação sugeridos por integrantes da Lava Jato, que continuam a alinhavar as narrativas midiáticas entretecidas desde o início da Operação, Nassif encerra a análise mirando o segundo enfoque do seu título "Em um momento em que a mídia é atacada por todos os lados, em que sua única arma contra as milícias digitais é a recuperação da credibilidade jornalística, a que atribuir esse suicídio continuado?".[181] A interrogativa, no entanto, longe de encerrar um vaticínio acerca de um presumível declínio dos meios hegemônicos, coaduna, isso sim, com a possibilidade que se abre de desvelamento por meio da contranarrativa às práticas consagradas por aqueles veículos.

---

[178] NASSIF, 2019.

[179] CAMPOREZ, P.; PIRES, B. Nove dias de diálogo entre Manoela e o hacker. *Estadão*, Brasília, 30 set. 2019. Disponível em: https://politica.estadao.com.br/blogs/fausto-macedo/nove-dias-de-dialogo-entre-manoela-e--o-hacker/. Acesso em: 11 out. 2019.

[180] NASSIF, 2019.

[181] *Ibid*.

Folha e a alegada imparcialidade

"Desde 1921 – Um jornal a serviço do Brasil", é o que se pode ler abaixo do nome da marca nas edições diárias do jornal *Folha de S. Paulo*. Veículo que propala sua autoproclamada diversidade, e imparcialidade, chegou a agregar, por exemplo, figuras tão díspares quanto, de um lado, Kim Kataguiri, o integrante-mor do direitista Movimento Brasil Livre (MBL), um dos articuladores das manifestações pró-*impeachment* de Dilma Rousseff; e, do outro, Guilherme Boulos, membro da coordenação nacional do Movimento dos Trabalhadores Sem-Teto (MTST) e da Frente de Resistência Urbana. E ainda, na editoria de política, dois comentaristas extremos no que se refere à polarização Moro/Lula, os colunistas Jânio de Freitas e Josias de Souza. O primeiro, crítico categórico da primeira hora quanto às arbitrariedades que se instalaram no *modus operandi* da força-tarefa de Curitiba, que contava com a permissividade e, em vários casos, com a apologia em manchetes da grande mídia; enquanto o último conservava afiado o vasto rol de acusação ao ex-mandatário petista e seus asseclas.

Alinhada às incumbências do cargo, a *ombudsman* Flávia Lima escreveu em 6 de outubro de 2019 artigo semanal em que afirma *A Folha faz autocrítica*, título singular para um dos representantes da imprensa nacional hegemônica, que retratou em suas páginas acontecimentos que culminaram em sérios desdobramentos quanto aos rumos recentes do país, seguido de subtítulo que aponta para o teor das considerações "Jornal reflete sobre manchetes produzidas a partir de delações premiadas".

> Em tempos de forte antagonismo e de muitas acusações, virou clichê cobrar autocrítica daqueles que erraram de alguma forma. Assumir a responsabilidade por falhas, porém, está longe do trivial—sobretudo no jornalismo.
> Daí que não deixa de ser uma surpresa ouvir a Folha falando sobre o que faria diferente em uma das mais importantes coberturas feitas recentemente: a Lava Jato.[182]

No seu exercício de análise, a fim de se fazer referência na construção do contraditório diante do que é publicado nos veículos ligados à imprensa tradicional, o *Jornal GGN* oferecia, na mesma data do texto da *ombudsman*, uma crítica aos limites da autocrítica do jornal *Folha de S. Paulo*, revelando que, *Com atraso e miopia, Folha faz autocrítica sobre cobertura da Lava Jato*.

---

[182] LIMA, F. A Folha faz autocrítica. *Folha de S. Paulo*, [S.l.], 6 out. 2019. Disponível em: https://www1.folha. uol.com.br/colunas/flavia-lima-ombudsman/2019/10/a-folha-faz-autocritica.shtml. Acesso em: 6 out. 2019.

> Folha de S. Paulo fez neste domingo (6), no espaço destinado à ombudsman Flávia Lima, uma tímida autocrítica a respeito da cobertura da Lava Jato. A repórter relata que num almoço para comemorar os 30 anos da função, o diretor de redação Sérgio Dávila admitiu que as delações premiadas, com base no "fulano disse que beltrano fez tal coisa", foram usadas sem critério para fazer alarde quase diariamente.
> "Se eu tivesse que revisitar o caso e fazer a cobertura de novo, sei que isso não é possível, talvez repensasse o **espaço** que demos, manchetes atrás de manchetes...", disse. "Então, sim, faço essa autocrítica. Mas a postura que o jornal teve em relação à operação, talvez não desde o começo, mas **desde que se configurou que eles estavam ultrapassando todos os sinais**, eu estou satisfeito com ela", pontuou Dávila.
> O mea culpa da Folha não pode ser desprezado, mas é indiscutivelmente tardio e carregado de uma visão míope dos fatos.[183]

A crítica prossegue no caminho de explicitar as razões de o mea-culpa do jornal, apesar de importante, ser distorcido, pois todo um conjunto de versões dissonantes já se encontrava em circulação à época, disputando e, em vista disso, podendo também ser acionado para (de)compor com a narrativa hegemônica.

> Primeiro porque estabelece como divisor de águas o vazamento do dossiê Intercept, que expôs os desvios de conduta da força-tarefa da Lava Jato. A cobertura crítica, contudo, quase sempre existiu em meios alternativos, seja em blogs independentes, nos sites especializados ou nos veículos estrangeiros. Não é como se grandes jornais como Folha, Estadão e O Globo não tivessem condições de fazer uma cobertura mais equilibrada.
> Este GGN, por exemplo, produziu uma série de reportagens mostrando os furos nos processos contra o ex-presidente Lula utilizando, em parte, documentos e vídeos que foram disponibilizados na íntegra pelo Estadão. O material para questionar o que diziam as testemunhas e delatores sempre esteve disponível. Faltou vontade ou coragem para não se curvar à agenda oculta da Lava Jato, que facilmente tomou a grande mídia por "cão de guarda".
> A própria ombudsman da Folha admitiu essa falha quando escreveu que "a imprensa foi transformada, muitas vezes, em linha auxiliar da operação como uma estratégia de

---

[183] COM ATRASO e miopia, Folha faz autocrítica sobre cobertura da Lava Jato. *Jornal GGN*, [*S.l.*], 6 out. 2019. Disponível em: https://jornalggn.com.br/politica/com-atraso-e-miopia-folha-faz-autocritica-sobre-cobertura-da-lava-jato/. Acesso em: 6 out. 2019.

> angariar suporte" e que "apontar problemas na Lava Jato virou quase um tabu em nome de um objetivo maior: o combate à corrupção."
>
> Em segundo lugar, ainda que jornais como Folha não quisessem se pautar pela cobertura crítica na mídia alternativa, não precisavam esperar o dossiê do Intercept ser vazado em julho de 2019 – mais de 5 anos depois do início da operação – para começar a apurar melhor os passos controversos da Lava Jato. Os sinais de que as delações premiadas que alimentavam "manchetes atrás de manchetes" não eram confiáveis apareceram muito antes disso.
>
> [...]
>
> Folha distorce um pouco a realidade quando faz autocrítica mas trata como se as irregularidades e abusos praticados na Lava Jato só tivessem saltado aos olhos agora. Ao contrário, o dossiê Intercept serviu num primeiro momento para confirmar as convicções dos críticos de sempre. E seguiu dali em diante revelando outras condutas inimagináveis, que deveriam conduzir outros veículos à autocrítica também.[184]

Na verdade, Flavia Lima confirma essa limitação na autocrítica apontada pelo *GGN*, quando esboça em seu texto uma alusão ao tempo que o veículo levou para expor esse juízo ao seu leitor, que pode, enfim, saber o que a *Folha* pensa sobre aquilo que produziu "[...] mesmo que esse reconhecimento venha muito depois das primeiras ressalvas feitas aos métodos da Lava Jato e num momento (após os vazamentos), em que ficou mais fácil fazer a crítica".[185] Para, na sequência dessa ponderação, cravar uma tentativa de distinção: "Afinal de contas, reconhecer os próprios erros não é o forte do jornalismo".[186] Após essa consideração mais ampla em torno do jornalismo como um todo, compreendendo, portanto, todos os veículos da grande imprensa brasileira que também cobriram os eventos ao longo daqueles anos, uma vez que, por aparelhamento, adotaram critérios parecidos na escolha das respectivas linhas editoriais, com essa inédita autocrítica, a *Folha de S. Paulo* parece pretender deles se desvencilhar. A *ombudsman* ressalta aspectos desse comportamento midiático (que, por sua vez, não escaparam à análise do *GGN*), capitais aos propósitos deste livro, visto que toca na juntura entre a força-tarefa, a mídia e a população, ainda que não na mesma hierarquização de influências conforme quis a autora.

---

[184] *Ibid.*

[185] LIMA, 2019.

[186] *Ibid.*

> Falando especificamente da Lava Jato, é possível dizer que a imprensa foi transformada, muitas vezes, em linha auxiliar da operação como uma estratégia de angariar suporte.
>
> O forte apoio da população à operação e a heroicização dos líderes da Lava Jato de certa forma inibiram abordagens mais críticas aos métodos da operação, incluídos os exageros nas buscas e apreensões, as conduções coercitivas desnecessárias e as prisões por tempo indeterminado.
>
> Foi assim que apontar problemas na Lava Jato virou quase um tabu em nome de um objetivo maior: o combate à corrupção no Brasil.[187]

Da maneira como está declarado, no liame desses três agentes, a imprensa, na qual o jornal *Folha de S. Paulo* se inclui, aparece como um passivo no processo de canonização do juiz, "foi transformada", inibida de "abordagens mais críticas aos métodos da operação", ou seja, admitindo-se que a opção do que seria publicado na época partiu de uma omissão, e não de um alinhamento a critérios além da órbita jornalística. Sabendo-se de sua função essencial enquanto imprensa, e uma das razões de ser enquanto tal: a busca pelo esclarecimento do fato, o veículo não se propôs a tocar no tabu, deixando intacto, portanto, o processo e o papel dos próprios meios de comunicação na edificação dessa quase intocabilidade a que foram alçados esses paladinos da justiça perante a opinião pública no combate à corrupção.

No que se assemelha a uma autoindulgência, o texto inclui o resgate de uma memória acerca do comportamento do então juiz Sérgio Moro quando confrontado, em artigo de 2016, em que Rogério Cezar de Cerqueira Leite se ocupa de uma comparação histórica *Desvendando Moro*.[188] O professor emérito da Unicamp busca na história um exemplar de "justiceiro messiânico", análogo ao juiz de Curitiba, o fanático dominicano Girolamo Savonarola (1452-1498), que também se agigantou em sua época sob o pretexto da luta contra a corrupção. Insatisfeito com a crítica, Moro escreveu ao jornal num ato de desaprovação. "Viu-se, portanto, um juiz contestar um jornal por desempenhar a própria função, que é dar lugar à crítica, ouvir diferentes vozes, fomentar o debate público".[189] Flávia Lima elenca, então, duas matérias e um editorial, ao longo dos anos, em que, "a despeito desse

---

[187] *Ibid.*

[188] Esse texto, publicado em 11/10/2016, suscitou discussões em outras publicações e será retomado em seção adiante para devida análise.

[189] LIMA, F. A Folha faz autocrítica. *Folha de S. Paulo*, [S.l.], 6 out. 2019. Disponível em: https://www1.folha.uol.com.br/colunas/flavia-lima-ombudsman/2019/10/a-folha-faz-autocritica.shtml. Acesso em: 6 out. 2019.

ambiente", o jornal teve a iniciativa de resvalar no tabu.[190] A autocrítica da *Folha de S. Paulo*, embora importante, tomando-se aqui de empréstimo a própria fala da articulista, chega "num momento (após os vazamentos), em que ficou mais fácil fazer a crítica".

Sobre a imparcialidade aventada pelo jornal, recorrendo-se a uma memória não muito distante, em que se colocava em jogo a continuidade, por meio de um terceiro mandato presidencial petista, e a alternância, com o poder passando às mãos de um candidato tucano, enfim, José Serra, que havia perdido a disputa para Luís Inácio Lula da Silva, na sucessão de Fernando Henrique Cardoso (PSDB) em 2002. Num contexto de uma verdadeira batalha narrativa instilada nas manchetes de jornais, revistas e telejornais em torno de um tema polêmico, a opinião da candidata do Partido dos Trabalhadores, Dilma Rousseff, em relação ao aborto.

Folha de S. Paulo trouxe estampada na capa da sexta-feira, 29 de outubro de 2010, dois dias antes do segundo turno das eleições, a manchete *Papa cobra ação de bispos do Brasil contra aborto*, acompanhada do enunciado "Bento 16 afirma a líderes religiosos que eles têm 'dever de emitir juízo moral', mesmo nas questões políticas".[191] A edição, que trazia o gráfico da pesquisa do Instituto Datafolha, realizada no dia anterior, cujos números apontavam 12 pontos de vantagem para Dilma Rousseff, ou seja, um cenário de cristalização indicador da provável vitória da candidata, dispunha também de duas fotos em destaque, dois opostos, com duas personagens que, adequadas à disposição espacial gráfica, convergiam para dois projetos antagônicos. Com o foco narrativo em terceira pessoa, assim como demandam os manuais de jornalismo para que não se comprometa a função referencial e, portanto, a objetividade própria de quem se autoproclama imparcial, as imagens eram acompanhadas de legendas capazes de dizer além da dimensão denotativa. Progredia então um enredo, quase com seu desfecho selado, a não ser pela ação de um imponderável, posto que o clímax, por certo, se daria na grande

---

[190] LIMA, D.; BALTHAZAR, R. Moro trava investigações para proteger empresas e delatores da Lava Jato. *Folha de S. Paulo*, São Paulo, 13 jun. 2018. Disponível em: https://www1.folha.uol.com.br/poder/2018/06/moro-trava-investigacoes-para-proteger-empresas-e-delatores-da-lava-jato.shtml. Acesso em: 7 out. 2019.
BALTHAZAR, R. Teoria da 'cegueira deliberada' ampara condenações na Lava Jato. *Folha de S. Paulo*, São Paulo, 28 dez. 2017. Disponível em: https://www1.folha.uol.com.br/poder/2017/12/1946478-teoria-da-cegueira-deliberada-ampara-condenacoes-na-lava-jato.shtml. Acesso em: 7 out. 2019.
COMANDANTE máximo. *Folha de S. Paulo*, [S.l.], 15 set. 2016. Disponível em: https://www1.folha.uol.com.br/opiniao/2016/09/1813464-comandante-maximo.shtml. Acesso em: 7 out. 2019.

[191] Disponível em: http://acervo.folha.com.br/leitor.do?numero=18461&anchor=5817956&origem=busca&pd=7af7d79f37026dd8f1d1f6bdd5c80bec. Acesso em: 7 out. 2019.

arena do último debate televisivo entre os candidatos, naquela mesma noite, na Rede Globo de Televisão.

"Do alto do céu" referia-se à foto do candidato José Serra – acima –, alinhada à manchete do dia, de camisa azul, um beijo posado na imagem da santa;[192] "Do fundo do mar" retratava o então presidente Lula – abaixo –, curvado, trajando um macacão laranja da Petrobras, as mãos enlameadas na viscosidade do óleo.[193]

Figura 18 – Capa do jornal *Folha de S. Paulo*, publicada em 29 out. 2010

Fonte: *Folha de S. Paulo*, 29 de out. 2010, capa. https://www1.folha.uol.com.br/fsp/cp29102010.htm

Um cotejo é possível, e necessário, no que diz respeito à (im)parcialidade. Pouco mais de um mês antes dessa capa do jornal *Folha de S. Paulo*, seu concorrente direto, *O Estado de S. Paulo*, anunciara, em editorial do dia 25 de setembro, seu apoio explícito ao candidato José Serra, do PSDB. Intitulado, com todas as letras, que o PT de novo na Presidência seria *O mal a evitar*.

> Com todo o peso da responsabilidade à qual nunca se subtraiu em 135 anos de lutas, o **Estado** apoia a candidatura de José Serra à Presidência da República, e não apenas pelos méritos do candidato, por seu currículo exemplar de homem público e pelo que ele pode representar para a recondução

---

[192] **DO ALTO DO CÉU** Em campanha em Minas, José Serra (PSDB) beija uma imagem de N. S. da Abadia, mais tarde, o candidato tucano citou a Bíblia em discurso Eleições, pág. 3 (*Ibid.*).

[193] **DO FUNDO DO MAR** Lula cheira óleo da área de Tupi, o 1º do pré-sal; ele disse que bebeu 'menos do que devia' em seu aniversário, na véspera, para ir ao evento Eleições, pág. 4 (*Ibid.*).

> do País ao desenvolvimento econômico e social pautado por valores éticos. O apoio deve-se também à convicção de que o candidato Serra é o que tem melhor possibilidade de evitar um grande mal para o País.
>
> [...]
>
> Este é o "cara". Esta é a mentalidade que hipnotiza os brasileiros. Este é o grande mau exemplo que permite a qualquer um se perguntar: "Se ele pode ignorar as instituições e atropelar as leis, por que não eu?" Este é o mal a evitar.[194]

No hiato compreendido pela supressão dos colchetes acima, entre a primeira e a última validação do que proclamava o título (*O mal a evitar*), o centro das descrições transfere-se de personagens, migra das qualidades atribuídas a Serra aos inúmeros desabonos que circundam o então presidente Lula, na opinião do jornal.

"O Estadão escreveu um editorial para confessar, uma semana antes da eleição, o que sempre fez: o Estadão apoia o Serra",[195] ou seja, "O editorial em que o Estadão declara publicamente o apoio a José Serra, a uma semana da eleição, destina sete linhas ao que seriam as qualidades do candidato tucano e nove parágrafos a atacar o presidente Lula e sua gestão, aprovados por 80% dos brasileiros",[196] conforme já evidenciava Paulo Henrique Amorim sobre o texto, no seu *Conversa Afiada*, no dia seguinte à declaração do apoio, que, àquela época, já exercitava a contranarrativa perante os veículos tradicionais.

> **Em tempo**: ao saber que o Estadão ia sair de trás da hipocrisia e confessar que apóia o Serra desde que ele vivia na Móoca e o pai era feirante, o Otavinho resolveu escrever um mega-editorial na primeira página. Daqueles que o Jorge Serpa escrevia para o Roberto Marinho. O editorial do Otavinho diz que a Folha (*) é imparcial (se tivesse ombudsman, ele se demitiria, diante de tal extravagância) [...].[197]

Com a ironia que lhe era característica, Amorim encerra seu texto com esse *post scriptum* de modo a colocar em perspectiva para o leitor o

---

[194] O MAL a evitar. *Estadão*, [S.l.], 25 set. 2010. Disponível em: https://www.estadao.com.br/noticias/geral,e-ditorial-o-mal-a-evitar,615255. Acesso em: 7 out. 2019.

[195] AMORIM, P. H. Estadão apoia Serra mesmo na ausência dele. *Conversa Afiada*, [S.l.], 26 set. 2010. Disponível em: https://www.conversaafiada.com.br/pig/2010/09/26/estadao-apoia-serra-mesmo-na-ausencia-dele. Acesso em: 8 out. 2019.

[196] *Ibid.*

[197] *Ibid.*

posicionamento de ambos os jornais no que se refere à imparcialidade num cenário de disputa político-eleitoral.

A corrupção da opinião pública

Sob o título *A maior de todas as corrupções*, em artigo publicado no portal da *Carta Maior*, em 11/03/2016, cuja chamada sentencia: "O inimigo comum para garantir a identidade e a coesão ideológica de uma posição política hoje é a corrupção. Mas só dos petistas, é claro...",[198] o professor e pesquisador Venício A. de Lima discorre sobre o agenciamento de memória coletiva resultante, em grande parte, da atuação do conjunto de mídia tradicional, que, no Brasil de 2016, forneceu elementos de cooptação da opinião pública para a derrubada do governo.

Numa breve linha histórica, discorre sobre o inimigo idealizado de tempos em tempos – o inimigo comum – a ser combatido. No pós-Segunda Grande Guerra, aquela geração cresceu aprendendo que o comunismo ateu era a grande ameaça ao mundo ocidental cristão; em tempos de Guerra Fria, sob as diretivas diplomáticas norte-americanas, transmutou-se no comunismo vermelho soviético (com o dogma repelente sendo entoado em todas as instituições de poder simbólico, escola, igreja e mídia), com o estigma social se estendendo também aos suspeitos de serem simpatizantes; o êxito da Revolução Cubana deixou ainda mais perigoso o inimigo comum, o comunismo, e seus seguidores, os comunistas subversivos. No Brasil de 1964, o medo da eventual ameaça de um governo que poderia vir a ser controlado por comunistas, sob João Goulart, materializou-se numa cruzada anticomunista, tanto que na reta final do golpe civil-militar, setores, sobretudo da classe média urbana, foram às ruas defender seus valores e tradições no combate ao inimigo.

> A narrativa pública sobre essa ameaça e a necessidade inadiável de defesa da democracia "antes que fosse tarde demais" foi sendo consolidada. Um vocabulário específico foi costurando a nova linguagem que aprisionou o pensamento de vastas camadas da população com o protagonismo ativo da "Rede para a Democracia" que reunia diariamente em todo o país emissoras de rádio e jornais dos principais grupos de mídia da época: Os Diários Associados, O Globo e o Jornal do Brasil. [...]

---

[198] LIMA, V. A. de. A maior de todas as corrupções. *Carta Maior*, [S.l.], 11 mar. 2016b. Disponível em: https://www.cartamaior.com.br/?/Editoria/Politica/A-maior-de-todas-as-corrupcoes/4/35682. Acesso em: 30 set. 2019.

> A corrupção, sim, a corrupção aparecia apenas como uma coadjuvante do inimigo principal na narrativa pública dominante.[199]

Fim da Guerra Fria, o mundo se globaliza e o comunismo deixa de ser o inimigo comum, "mas a exigência de um inimigo comum para garantir a identidade e a coesão ideológica de uma posição política (ou de um grupo) continua mais atual e necessária do que nunca".[200] No cenário internacional, o terrorismo islâmico passa a ocupar esse posto; no Brasil, "a corrupção da coisa pública" e os corruptos são agora os protagonistas.

> Hoje, mais do que ontem, os oligopólios privados que controlam o que chega ou não ao conhecimento público – vale dizer, que controlam o espaço onde se forma a opinião dita pública – detêm o poder de definir a linguagem dentro da qual se enclausura a construção do inimigo comum.
> Hoje, mais do que ontem, a definição do significado de cada uma dessas palavras – o que constitui corrupção e quem são os corruptos – faz parte essencial da própria disputa pelo poder.[201]

Para o autor, a novidade no Brasil daqueles últimos anos que antecediam 2016 se encontrava na participação militante de setores do Judiciário, que escolhiam seletivamente qual corrupção deveriam investigar e quais corruptos seriam julgados e condenados. "Tudo com a colaboração ativa e decisiva da grande mídia e de seu vocabulário e linguagem uniformes. O resultado de todo esse processo – que já presenciamos – é um país dividido ao meio, intolerante e cheio de ódio".[202]

A corrupção, que na primeira década do século XXI é aquilo que foi o comunismo no passado, e os corruptos foram seletivamente eleitos, conforme assevera, entre os petistas, que deveriam ser apeados do poder e impedidos de a ele retornar – clamor paulatinamente construído em vastos contingentes da população. Lima acentua que a memória coletiva infelizmente é bastante curta, e a maioria dos brasileiros não percebem, apesar de passados os anos, que as estratégias e mecanismos de luta pelo poder se repetem e às vezes os mesmos grupos e interesses se prolongam, e que, talvez um dia possa a História revelar-lhes o que de fato ocorreu em 2016.

---

[199] *Ibid.*

[200] *Ibid.*

[201] *Ibid.*

[202] *Ibid.*

Pois, assegura, "a maior e mais antidemocrática de todas as corrupções é a corrupção da opinião pública".[203]

Em outra publicação, na mesma *Carta Maior*, do dia 02/02/2016, Venício A. de Lima já denunciava a estratégia política seletiva, e até partidária, de se fazer crer na corrupção no país como prática originária nos governos liderados pelo Partido dos Trabalhadores. Num conluio explícito.

> Desde o início do processo eleitoral de 2014 e, sobretudo, depois que foram proclamados os resultados das últimas eleições presidenciais, instalou-se no Brasil uma crise política cujo ritmo e pauta pública são seletivamente determinados por um conluio explícito entre segmentos do Ministério Público, da Polícia Federal, do Judiciário e oligopólios de mídia que, em torno da justa causa do combate à corrupção, se uniram no objetivo não declarado – mas evidente – de destruir qualquer vestígio de ética e moralidade pública que possa existir no Partido dos Trabalhadores, seus líderes e militantes.[204]

Quanto aos vazamentos seletivos de informações sigilosas para a imprensa, prática que alimentou o ritmo da cobertura jornalística sob o discurso do combate à corrupção, observa não haver nenhum segredo e recorre a artigo do próprio Sérgio Moro, publicado em 2004, sobre a Operação *Mani Pulite*, na Itália, na qual o magistrado se inspirava.

> Os responsáveis pela operação mani pulite ainda fizeram largo uso da imprensa. [...] por certo, nunca pararam de manipular a imprensa, a investigação da "mani pulite" vazava como uma peneira. Tão logo alguém era preso, detalhes de sua confissão eram veiculados no "L'Expresso", no "La Republica" e outros jornais e revistas simpatizantes. [...] os vazamentos serviram a um propósito útil. O constante fluxo de revelações manteve o interesse do público elevado e os líderes partidários na defensiva.[205]

---

[203] *Ibid.*

[204] LIMA, V. A. de. Existe limite para a atuação da mídia? *Carta Maior*, [S.l.], 2 fev. 2016. Disponível em: https://www.cartamaior.com.br/?/Editoria/Midia-e-Redes-Sociais/Existe-limite-para-a-atuacao-da-midia-/12/35420. Acesso em: 30 set. 2019.

[205] MORO, S. Considerações sobre a Operação Mani Pulite (mãos limpas). *Jusbrasil*, [S.l.], [2014]. Disponível em: https://ferreiramacedo.jusbrasil.com.br/artigos/187457337/consideracoes-sobre-a-operacao-mani-pulite-maos-limpas. Acesso em: 30 dez. 2019.

A partir das observações positivas de Moro acerca dos métodos da *Mani Pulite* ao utilizar o conchavo com a imprensa para publicizar suas ações e alcançar seus objetivos, Lima analisa o expediente dos vazamentos e o seu *timing* no Brasil, que, segundo teoriza, pareciam cuidadosamente planejados para provocar reações no Congresso Nacional, e, principalmente, para manter o público interessado e os líderes partidários na berlinda, de modo análogo aos originais italianos. E, ainda, tão proporcional ao alto índice da seletividade de informações sigilosas que chegavam aos veículos da grande mídia brasileira era a incapacidade do Ministério da Justiça e da Polícia Federal em identificar a origem desses vazamentos, "[...] que se torna claro o objetivo não só de 'manter o interesse', mas de construir uma opinião pública favorável a alguns políticos e partidos e desfavorável a outros políticos e partidos".[206]

Sobre "o que está em jogo", lembra que já é notória a implicação dos oligopólios de mídia do país com os golpes de estado e os regimes ditatoriais, no entanto, sob esse conluio específico, norteados por "uma estratégia de sobrevivência empresarial", a novidade é que dessa vez parece não haver limites para as ações.

> Diante da ridícula circulação/dia que os chamados jornalões atingiram no nosso país [Folha de São Paulo, 175.441; O Globo, 183.404; Estado de São Paulo, 149.241; dados para dezembro de 2014] parece estar em andamento uma estratégia de sobrevivência empresarial cuja opção é seduzir, ainda mais, nichos da direita do espectro político, sobretudo a classe média urbana. E aposta-se tudo para que o desfecho da crise – seja ele qual for – entregue o comando do país a forças e interesses aliados, vale dizer, aos partidos que hoje fazem oposição ao Planalto. Os sinais nesse sentido são evidentes.[207]

Os dados a que se refere foram publicados em matéria do dia 26/01/2016, e atualizada em 03/07/2018, na seção "Mídia", do *Brasil247: Mídia familiar desaba no impresso e até no digital.*

---

[206] LIMA, 2016a.

[207] *Ibid.*

Figura 19 – Montagem impressos

O IVC, que mede a circulação dos jornais brasileiros, divulgou os dados de audiência de publicações como Folha, Globo, Estado de S. Paulo, Estado de Minas e Correio Braziliense, em 2015; os números revelam que o consumo de informação por esses meios desabou ao longo do ano passado, e não apenas nas edições impressas, como também no digital; uma das explicações para o tombo é a expansão da internet; uma segunda é o modelo de cobrança por conteúdo, que tem pouca receptividade no Brasil; e uma terceira razão pode ser o engajamento político dessas publicações, que optaram por uma agenda extremamente negativa nos últimos anos; Folha caiu 15,1%; Estado 8,9% e Globo 5,5%.[208]
Fonte: Foto: Leonardo Attuch.

Perante o conjunto de circunstâncias inédito que se apresentava: crise política e econômica, um Congresso Nacional conservador e direcionado por interesses fisiológicos, além da adoção dos métodos seletivos da *Mani Pulite* inaugurados aqui pela Lava Jato em sincronia com os oligopólios de mídia, Lima encerra com a indagação: "Há um limite para tudo isso?"; e alerta para a necessidade de setores democráticos em posição institucional de decisão, em conjunto com movimentos sociais populares, se atentarem ao fato de os destinos da democracia brasileira estarem sendo conduzidos, daquela forma, pela lógica desse conluio.

Mídia-Lava Jato, um jogo combinado

O jogo combinado da Lava Jato com a mídia,[209] com esse título, o *Jornal GGN* traz artigo assinado pelo sociólogo, jornalista e professor aposentado de Jornalismo da Escola de Comunicações e Artes da Universidade de São

---

[208] Disponível em: https://www.brasil247.com/midia/midia-familiar-desaba-no-impresso-e-ate-no-digital. Acesso em: 30 set. 2019.
[209] Do livro "Relações Obscenas", que reúne artigos que analisam os principais pontos revelados, até o momento, sobre a série de reportagens #VazaJato, publicada pelo The Intercept Brasil, em parceria com outros veículos de comunicação – Por *Jornal GGN*, 10 ago. 2019.
Disponível em: https://jornalggn.com.br/artigos/o-jogo-combinado-da-lava-jato-com-a-midia-por-laurindo--lalo-leal-filho/. Acesso em: 25 set. 2019.

Paulo (ECA-USP) Laurindo Lalo Leal Filho, que faz parte de coletânea com análises das relações da força-tarefa de Curitiba com setores da mídia brasileira, baseadas no material revelado nos dois primeiros meses, junho e julho de 2019, pela Vaza Jato.

Dado o relacionamento assíduo entre jornalistas e lavajatistas, ao que tudo indica, nos cinco anos da Operação, sempre prevaleceram "[...] as versões de seus integrantes sobre operações policiais, depoimentos de réus e testemunhas, delações premiadas, condenações e prisões nunca receberam da mídia um olhar mais crítico".[210] Ou seja, a mídia adotou comportamento de porta-voz, assessoria de imprensa da Lava Jato, uma vez que o que se divulgava eram sempre as versões das fontes responsáveis pelas ações, e o "outro lado", quando presente, era apenas, na maioria das vezes, um expediente burocrático. Conforme observa, as relações entre o juiz e procuradores da força-tarefa, a formação de uma organização composta de juízes de primeira e segunda instância, ministros do STF e integrantes do Ministério Público com fins políticos não geraram pauta para a cobertura jornalística tradicional, ficando a cargo de um veículo da "nova mídia".

> Os repórteres dos meios tradicionais que falavam com os membros da organização e os editores que transformavam as declarações deles em manchetes de primeira página ou em longos e detalhados informes na TV não perceberam que, do ponto de vista jornalístico, havia uma grande matéria na frente dos seus olhos? Ou não quiseram ver? Com isso sonegaram da sociedade brasileira informações decisivas que poderiam ter minimizado os efeitos deletérios impostos pela organização de Curitiba ao país.[211]

Com as primeiras divulgações do *The Intercept Brasil*, o "apagão midiático" foi rompido, com alguns desses veículos tentando se reposicionar no mercado ou recuperar um pouco da credibilidade perdida. A eminente exceção ficou por conta das Organizações Globo.

> Nem mesmo a autenticidade das mensagens comprovadas pelos seus concorrentes as comovem. [...] Resta saber até quando será possível manter-se tão distante da realidade, fazendo da informação ficção.
> Estas são as evidências mais recentes de um processo histórico do qual a mídia tornou-se, ao longo do tempo, um agente estrutural. Sem ela, a operação não alcançaria tão alto grau

---

[210] *Ibid.*

[211] *Ibid.*

> de popularidade e apoio, obscurecendo o fato de ter sido parte, talvez a mais importante, do projeto de destruição da soberania nacional brasileira.[212]

As considerações de Leal Filho coadunam o que foi observado por Venício A. de Lima em relação ao conluio entre mídia e a Lava Jato, bem como a seletividade dos alvos na cruzada moral anticorrupção, agora com o petismo como inimigo comum a ser combatido, sendo aquela a necessária agente estrutural para garantir o apoio da opinião pública à operação.

Passadas as eleições de 2018, com a conquista do Planalto por Jair Bolsonaro e com o anúncio da "estrela da operação", Sergio Moro, para cargo de ministro do futuro governo, Cíntia Alves publica no *Jornal GGN*, em 28/12/2018, a análise *"Cão de guarda" do Judiciário, velha mídia tem parte (vergonhosa) na ascensão de Moro*, em que questiona o papel da imprensa que se apresenta como mediadora desinteressada em relação aos produtos da Lava Jato.

> Abandonando a responsabilidade de fiscalizar o Judiciário, a maior parte dos jornais mergulhou numa relação promíscua com a operação que derrubou Dilma Rousseff e inabilitou Lula eleitoralmente. Foi abastecida quase diariamente com informações que interessavam aos procuradores e ainda faz, com sua postura acrítica diante de abusos e extravagâncias avalizados por tribunais, a opinião pública acreditar que os fins justificavam os meios.[213]

Como exemplificação de tais desdobramentos, em 19/10/2019, o site *Brasil247* publicou matéria sobre uma série de *tweets*, da mesma data, em que o escritor e jornalista Xico Sá faz críticas a Jair Bolsonaro e um mea-culpa enquanto jornalista.

> "Tudo bem que faço mea culpa pela normalização do monstro que nós, jornalistas, fizemos, o jornalismo brasileiro tem um pegada de culpa nessa merda toda, o jornalismo comungou da hóstia", escreve.
> Para Sá, as revelações da Vaza Jato feitas pelo The Intercept Brasil provou os jornalistas aceitaram a lógica golpista sem apurar direito os bastidores do poder. "E assim, lógico, ajudamos na eleição de Bolsonaro. O ministro da Justiça dele está aí como prova. Que merda."

---

[212] *Ibid.*

[213] ALVES, C. 'Cão de guarda' do Judiciário, velha mídia tem parte (vergonhosa) na ascensão de Moro. *Jornal GGN*, [S.l.], 28 dez. 2018. Disponível em: https://jornalggn.com.br/analise/cao-de-guarda-do-judiciario-velha-midia-tem-parte-vergonhosa-na-ascensao-de-moro/. Acesso em: 11 out. 2019.

Antipetismo

"Na buena, qual razão final, a não ser a mídia brasileira ter normalizado o monstro antipetista, haveria para votar no vagabundo que nada fez e nunca fará pelo Brasil? Quando acabará o antipetismo como meio de vida na mídia brasileira?", questiona Xico Sá.

"Óbvio que não há como hierarquizar culpa, esse exercício demasiado cristão, mas julgo que nós, jornalistas, somos os maiores culpados por eleger não só bolsonaro, mas o arrastão direitista escroto do Congresso. Valia só lascar o PT, nada mais", conclui.[214]

Figura 20 – Mea-culpa

Fonte: https://twitter.com/xicosa

O "lavajatismo" militante da mídia (Globo e PT, um caso a se ver)

O site de notícias *UOL* (que passou a compor um grupo de parceiros do *The Intercept Brasil* na divulgação dos vazamentos da Lava Jato) veiculou matéria com trechos da entrevista do ministro do Supremo Tribunal Federal Gilmar Mendes, exibida na madrugada do dia 15/10/2019, no programa *Conversa com Bial*, da TV Globo, intitulada *Houve um "lavajatismo" militante da mídia, diz Gilmar Mendes; Bial rebate*, em que o ministro critica a abordagem da mídia às ações do STF e comenta as críticas que recebe nas ocasiões em que há decisões de *habeas corpus* para políticos detidos.

---

[214] XICO Sá detona Bolsonaro e cobra: quando acabará o antipetismo como meio de vida na mídia brasileira? *Brasil 247*, [S.l.], 19 out. 2019. Disponível em: https://www.brasil247.com/midia/xico-sa-detona-bolsonaro--e-cobra-quando-acabara-o-antipetismo-como-meio-de-vida-na-midia-brasileira. Acesso em: 19 out. 2019.

> *"Quero dividir a minha responsabilidade com vocês. Vocês têm uma grande parcela de responsabilidade. Quando vocês dizem 'Gilmar solta', e estou falando porque já reclamei para a Rede Globo, a decisão foi da turma, mas vocês dizem 'Gilmar solta' e não explicam do que se trata. Houve um 'lavajatismo' militante da mídia, a mídia aderiu a isso. Nós ficamos como os bandidos da história, aqueles que erraram ao soltar"*, afirmou.
>
> *"A mídia faz parte disso. A Lava Jato é case de sucesso de mídia, são melhores publicitários que juristas. Houve essa coalizão, essa coabitação. A responsabilidade é muito maior da mídia do que minha".*[215]

O apresentador Pedro Bial rebate o entrevistado, em defesa da emissora.

> *"O que o senhor classifica como incitamento, muitos classificam como bom jornalismo. Muitos jornalistas como o Ali Kamel se orgulham, porque o time deles, de ótimos jornalistas, deu furos. Não é tão fácil assim ter essa notícia. Se atendeu, se a Lava Jato pegou a carona já que o interesse público era enorme, e nosso dever como jornalista é atender ao interesse público, aí é uma contradição das relações do poder com a grande imprensa"*, analisou o apresentador.[216]

Originalmente veiculado no blog *Balaio do Kotscho*, em 17/09/2019, e redistribuído no *Observatório da Imprensa*, o texto do experimentado jornalista Ricardo Kotscho *Jornalismo Lava Jato estilo B.O. só serve o prato feito das delações* aborda as consequências negativas para o jornalismo praticado na imprensa alinhada à força-tarefa de Curitiba, notadamente no jornalismo das Organizações Globo.

> Entre outros estragos na vida nacional, a Lava Jato rebaixou o jornalismo a transcrever boletins de ocorrência, os chamados B.O, servidos no prato feito das delações.
>
> [...]
>
> Ao longo dos último cinco anos, com honrosas exceções, o "jornalismo investigativo" se limitou a servir de porta-voz da Lava Jato, na maioria das vezes sem investir em apurações próprias. Com a divulgação dos diálogos dos procuradores pelo Intercept, em parceria com outros veículos, ficamos sabendo que até a pauta do dia era acertada entre eles com repórteres e editores, e não só com o *Jornal Nacional*.
>
> [...]

---

[215] HOUVE um 'lavajatismo' militante da mídia, diz Gilmar Mendes; Bial rebate. *UOL*, São Paulo, 15 out. 2019. Disponível em: https://noticias.uol.com.br/politica/ultimas-noticias/2019/10/15/houve-um-lavajatismo-militante-da-midia-diz-gilmar-mendes.htm. Acesso em: 15 out. 2019.

[216] *Ibid.*

> O resultado é um jornalismo preguiçoso, chato, burocrático, repetitivo, sem espaço para o contraditório, que "normaliza" as ações da Lava Jato.
>
> Claro que, em todas as redações, ainda há profissionais que resistem ao prato feito, mas o estrago provocado pela Lava Jato no jornalismo em geral pode ser tema para estudos na academia. Em todas as áreas, a história recente do Brasil agora pode ser dividida entre antes e depois da Lava Jato, que degradou as relações institucionais, o sistema político e quebrou a economia do país.
>
> O resto é consequência. Deu no que deu.[217]

De encontro às observações de Bial, e em sintonia com a abordagem de Kotscho, as considerações didáticas do jornalista e pesquisador Álvaro Miranda, no site *GGN*, sobre *A corrupção do jornalismo e seu ato de força sobre os repórteres*, oferecem auxílio no exercício de elucidar o *modus operandi* do que se torna ou não elegível a ser levado a público nos veículos da imprensa pertencentes às empresas de mídia tradicional.

> A corrupção do jornalismo brasileiro dos grandes meios de comunicação pode ser descrita, de forma esquemática e resumida, em duas dimensões. A primeira diz respeito à sua própria natureza capitalista, isto é, os interesses em jogo dos barões da mídia que se fazem passar como representantes da "opinião pública" de toda sociedade. Opinião pública que não existe concretamente – mas sim artifício que direciona opiniões de públicos.
>
> [...]
>
> Já a segunda dimensão diz respeito à burocratização da produção da notícia em que os jornalistas fazem parte do jogo como peças reificadas da engrenagem. É uma situação na qual a produção da notícia ocorre num processo complexo e contraditório nas redações de jornais impressos e de emissoras de rádio e televisão. Diretores, editores, subeditores e chefias funcionam como espécie de prepostos dos donos dos meios para impor a ordem burocrática da produção da notícia aos repórteres e profissionais de escalões inferiores. O ambiente descontraído esconde a rigidez da hierarquia altamente verticalizada.[218]

---

[217] KOTSCHO, R. Jornalismo Lava Jato estilo B.O. só serve o prato feito das delações. *Observatório da Imprensa*, [S.l.], 17 set. 2019. Disponível em: http://observatoriodaimprensa.com.br/opiniao/jornalismo-lava-jato-estilo--b-o-so-serve-o-prato-feito-das-delacoes/. Acesso em: 29 set. 2019.

[218] MIRANDA, A. A corrupção do jornalismo e seu ato de força sobre os repórteres. *Jornal GGN*, [S.l.], 12 set. 2019. Disponível em: https://jornalggn.com.br/artigos/a-corrupcao-do-jornalismo-e-seu-ato-de-forca-sobre--os-reporteres-por-alvaro-miranda/. Acesso em: 13 set. 2019.

Essa dominação é assegurada pela estratificação salarial, e também pela possibilidade de demissão de quem não internaliza a linha editorial da empresa. E desta forma sintetiza o processo decisório sobre o que será notícia: "Engana-se quem imagina uma redação de jornalistas como espaço de debate democrático ou expressão de conversas intelectuais travadas entre 'pesquisadores sociais'. O fechamento de um jornal é um ato de força".[219]

Para além das consequências negativas para a prática jornalística, o professor da Universidade Federal de Santa Catarina (UFSC) e pesquisador do *ObjETHOS* Samuel Lima realiza uma explanação histórica do jornalismo e de suas implicações nefastas para a democracia brasileira com o alinhamento da mídia com as ações da Lava Jato, e destaca dois eventos, segundo avalia, cruciais em que o jornalismo praticado pelos grandes grupos de comunicação que compõem o oligopólio privado da mídia jornalística concorreu de forma decisiva "na história do golpe midiático-jurídico-político que culminou com o *impeachment* da ex-presidenta Dilma Rousseff, em 31 de agosto de 2016".

> Em primeiro lugar, o que avalio como absolutamente decisivo na correlação final de forças que permitiu o golpe de 2016: a divulgação do "grampo" da conversa telefônica entre o ex-presidente Lula e a ex-presidenta Dilma, no Jornal Nacional (TV Globo), na abertura da edição de 16 de março de 2016 (Fonte: https://bit.ly/2mejshD). Uma manipulação que envolveu o então juiz Sérgio Moro e a força-tarefa da Lava Jato, agora revelada em detalhes pela Vaza Jato (reportagem publicada pela Folha de S. Paulo, em parceria com o The Intercept Brasil – ed. 8/09/2019). A posse de Lula na Casa Civil, último recurso do governo Dilma para impedir o golpe, seria cassada horas depois pelo ministro Gilmar Mendes (do Supremo Tribunal Federal) e o resto é história.
> [...]
> O segundo momento, foi a veiculação dos tweets do general Eduardo Villas Boas, então comandante do Exército, no final da edição do Jornal Nacional, na noite de 4 de abril de 2018, às vésperas da prisão do ex-presidente Luís Inácio Lula da Silva (Fonte: https://bit.ly/2ot3Szq). Três dias depois, Lula seria preso pela Polícia Federal. Aqui, o jornalismo de guerra (na feliz expressão do Luís Nassif) cumpria um papel decisivo no constrangimento político ao Supremo Tribunal Federal, cuja decisão no dia seguinte poderia livrar Lula da cadeia.[220]

---

[219] *Ibid.*

[220] LIMA, S. Democracia e jornalismo: uma dissonância histórica, no Brasil. *Jornal GGN*, [S.l.], 30 set. 2019. Disponível em: https://jornalggn.com.br/noticia/democracia-e-jornalismo-uma-dissonancia-historica-no-brasil-por-samuel-lima/. Acesso em: 1 out. 2019.

O pesquisador avalia que, nos cinco anos de Operação Lava Jato, o consórcio da mídia hegemônica e agentes de Estado (Ministério Público Federal, Judiciário Federal, Polícia Federal, Controladoria Geral da União etc.) patrocinou a erosão do Estado Democrático de Direito. Curiosamente o jornalismo, nascido "filho da modernidade", "[...] cujo modelo de jornal-empresa remonta ao período entre 1830-1840, na França, [...] veio ao mundo fazendo três promessas seculares: a defesa da liberdade (especialmente a de expressão e de imprensa), da democracia e do paradigma da verdade",[221] encontra-se, passados quase dois séculos, imerso numa profunda crise de relacionamento com seus públicos. E aponta um novo caminho para desempenhá-lo com qualidade, independente do modelo comprometido com a obtenção de lucros.

> É evidente que há muitos e muitas, profissionais do jornalismo, na chamada mídia de referência produzindo conhecimento jornalístico de qualidade, com todo zelo ético, honestidade intelectual, defesa do interesse público. No entanto, na minha modesta avaliação, o jornalismo que queremos está hoje representado por uma nova modalidade, que nasce sendo chamada de "independente", aqueles projetos que buscam sustentabilidade financeira e independência editorial para praticar o jornalismo de qualidade, sem fins de lucro, na internet [...].[222]

Nessa mesma linha de avaliação, o jornalista Glenn Greenwald, em entrevista a Juca Kfouri, no programa *Entre Vistas*, da TVT, afirmou que o *Jornal Nacional* atuava, antes dos diálogos vazados pelo *The Intercept Brasil* (representante dessa nova modalidade de projeto jornalístico apontada por Lima), como se fosse parceiro da Lava Jato e de Sergio Moro.

> "Obviamente, a grande mídia estava como uma aliada do Sergio Moro e da Lava Jato nos últimos anos, não só por ideologia, mas também porque o modelo do lucro da mídia brasileira era receber vazamentos da força-tarefa da Lava Jato sem gastar com nenhum recorte, sem fazer investigações", analisou.
> "Então o Jornal Nacional recebia vazamentos da força-tarefa da Lava Jato, o [apresentador William] Bonner anunciava que tinha uma notícia muito importante sobre corrupção, com uma audiência enorme, e a Globo lucrava muito sem fazer jornalismo. O papel da grande mídia no Brasil era quase como parceiro da Lava Jato e do Sergio Moro", disse Glenn.[223]

---

[221] *Ibid.*

[222] *Ibid.*

[223] VICENTINI, R. Glenn: Jornal Nacional atuava quase como parceiro de Moro e da Lava Jato. *UOL*, [*S.l.*], 29 ago. 2019. Disponível em: https://noticias.uol.com.br/politica/ultimas-noticias/2019/08/29/glenn-diz-que--jornal-nacional-atuava-como-parceiro-da-lava-jato.htm. Acesso em: 3 out. 2019.

Numa tentativa de oferecer contraponto imediato à narrativa jornalística do telejornal mais importante do mais poderoso oligopólio privado da mídia brasileira, o blog do escritor e jornalista Fernando Morais estreou no dia 30 de setembro de 2019 o programa *Nocaute no Jornal Nacional – o outro lado do JN*, comandado pelo jornalista Chico Malfitani; o formato foi planejado para ser transmitido no YouTube de segunda a sexta-feira, logo após o encerramento do telejornal da Globo. "Para cumprir o desafio de fazer a crítica do mais importante telejornal da TV brasileira nos últimos 50 anos",[224] conforme apresentação do próprio âncora, na edição do dia 02/10/2019, em que avisa o intuito da programação ao internauta:

> Na nossa opinião, você tem o direito de conhecer todos os lados dos fatos, a realidade completa dos acontecimentos, com todas as suas versões, pra você formar o seu juízo de valor. Uma imprensa que só mostra um lado da história vai gerar uma população caolha, que só enxerga pra esse lado. Isso não é bom nem pra você, nem pra sociedade, nem pro Brasil.[225]

O próprio Fernando Morais se encarrega de destacar a importância de uma "tradução", um contraponto à narrativa jornalística mais poderosa do oligopólio privado da mídia brasileira.

> O pequeno Nocaute está completando 3 anos de vida. E o gigante Jornal Nacional acaba de fazer 50 anos. Para celebrar os dois aniversários, estamos lançando um novo programa diário, ao vivo: o Nocaute no Jornal Nacional. Estreia nesta segunda (30), na hora que o Bonner disser "Boa Noite", entre no Nocaute. Lá estará o Chico Malfitani traduzindo o Jornal Nacional para você.[226]

O fundador do blog, que contava com 105 mil inscritos, justifica a escolha de um telejornal, e não um produto da mídia impressa para a análise, por ser mídia televisiva, tratar-se de uma concessão pública, uma propriedade social, portanto não de uma propriedade privada igual a um impresso como a *Folha de S. Paulo* ou *O Estado de S. Paulo*, por exemplo; e quanto à escolha de um produto da Globo, e não das outras emissoras: "Pela simples razão de que a Globo tem 117 repetidoras por todo o Brasil, o que faz com que o

---

[224] MALFITANI, C. NJN: 70 anos de China, comunismo ou capitalismo? *Nocaute*, [S.l.], 2 out. 2019. Disponível em: https://nocaute.blog.br/2019/10/02/njn-70-anos-de-china/. Acesso em: 2 out. 2019.

[225] *Ibid.*

[226] FERNANDO MORAIS APRESENTA O 'NOCAUTE NO JORNAL NACIONAL', ESTREIA NESTA SEGUNDA. NÃO PERCAM! [S.l.: s.n.], 29 set. 2019. 1 vídeo (2min 39s). Publicado pelo canal NOCAUTE – Blog do Fernando Morais. Disponível em: https://www.youtube.com/watch?v=OtdwNuSp6_E. Acesso em: 2 out. 2019.

Jornal Nacional fale todas as noites com 100 milhões de brasileiros. É essa hegemonia da Globo, é aí que reside o perigo".[227]

No *Nocaute – Blog do Fernando Morais*, encontrava-se a seção "Mídias recomendadas", que sintetiza de maneira ilustrativa a disposição de funcionamento midialivrista, uma vez que oferece ao visitante acesso ao material veiculado em vários outros sites e blogs, de maneira livre e colaborativa, de um tipo de comunicação que se propõe na horizontalidade, em rede, como projetos em busca de sustentabilidade financeira e independência editorial.

Figura 21 – *Nocaute*

Fonte: *Nocaute* (2019)

---

[227] *Ibid.*

Aos colegas jornalistas, um ato político

No dia posterior à liberação das conversas entre Lula e Dilma, por Sérgio Moro, com vasta e reiterada veiculação dos áudios, primeiro exibidos pela Globo, o jornalista Mário Magalhães escreveu em seu blog um texto cuja contundência muito ensina aos colegas jornalistas da grande imprensa que, sob os efeitos daquele célere afã, sentenciavam sobre a culpa dos líderes petistas no sentido de comporem uma manobra com o "termo de posse" do ex-presidente à Casa Civil tendo por objetivo resguardá-lo com o foro privilegiado de uma possível prisão. E ali classifica a decisão do então juiz federal como *Um ato político*. Aos tantos doutos apressados colegas jornalistas, uma fina ironia: "Ao contrário de tantos colegas jornalistas que se pronunciam como pós-graduados em direito penal e constitucional, não tive a oportunidade de assistir nem a uma mísera aula de introdução ao direito. Fica para a próxima encarnação".[228] E prossegue com um aceno a regras de apuração essenciais ao exercício do jornalismo opinativo.

> Por isso, enquanto não conhecer a opinião de quem de fato domina o assunto, com pareceres e abordagens plurais, não me sinto em condições de formar juízo sobre dois aspectos essenciais do imbroglio em curso: se a presidente Dilma Rousseff e o ex-presidente e agora ministro Lula tentaram obstruir a Justiça. E se o juiz Sérgio Moro agiu nos marcos da lei ao liberar a divulgação de interceptações telefônicas de conversas de Lula com quem, como Dilma, aquele magistrado não é autorizado a julgar.
> [...]
> Ignoro, reitero, se é correto ou não tal procedimento judicial. Mas é evidente que a liberação das gravações, antes de serem enviadas ao STF, agora o tribunal com atribuições para julgar Lula, teve o poder de um ato político.[229]

Magalhães avalia que o gesto de Moro, cuja repercussão articulada para ser bombástica, encurralou o governo e demostrou que "O maior adversário de Lula e Dilma não é Aécio Neves, Fernando Henrique Cardoso ou Jair Bolsonaro. É Moro, como nunca esteve tão claro",[230] que, com a atitude, reforçou sua condição de protagonista político.

---

[228] MAGALHÃES, M. Um ato político. *Mário Magalhães – UOL*, [S.l.], 17 mar. 2016. Disponível em: http://blogdomariomagalhaes.blogosfera.uol.com.br/2016/03/17/um-ato-politico/. Acesso em: 17 mar. 2016.

[229] *Ibid.*

[230] *Ibid.*

Dentre inúmeros pareceres de especialistas que se assomaram após a divulgação das conversas – se bem que, notadamente, pareceres desfavoráveis ao gesto de Moro ficassem ausentes das edições, sobretudo dos noticiários televisivos, possíveis de serem lidos e ouvidos quase que apenas nas veiculações dos sites progressistas –, o entendimento do Procurador do Estado de São Paulo, Márcio Sotelo Felippe, publicado quatro meses depois, contribui na formação de abordagens plurais, que possibilitem a formação de juízo, seja entre os colegas jornalistas, conforme reclamado por Mário Magalhães, seja entre a população que assistia a um espetáculo cobiçoso das convicções cristalizadas com o predomínio do discurso único. Além da análise dos procedimentos legais, oferece ao leitor contexto sobre *Os crimes de Moro contra Lula*. Dentre outros listados pelo Procurador, destacam-se, aqui, dois que são contemplados no decorrer desta pesquisa (a condução coercitiva do ex-presidente Lula, em 04/03/2016, que municiou os ânimos para as manifestações do dia 13 daquele mês; e a divulgação das gravações da conversa sobre o termo de posse, entre Lula e a então presidenta Dilma, no dia 16/03/2016).

> Concluído em primeira instância o "processo do tríplex", de fato constata-se que crimes foram cometidos. Os do juiz. Sobre os imputados ao réu nada se pode dizer.
> Trata-se de *lawfare*. A aniquilação de um personagem político pela via de mecanismos judiciais. A série de episódios grotescos que caracterizou a jurisdição nesse caso não deixa qualquer dúvida a respeito. Só o fato de o processo entrar para o imaginário social como um combate "Moro vs. Lula" evidencia o caráter teratológico da atuação do magistrado.
> [...]
> **Violação do sigilo telefônico**
> A Constituição de 1988 estabelece o sigilo das comunicações como direito e garantia fundamental no artigo 5º., inciso XII: "é inviolável o sigilo da correspondência e das comunicações telegráficas, de dados e das comunicações telefônicas, salvo, no último caso, por ordem judicial, nas hipóteses e na forma que a lei estabelecer para fins de investigação criminal ou instrução processual penal."
> Há duas condições para que se possa violar uma comunicação telefônica: (i) ordem judicial; (ii) para investigação criminal ou instrução criminal penal. A ressalva está regulamentada na Lei 9.296, de 24 de julho de 1996, que, em seu artigo 10, dispõe que "*constitui crime realizar interceptação de comunicações telefônicas, de informática ou telemática, ou quebrar*

segredo da Justiça, sem autorização judicial ou com objetivos não autorizados em lei". A pena prevista é de dois a quatro anos de reclusão e multa.

Moro havia determinado escutas telefônicas de linhas utilizadas pelo ex-presidente Lula. No dia 16 de março de 2016, às 11h13, suspendeu a medida e comunicou à Polícia Federal. O diálogo entre Lula e Dilma foi captado às 13:32hs, quando já não estava em vigor a medida. Moro recebeu a gravação e às 16:21hs é registrado o despacho em que levantou o sigilo e tornou pública a conversa entre a presidenta e o o ex-presidente, em seguida divulgada pela Rede Globo.

A conduta enquadra-se rigorosamente no que prevê como crime a Lei 9.296/96. A gravação já não estava mais coberta pela autorização judicial e não havia objetivo autorizado por lei. O dolo foi específico e completamente impregnado de interesse político. Lula havia sido nomeado ministro e tomaria posse no dia seguinte. A divulgação do áudio, naquele dia, por intermédio da Rede Globo, visou criar clima político para inviabilizar a investidura do ex-presidente. Moro utilizou-se criminosa e indignamente da toga para impor a Lula um revés político, tumultuar o país e criar clima para o *impeachment* da presidenta.

O ministro Teori Zavaski considerou patente a ilegalidade da divulgação da escuta. Neste caso a ilegalidade era evidentemente crime. O ministro, no entanto, absteve-se da conclusão, não só nesse momento, mas também, como seus pares, quando o assunto foi ao plenário do STF.

Abuso de autoridade

As hipóteses de condução coercitiva são taxativas no Código de Processo Penal. Pode ser determinada em dois casos, previstos nos artigos 218 e 260. Neste, quando o acusado não atender à intimação para o interrogatório. Naquele, quando a testemunha não atender à intimação.

Lula foi arrancado de sua casa ao alvorecer e levado ao aeroporto de Congonhas. O ex-presidente não era naquele momento (4 de março de 2016) réu e não havia sido intimado. Nunca houve uma explicação aceitável para ser conduzido ao aeroporto, dada a existência de múltiplas instalações da União na cidade de São Paulo em que poderia ser tomado o seu depoimento "sem tumulto" (explicação dada por Moro). Pesa a suspeita de que a ideia era conduzi-lo a Curitiba. Pretendia-se um espetáculo midiático (a imprensa fora avisada) com o perverso conteúdo de uma humilhação pública do ex-presidente. Lula foi privado por seis horas de sua liberdade. Tanto se tratou de violação à garantia constitucional da liberdade individual quanto de abuso de autoridade, como previsto no art. 4º, letra "a", da Lei 4.898, de 9 de dezembro de 1965: '*constitui também abuso de autoridade (...) ordenar ou executar medida privativa da liberdade individual, sem as formalidades legais ou com abuso de poder*".[231]

Como Moro contava sempre com cobertura a seu favor na grande mídia, que, no imaginário popular, o alçou a um "santo guerreiro combatendo o dragão da maldade", o então juiz, na opinião de Sotelo Felippe, participou de maneira consciente e deliberada no "golpe do *impeachment*". "A divulgação do áudio da conversa entre Lula e Dilma ilegalmente, entregue para a Rede Globo no dia imediatamente anterior à posse de Lula como ministro, não podia ter outro objetivo".[232] E conclui alertando o leitor de que o país não se encontra mais em uma democracia.

Sobre a divulgação do áudio, que levou as ruas à efervescência ainda naquele 16 de março, o jornal *Folha de São Paulo* veiculou matéria no dia seguinte *Sociedade deve fiscalizar "governantes que agem nas sombras", diz Moro* em que o então juiz responsável pelos processos da Lava Jato na primeira instância justificava seu ato.

> No despacho que tornou públicas as conversas do ex-presidente Luiz Inácio Lula da Silva, o juiz Sergio Moro afirmou que o "interesse público" impôs o fim da continuidade do sigilo sobre os grampos. Segundo ele, a publicidade sobre as conversas telefônicas do ex-presidente permitirá o "saudável escrutínio público" sobre a administração pública.
> "A democracia em uma sociedade livre exige que os governados saibam o que fazem os governantes, mesmo quando estes buscam agir protegidos pelas sombras", escreveu Moro.[233]

As palavras de Moro, diante daquelas circunstâncias, divulgadas em um veículo da grande imprensa, fortificam mais ainda no imaginário popular a imagem mítica do combatente anticorrupção, posto que, dessa forma, o "santo guerreiro", mais uma vez, agia legitimamente impelido pela nobre causa do "interesse público". Sua fala o alinha à missão de revelar aquilo que se operava nas sombras, em nome do "saudável escrutínio público". Pouco

---

[231] FELIPPE, M. S. Os crimes de Moro contra Lula. *DCM*, [S.l.], 22 jul. 2017. Disponível em: http://www.diariodocentrodomundo.com.br/os-crimes-de-moro-contra-lula/. Acesso em: 22 jul. 2017.

[232] *Ibid.*

[233] ROCHA, G. Sociedade deve fiscalizar 'governantes que agem nas sombras', diz Moro. *Folha de S. Paulo*, [S.l.], 17 mar. 2016. Disponível em: https://www1.folha.uol.com.br/poder/2016/03/1750813-sociedade-deve-fiscalizar-governantes-que-agem-nas-sombras-diz-moro.shtml. Acesso em: 17 mar. 2016.

mais de um ano depois, as imagens de capa das duas semanais,[234] antecedendo o dia em que o ex-presidente estaria frente a frente com o então magistrado que confrontaria as engrenagens da penumbra para a nação, ilustram o que sentencia Sotelo Felippe acerca do *lawfare*. "A aniquilação de um personagem político pela via de mecanismos judiciais. [...] Só o fato de o processo entrar para o imaginário social como um combate 'Moro vs. Lula' evidencia o caráter teratológico da atuação do magistrado".[235] Toda a narrativa, óbvio, com roteiro novelizado e exibida em série.

Os senhores da lei

Professor da Faculdade de Direito da Universidade Federal Fluminense (UFF), Rogério Dutra dos Santos escreve o artigo *Os senhores da lei: fundamentos e funções da "Operação Lava-Jato"* – cujas reflexões derivam do acompanhamento da Operação desde seu início, em 2014 –, que integra a obra *A resistência ao golpe de 2016*, em que analisa a força-tarefa como elemento primordial do cenário que levou à consolidação do que denomina golpe.

Fundada no instituto da delação premiada, "[...] a Operação apresentou à mídia nacional um intrincado esquema de propinas e financiamento ilegal de campanhas eleitorais (o chamado caixa dois), envolvendo empreiteiras da construção civil, diretores da PETROBRÁS e políticos de vários partidos".[236] Santos a classifica como uma ameaça à democracia, para quem

> A força tarefa da lava-jato tomou dimensões de um quarto poder no Brasil, surfando na onda do "combate à corrupção" e legitimada pelos meios de comunicação de massa, estes claramente articulados em oposição política ao primeiro governo Dilma Rousseff, no ano de sua apertada e dramática eleição.[237]

Apesar dos números prodigiosos apresentados, que levaram o juiz e procuradores a serem alçados à condição de heróis nacionais, sua efetividade se mostrou bastante seletiva. "Curiosamente, embora um sem número de agentes políticos ligados aos partidos de oposição ao governo tenham sido delatados ou mesmo aparecido em listas apreendidas em investigações, a maioria abso-

---

[234] *IstoÉ*, na edição 2.473, de 5 de maio de 2017, trazia na capa "Moro vs Lula - Ajuste de contas"; *Veja*, por sua vez, na edição 2.529, de 10 de maio de 2017, estampava "O primeiro encontro cara a cara – Moro X Lula".

[235] FELIPPE, 2017.

[236] SANTOS, R. D. dos. "Os senhores da lei: fundamentos e funções da 'Operação Lava-Jato'". *In*: PRONER, C. *et al.* (org.). *A resistência ao golpe de 2016*. Bauru: Canal 6, 2016. p. 355.

[237] *Ibid.*, p. 355-356.

luta dos indiciados e presos têm ligação com o governo".[238] Um exemplo é a lista apreendida de Furnas[239] (empresa de energia elétrica do Estado de Minas Gerais), ainda no mandato de Fernando Henrique Cardoso, que indicava a existência de propina para as suas principais lideranças, como José Serra, Aécio Neves e Geraldo Alckmin, estes do PSDB. "Delatores na Lava-Jato indicaram recentemente que o esquema de propina de Furnas continuou sendo operado até o governo Lula por Aécio Neves, sem que isto tenha gerado qualquer ação repressiva ou de investigação por parte da 'força-tarefa'".[240]

Sob um exame atento, o autor afirma que os principais instrumentos da Operação são ou ilegais, ou inconstitucionais, ou implementados de forma seletiva. Na sua estrutura, por exemplo, em forma de "força-tarefa", o fato de policiais federais procuradores e de juiz criminal estarem operando em conjunto viola a Constituição Federal, ou seja, as funções de investigação, acusação e julgamento acabam fundidas. E outro conjunto de problemas provém dos "vazamentos" seletivos das delações ou de informações que deveriam decorrer em segredo de justiça, todavia acabam parando nos meios de comunicação, como forma de conferir legitimidade política à atuação da força-tarefa.

> Esta articulação sistemática e "secreta" entre a "força-tarefa" ou alguns de seus agentes e os meios de comunicação tem produzido dois efeitos: a) o de antecipar a criminalização de indivíduos sem que haja acusação formal ou sentença condenatória – numa espécie de antecipação "midiática" da culpa; e b) o de "blindar" a operação perante a opinião pública, ciando uma aura de mística moralidade em torno de seus principais personagens.[241]

Uma das personagens, àquela época, em 2016, o procurador Deltan Dallagnol, realizava palestras pelo país (conforme mais tarde mostrariam as divulgações da Vaza Jato) enaltecendo o viés de "[...] cruzada religiosa de sua atuação bem como uma reforma completa na legislação nacional com o objetivo de eliminar garantias processuais e direitos fundamentais para 'facilitar' a criminalização de corruptos (as chamadas 'Dez medidas contra a corrupção')".[242]

---

[238] *Ibid.*, p. 356.

[239] O *Diário do Centro do Mundo* lançou, em fevereiro de 2016, o documentário sobre a Lista de Furnas, em um projeto de *crowdfunding*, ou seja, realizado a partir de contribuições dos leitores, com direção de Max Alvim e reportagens de Joaquim de Carvalho.
A Lista de Furnas
Disponível em: https://www.diariodocentrodomundo.com.br/o-dcm-apresenta-seu-novo-documentario-a--lista-de-furnas/. Acesso em: 17 mar. 2016.

[240] SANTOS, 2016, p. 356.

[241] *Ibid.*, p. 357.

[242] *Ibid.*, p. 357.

Outra constatação do autor se refere ao fato de tanto o juiz quanto os procuradores jamais serem questionados acerca dos vazamentos, nem por outras atitudes à margem da magistratura ou da legislação, ou mesmo pelos "prêmios recebidos com regozijo em cadeia nacional de tv".[243] (Como nos dois eventos registrados nas imagens a seguir, dentre tantos outros em que Moro foi laureado, com a necessária repercussão na imprensa tradicional, e que, igualmente, ganhou seu contraponto. A tarefa de buscar tal crítica coube às publicações nos novos meios de comunicação, na internet.) "Eles são celebrados, considerados representantes da elite sã, combatentes da diferença e exterminadores da barbárie".[244] Bem ao gosto dos incautos.

Figura 22 – O juiz Sérgio Moro recebe o Prêmio Faz Diferença como Personalidade do Ano do vice-presidente do Grupo Globo, João Roberto Marinho, e do Diretor de Redação de *O Globo*, Ascânio Seleme. 18 mar. 2015.

Fonte: Foto: Pablo Jacob/Agência O Globo

Figura 23 – Cerimônia de premiação "Brasileiros do Ano", promovida pela revista *Istoé*, em São Paulo. 6 dez. 2016.

Fonte: Diego Padgurschi/Folhapress

---

[243] *Ibid.*, p. 364.
[244] *Ibid.*, p. 364.

No panteão dos escolhidos

Com seus expoentes ungidos pela opinião pública, graças ao trabalho propulsor da grande imprensa, a força-tarefa da Lava Jato foi alçada ao panteão reservado àqueles que, conforme se dizia serem os anseios das ruas, desbaratariam os corruptos num resgate, enfim, da moralidade no país. Esse conluio, não obstante, com a bandeira empunhada do antipetismo, contribuiu demasiado com o esgarçamento da confiança do brasileiro na classe política e nos partidos, com efeito sísmico para o sistema de representação, e levou à ascensão, nas eleições majoritárias de 2018, um candidato improvável.

Significativos do deslumbre mítico no qual se empaparam alguns desses benfeitores, são os trechos de diálogos entre o procurador da República Deltan Dallagnol e colegas no aplicativo Telegram, em maio de 2016, conforme revelados pela Vaza Jato. Neles, o coordenador da força-tarefa chega a sugerir a criação de um monumento, um "marco visual", em homenagem à Operação da Lava Jato. Reportagem de 21 de agosto de 2019 (*Deltan idealizou monumento à Lava Jato, mas Moro previu crítica à 'soberba'*), publicada pelo jornal *Folha de S. Paulo* em parceria com o *The Intercept Brasil*, assinala o entusiasmo do procurador, cujo projeto visava a estratégias de marketing.

> "A minha primeira ideia é esta: Algo como dois pilares derrubados e um de pé, que deveriam sustentar uma base do país que está inclinada, derrubada. O pilar de pé simbolizando as instituições da justiça. Os dois derrubados simbolizando sistema político e sistema de justiça..."
> O plano foi levado pelo procurador, que é chefe da força-tarefa, a Moro. Deltan esperava obter apoio do magistrado para colocar a peça na praça em frente à sede da Justiça Federal, que já virara local de atos em apoio à Lava Jato.
> Citou a possibilidade de um concurso de escultura "que simbolize o fato de que a lava-jato é um avanço, mas precisamos avançar com reformas, como a reforma do sistema de justiça e do sistema político".
> "Isso virará marco na cidade, ponto turístico, pano de fundo de reportagens e ajudará todos a lembrar que é preciso ir além... Posso contar com seu apoio?", questionou.
> Moro, em conversa no aplicativo, transpareceu contrariedade: "Não é melhor esperar acabar?".[245]

---

[245] BÄCHTOLD, F.; BIANCHI, P. Deltan idealizou monumento à Lava Jato, mas Moro previu crítica à 'soberba'. *Folha de S. Paulo*, [S.l.], 21 ago. 2019. Disponível em: https://www1.folha.uol.com.br/poder/2019/08/deltan-idealizou-monumento-a-lava-jato-mas-moro-previu-critica-a-soberba.shtml. Acesso em: 16 set. 2019.

O constructo, como se sabe, não chegou a ser edificado, no entanto, é possível apreender do episódio a afinidade das ações da Operação com a sua divulgação positiva na imprensa, conforme vazamento anterior, revelado pelo jornalista Reinaldo Azevedo, na BandNews,[246] em que o procurador, em conversa também em 2016, pede a Sérgio Moro apoio financeiro (dinheiro da 13.ª Vara Federal de Curitiba) para custear a produção de um vídeo em apoio ao controverso Projeto de Lei PL 4.850/2016, que reúne "As Dez Medidas de Combate à Corrupção", bandeira dos procuradores da força-tarefa àquela época, para ser veiculado na TV Globo.[247]

---

[246] **Deltan pede, e Moro topa, dinheiro da 13ª Vara para campanha publicitária**
Reinaldo Azevedo 15/07/2019 18h47
Por Reinaldo Azevedo, deste blog e do programa "O É da Coisa", e Leandro Demori, do site The Intercept Brasil: Diálogos inéditos mantidos entre o então juiz Sergio Moro e o procurador Deltan Dallagnol — oficialmente ao menos, coordenador da Lava Jato — evidenciam que nunca existiu uma distinção entre a atuação do magistrado, a dos procuradores da força-tarefa e, pasmem!, a da própria Polícia Federal. As conversas revelam que a promiscuidade era de tal sorte que não poupava nem mesmo recursos — dinheiro! — recolhidos à 13ª Vara Federal de Curitiba, onde Moro se comportava, vê-se agora, não como juiz, mas como imperador absolutista. Moro — aquele que deveria, quando magistrado, ter recebido os elementos dos autos para, então, ouvir com igual atenção os argumentos da acusação e da defesa para formar o seu convencimento — participava do planejamento das operações.
Os diálogos ora divulgados integram arquivos — mensagens de texto, gravações em áudio, vídeos, fotos, documentos judiciais e outros itens — enviados por uma fonte anônima ao site The Intercept Brasil. Eles vêm sendo publicados pelo próprio TIB, pela Folha, pela Veja e por este blog, em divulgação simultânea com o programa "O É da Coisa", da BandNews FM.
[...]
No dia 16 de janeiro de 2016, Deltan envia uma mensagem a Moro com um pedido realmente inusitado. Segue o diálogo, conforme o original:
13:32:56 Deltan – Vc acha que seria possível a destinação de valores da Vara, daqueles mais antigos, se estiverem disponíveis, para um vídeo contra a corrupção, pelas 10 medidas, que será veiculado na globo?? A produtora está cobrando apenas custos de terceiros, o que daria uns 38 mil. Se achar ruim em algum aspecto, há alternativas que estamos avaliando, como crowdfunding e cotização entre as pessoas envolvidas na campanha.
13:32:56: Deltan – Segue o roteiro e o orçamento, caso queria [buscou escrever "queira"] olhar. O roteiro sofrerá alguma alteração ainda
13:32:56: Deltan – Avalie de modo absolutamente livre e se achar que pode de qq modo arranhar a imagem da LJ de alguma forma, nem nós queremos
13:35:00: Deltan – pdf
13:35:28: Deltan – pdf.
No dia seguinte, 17 de janeiro de 2016, Moro responde:
10:20:56 Moro – Se for so uns 38 mil achi [quis escrever "acho"] que é possível. Deixe ver na terça e te respondo.
NOTA DA REDAÇÃO:
– A sequência de mensagens de Deltan Dallagnol tem a mesma hora de envio porque retransmitidas ao mesmo tempo de um outro grupo ou interlocutor para Sergio Moro.
– Vejam em outro post os arquivos de PDF enviados pelo procurador para aprovação prévia do então juiz.
[...]
AZEVEDO, R. Deltan pede, e Moro topa, dinheiro da 13ª Vara para campanha publicitária. *Reinaldo Azevedo – UOL*, [S.l.], 15 jul. 2019. Disponível em: https://reinaldoazevedo.blogosfera.uol.com.br/2019/07/15/deltan-pede-e-moro-topa-dinheiro-da-13o-vara-para-campanha-publicitaria/. Acesso em: 16 set. 2019.
[247] [...]
As tais 10 medidas, que chegaram ao Congresso na forma de uma emenda de iniciativa popular, saíram da cabeça de Deltan e amigos, como é público e notório.

Sobre os planos de Dallagnol de erguer tal monumento, é expressivo o desfecho do artigo de opinião no *The Intercept Brasil*, sob o título *O casamento de conveniência de Bolsonaro e Lava Jato: combate à corrupção era fachada*,[248] que sentencia: "Nos seus sonhos, a escultura seria formada por dois pilares caídos e um em pé. O em pé simbolizaria a Lava Jato, enquanto os caídos representariam o sistema político e o de justiça. Ficou faltando um outro pilar em pé: o do bolsonarismo".[249] No texto, o jornalista João Filho analisa "a crise no casamento entre bolsonaristas e lavajatistas", devido ao esvaziamento dos poderes concedidos ao ex-juiz, que assumiu o Ministério da Justiça e Segurança Pública (mesmo após suas decisões, ainda como magistrado, terem interferido nos rumos das eleições), com o status de superministro, e lança mão de trecho de entrevista a outro veículo em que o procurador-chefe da força-tarefa avalia:

> *"O presidente Jair Bolsonaro, ao longo da campanha eleitoral, se apropriou de uma pauta anticorrupção. (...) Agora, o que nós vemos é que ele vem se distanciando desta pauta de quando coloca em segundo plano o projeto anticrime do juiz federal Sergio Moro. Ele coloca em segundo plano quando ele faz mudanças no Coaf e desprestigia o auditor da Receita Federal Roberto Leonel, que trabalhou na Lava Jato".[250]*

Se durante a campanha eleitoral de 2018 bolsonarismo e lavajatismo se fortaleceram mutuamente, aquele se apossando do mantra anticorrupção, este, com o temor de uma eventual vitória petista, conforme se verifica em outros vazamentos,[251] acaba por ser partícipe incontestável da chegada de Jair Bolsonaro ao poder.

E, como se lê acima, ele não teve dúvida: resolveu avançar no cofre da 13ª Vara Federal de Curitiba, com o que concordou Sergio Moro.

Se ainda não ficou claro: o então juiz estava dizendo "sim" a um pedido para usar, de modo ilegal, recursos sob a guarda da 13ª Vara Federal de Curitiba. "Ah, mas era para uma campanha contra a corrupção!" E daí? A função de um juiz é aplicar a lei, não burlá-la.

Cumpre lembrar, adicionalmente, que ao menos quatro das dez medidas eram francamente fascistoides:
– virtual abolição do habeas corpus;
– ampliação absurda das possibilidades de prisão preventiva;
– teste de honestidade aplicado a servidores;
– admissão em juízo de provas ilegais — desde que colhidas de boa-fé... [...]
Ibid.

[248] FILHO, J. O casamento de conveniência de Bolsonaro e Lava Jato: combate à corrupção era fachada. *Intercept Brasil*, [S.l.], 1 set. 2019. Disponível em: https://theintercept.com/2019/09/01/lava-jato-bolsonarismo-alianca--corrupcao/. Acesso em: 1 set. 2019.

[249] *Ibid.*

[250] Entrevista exclusiva à *Gazeta do Povo*, 23/08/2019. Disponível em: https://www.gazetadopovo.com.br/republica/deltan-dallagnol-ameacas-lava-jato-entrevista-gazeta-do-povo/. Acesso em: 16 set. 2019.

[251] Conforme a parte 2 da primeira série de reportagens no *The Intercept Brasil*, assinada por Glenn Greenwald e Victor Pougy (09/06/2019), no que se convencionou nomear "Vaza Jato".

Figura 24 – Mafiosos!!!

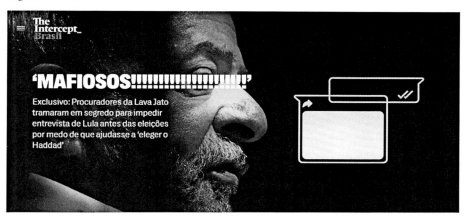

Fonte: *The Intercept Brasil*

O homem que abalou a política nacional

A situação de aliança que se estabeleceu entre setores da grande imprensa e a força-tarefa, sobretudo pelo superdimensionamento da figura de Sérgio Moro, chega a ponto de o então juiz se manifestar na condição de poder moderador, interventor imbuído da missão messiânica de censura prévia quando confrontado em episódio isolado que tangenciou a unanimidade da qual se comprazia na profusão de publicações – a edificação do heroico combatente da corrupção era uma invariável nos veículos pertencentes às principais empresas de comunicação do país desde o início da

---

Sob o título: *'MAFIOSOS!!!!!!!!!!!!!!!!!!!!'*, anunciava-se: Exclusivo: Procuradores da Lava Jato tramaram em segredo para impedir entrevista de Lula antes das eleições por medo de que ajudasse a 'eleger o Haddad'.
O texto assim se apresentava ao leitor:
Um extenso lote de arquivos secretos revela que os procuradores da Lava Jato, que passaram anos insistindo que são apolíticos, tramaram para impedir que o Partido dos Trabalhadores, o PT, ganhasse a eleição presidencial de 2018, bloqueando ou enfraquecendo uma entrevista pré-eleitoral com Lula com o objetivo explícito de afetar o resultado da eleição.
Os arquivos, a que o **Intercept** teve acesso com exclusividade, contêm, entre outras coisas, mensagens privadas e de grupos da força-tarefa no aplicativo Telegram. Neles, os procuradores da força-tarefa em Curitiba, liderados por Deltan Dallagnol, discutiram formas de inviabilizar uma entrevista do ex-presidente Luiz Inácio Lula da Silva à colunista da Folha de S. Paulo Mônica Bergamo, autorizada pelo ministro do Supremo Tribunal Federal Ricardo Lewandowski porque, em suas palavras, ela "pode eleger o Haddad" ou permitir a "volta do PT" ao poder. [...]
GREENWALD, G.; POUGY, V. *'MAFIOSOS!!!!!!!!!!!!!!!!!!!!'* Exclusivo: Procuradores da Lava Jato tramaram em segredo para impedir entrevista de Lula antes das eleições por medo de que ajudasse a 'eleger o Haddad'. *Intercept Brasil*, [S.l.], 9 jun. 2019. Disponível em: https://theintercept.com/2019/06/09/procuradores-tramaram-impedir-entrevista-lula/. Acesso em: 9 jun. 2019.

Operação Lava Jato, em 2014. Tão sacramentada estava que não se viu por parte desses veículos uma única nota que acenasse freios e contrapesos à reação, sem muito esforço, poderia ser identificada como autoritária.

Quando o físico e professor emérito da Unicamp Rogério Cezar de Cerqueira Leite escreveu artigo na *Folha de S. Paulo* (11/10/2016) em que traçava uma comparação entre Moro e o frei dominicano Girolamo Savonarola,[252] "representante tardio do puritanismo medieval", sob o título *Desvendando Moro*, o baluarte da Lava Jato, contrariado, replicou. O texto centrava na parcialidade do então juiz de Curitiba e alertava para a constatação de que suas ações estavam a serviço das classes dominantes.

> [...] a história tem muitos exemplos de justiceiros messiânicos como o juiz Sergio Moro e seus sequazes da Promotoria Pública.
>
> [...]
>
> Educado por seu avô, empedernido moralista, o jovem Savonarola agiganta-se contra a corrupção da aristocracia e da igreja. Para ele ter existido era absolutamente necessário o campo fértil da corrupção que permeou o início do Renascimento.
>
> Imaginem só como Moro seria terrivelmente infeliz se não existisse corrupção para ser combatida.
>
> [...]
>
> É preciso, portanto, adicionar um outro componente à constituição da personalidade de Moro -o sentimento aristocrático, isto é, a sensação, inconsciente por vezes, de que se é superior ao resto da humanidade e de que lhe é destinado um lugar de dominância sobre os demais, o que poderíamos chamar de «síndrome do escolhido».
>
> Essa convicção tem como consequência inexorável o postulado de que o plebeu que chega a status sociais elevados é um usurpador. Lula é um usurpador e, portanto, precisa ser caçado. O PT no poder está usurpando o legítimo poder da aristocracia, ou melhor, do PSDB.
>
> A corrupção é quase que apenas um pretexto. Moro não percebe, em seu esquema fanático, que a sua justiça não é muito mais que intolerância moralista.[253]

---

[252] Girolamo Savonarola (1452-1498), frei dominicano e fanático puritano obcecado com a corrupção florentina nos anos do Renascimento, abalou o poder dos Médici em Florença e tornou-se ditador moral da cidade onde criou um modelo de estado cristão, cujo maior emblema era a chamada Fogueira das Vaidades. Excomungado pelo papa Borgia, Alexandre VI, foi preso pelas autoridades de Florença, enforcado e queimado.

[253] LEITE, R. C. de C. Desvendando Moro. *Folha de S. Paulo*, [S.l.], 11 out. 2016. Disponível em: http://www1.folha.uol.com.br/opiniao/2016/10/1821713-desvendando-moro.shtml. Acesso em: 12 out. 2016.

O artigo recebeu reprovação do então juiz, em publicação do dia seguinte na seção "Painel do leitor", do mesmo veículo. *Juiz Sergio Moro diz que artigo veicula "preconceito e rancor"* traz seu descontentamento pelo fato de, segundo avalia, o jornal ter concedido espaço "a publicação de opiniões panfletárias-partidárias".

> LAVA JATO
> Lamentável que um respeitado jornal como a Folha conceda espaço para a publicação de artigo como o "Desvendando Moro", e mais ainda surpreendente que o autor do artigo seja membro do Conselho Editorial da publicação. Sem qualquer base empírica, o autor desfila estereótipos e rancor contra os trabalhos judiciais na assim denominada Operação Lava Jato, realizando equiparações inapropriadas com fanático religioso e chegando a sugerir atos de violência contra o ora magistrado. A essa altura, salvo por cegueira ideológica, parece claro que o objeto dos processos em curso consiste em crimes de corrupção e não de opinião. Embora críticas a qualquer autoridade pública sejam bem-vindas e ainda que seja importante manter um ambiente pluralista, a publicação de opiniões panfletárias-partidárias e que veiculam somente preconceito e rancor, sem qualquer base factual, deveriam ser evitadas, ainda mais por jornais com a tradição e a história da Folha.
> SERGIO FERNANDO MORO, juiz federal (Curitiba, PR)[254]

Tanto o texto de Cerqueira Leite quanto, e sobretudo, a carta de Moro provocaram controvérsias em inúmeros comentários. Os sites progressistas repercutiram vários artigos de opinião acerca da desaprovação do então magistrado ante a crítica que recebeu e ante sua atitude, interpretada pelos articulistas como sendo proposta de censura ao estabelecer, sob seus parâmetros, o tipo de opinião que deveria ou não ser veiculado "ainda mais por jornais com a tradição e a história da Folha". O fundador e diretor editorial do *Diário do Centro do Mundo*, Paulo Nogueira, escreveu sobre *A fabulosa carta de Moro para a Folha*, em que compara seu comportamento ao de uma "criança contrariada". "O texto, do cientista Rogério Cesar de Cerqueira Leite, não traz nada que sites independentes não publiquem regularmente. O que doeu em Moro foi vê-lo na Folha. Mais ainda, incomodou-o saber que Cerqueira Leite é integrante do Conselho Editorial da Folha".[255] E assevera, incluindo comentário acerca do funcionamento hierárquico de um grande jornal.

---

[254] JUIZ Sergio Moro diz que artigo veicula 'preconceito e rancor'. *Folha de S. Paulo*, [S.l.], 12 out. 2016. Disponível em: http://www1.folha.uol.com.br/paineldoleitor/2016/10/1822068-juiz-sergio-moro-diz-que-artigo-veicula-preconceito-e-rancor.shtml. Acesso em: 12 out. 2016.

[255] NOGUEIRA, P. A fabulosa carta de Moro para a Folha. *DCM*, [S.l.], 12 out. 2016. Disponível em: http://www.diariodocentrodomundo.com.br/a-fabulosa-carta-de-moro-para-a-folha-por-paulo-nogueira/. Acesso em: 12 out. 2016.

Um detalhe curioso do caso é que Moro deixou claro que se impressionou pelo fato de Cerqueira Leite ser do Conselho da Folha. Aí se revela sua ignorância sobre o funcionamento das empresas jornalísticas. Conselhos Editoriais são inoperantes. Não decidem nada, não mudam nada. Os conselheiros reúnem-se raramente por motivos muito mais sociais que editoriais. Todas as questões realmente relevantes são decididas pelos donos, pelos barões. Moro certamente esteve mais vezes com Otávio Frias, o dono do jornal, do que Cerqueira Leite ou qualquer outro conselheiro.

Moro demonstrou que não se interessa por opiniões diferentes das trazidas pela Globo, ou Abril, ou pela própria Folha — descontado o ponto fora da curva de Cerqueira Leite.[256]

No mesmo *DCM*, Kiko Nogueira questiona o inconformismo de Moro diante da metáfora com o fanático religioso. "No texto, Cerqueira Leite alerta o magistrado de que 'o destino dos moralistas fanáticos é a fogueira. Só vai vosmecê sobreviver enquanto Lula e o PT estiverem vivos e atuantes'".[257] O jornalista recorre a um breve perfil do "ditador moral da cidade de Florença", segundo o historiador Richard Cavendish, para então deixar em perspectiva as razões de tal dissabor, sob o questionamento *Por que a comparação com Savonarola irritou tanto Sérgio Moro?*[258]

Nas edições seguintes do jornal que originou o artigo, a tréplica veio na página do mesmo "Painel do leitor", no dia 15.

Respondo aqui ao juiz Sergio Moro, embora ele não tenha se rebaixado a responder a um simples plebeu, preferindo incitar a Folha a censurar meus artigos (Painel do Leitor, 12/10). Acusa-me o juiz de promover atos de violência. O fogo a que me refiro é o fogo da história. Intelectos condicionados por princípios de intolerância não percebem a diferença entre metáforas e ações concretas. O juiz ainda se esquiva de responder à principal acusação que lhe faço, a de que é absolutamente parcial e está a serviço das classes dominantes. Rogério Cezar de Cerqueira Leite, professor emérito de física da Unicamp (Campinas-SP).[259]

---

[256] *Ibid.*

[257] NOGUEIRA, K. Por que a comparação com Savonarola irritou tanto Sérgio Moro? *DCM*, [S.l.], 13 out. 2016. Disponível em: http://www.diariodocentrodomundo.com.br/por-que-a-comparacao-com-savonarola-irritou--tanto-sergio-moro-por-kiko-nogueira/. Acesso em: 13 out. 2016.

[258] *Ibid.*

[259] FOLHA DE S. PAULO. Painel do Leitor. São Paulo, 15 out. 2016, p. A3.

Num parecer favorável ao "ponto fora da curva de Cerqueira Leite", na mesma *Folha de S. Paulo*, no dia 16, o colunista Elio Gaspari endossa as críticas. "Não foi uma carta, mas uma sentença. Moro tem todo o direito de achar que o professor atacou-o com 'estereótipos e rancor', mas foi com estereótipos e rancor que respondeu".[260] E constata na reação de Moro aspecto que leva o leitor a intuir ser o intelecto do então "'ora' magistrado" condicionado por princípios de intolerância: "Cerqueira Leite fez um paralelo histórico e Moro não discutiu uma só vírgula do artigo. Lamentou que o jornal publique coisas desse tipo e, pior, que mantenha o professor no seu conselho editorial".[261] E, ainda, sobre a "síndrome do escolhido" conforme o veredito: "Despediu-se ensinando: 'A publicação de opiniões panfletárias-partidárias [...] deveriam ser evitadas'. Como? Savonarola publicava seus sermões e queimava os dos outros".[262] E, por fim, advoga: "A contrariedade de Moro produziu uma surpresa: há algo de Savonarola no seu sistema".[263]

Apropriadas, aqui, algumas considerações enviesadas em torno das origens que moldaram o juiz que se tornou ministro – numa narrativa, herói; noutra justiceiro, conforme o ponto de vista a que a polarização se inclina –, tarefa que implica o período agudo culminante na destituição de Dilma Rousseff do poder e no posterior impedimento de Luiz Inácio Lula da Silva ao pleito presidencial em 2018, tendo por desfecho o triunfo de Jair Bolsonaro ao Planalto.

O jornalista Renan Antunes, no início de 2016, antes, portanto, de dois momentos culminantes das ações do homem que abalou a política nacional (condução coercitiva de Lula; e vazamento das conversas entre ele e Dilma), já se dedicava, com sua equipe, a traçar um longo perfil do magistrado. *Retrato do juiz Sérgio Moro quando jovem*, postado no *Diário do Centro do Mundo*, no dia 16 de janeiro daquele ano. Logo de início, revela os procedimentos e os objetivos.

> Para fazer um perfil do juiz Sérgio Moro destaquei dois repórteres durante 70 dias, entre julho, agosto e outubro. Nós percorremos Maringá, Ponta Grossa e Curitiba entre-

---

[260] GASPARI, E. Contrariedade de Moro revela que há algo de Savonarola no seu sistema. *Folha de S. Paulo*, [S.l.], 16 out. 2016. Disponível em: http://www1.folha.uol.com.br/colunas/eliogaspari/2016/10/1823204-contrarie-dade-de-moro-revela-que-ha-algo-de-savonarola-no-seu-sistema.shtml. Acesso em: 16 out. 2016.

[261] *Ibid.*

[262] *Ibid.*

[263] *Ibid.*

> vistando amigos e familiares: tudo olho no olho, nada de
> email ou papo por telefone.
> [...]
> O objetivo da reportagem era identificar as origens familia-
> res, apurar quais experiências de vida moldaram o homem
> sob a toga – e se possível, qual a orientação política dele, já
> que suas sentenças, todas supostamente técnicas, abalaram
> a política nacional.[264]

Antunes relata que há uma aura de silêncio envolvendo a vida privada de Moro, percebida na dificuldade de conseguir que pessoas do seu entorno falem sobre ele. "Amigos e familiares admitiram estar orientados para manter silêncio. Aqueles que falam qualquer coisinha recebem broncas".[265] Avesso a entrevistas, Moro se recusou a falar com a equipe. "Moro diz que costuma falar nos autos, isto é, através das sentenças. Outra razão pela qual ele não fala pode ser explicada pela mãe. Dona Odete disse que 'ele tem uns amigos jornalistas na Folha, na Veja e no Globo para quem dá entrevistas quando quer'".[266]

A contranarrativa reservada ao herói nacional, laureado pela grande imprensa prócer do combate à corrupção (e a corruptos), que imanava pujante preferencialmente nos dutos de propinas petistas, assim traça um retrato do juiz quando jovem.

> Por todos os relatos a personalidade de Sérgio Fernando Moro
> foi moldada pela carolice da mãe e pelo jeitão autoritário do
> pai, professores pioneiros em Maringá, cidade fundada em
> 1950 nos grotões do Paraná.
> [...]
> A visão dele do mundo também foi muito influenciada por
> viver num ambiente irreal: nasceu em berço de ouro, passou
> a adolescência sem contestar a ditadura e cresceu numa
> cidade que era uma ilha de excelência se comparada ao resto
> do Brasil.
> A Maringá da época do menino Sérgio foi planejada por
> arquitetos, financiada por ingleses e construída por um banco
> paulista, hoje absorvido pelo Bradesco. Foi a cidade mais
> limpa e mais segura do Brasil (com menos violência do que
> Amsterdã), e a mais arborizada do mundo.

---

[264] ANTUNES, R. Retrato do juiz Sérgio Moro quando jovem. *DCM*, [S.l.], 16 jan. 2016. Disponível em: http://www.diariodocentrodomundo.com.br/retrato-do-juiz-sergio-moro-quando-jovem-por-renan-antunes-de-oliveira/. Acesso em: 27 dez. 2016.

[265] *Ibid.*

[266] *Ibid.*

[...]
> Seus amigos eram como ele e seus pais: 76% dos habitantes de Maringá são brancos, a maioria descendente de alemães e italianos.[267]

Nascido em 1972, filho dos professores – profissão que àquela época conferia status e bons salários naquela Maringá –, Odete, de origem alemã, e Dalton Áureo Moro (1934-2005), descendente de imigrantes italianos, a personalidade do juiz, conforme relatos, se constituiu, sobretudo, de maneira bastante influenciada pela figura do pai.

> O pai do juiz se dizia apolítico. Ele viveu os melhores anos de sua carreira durante a ditadura, período em que os amigos o descreveram como "conformado", "protegido" e "satisfeito".
> [...]
> O ex-aluno e depois colega de magistério Elpídio Serra era amigo íntimo de Dalton: "Foi um homem muito sério, cumpridor de seus deveres", disse.
> Serra conhece o hoje juiz como "Serginho". E diz que seu Serginho "é o espelho do pai: Dalton não era direita nem esquerda, mas sério. Dizia que 'se está escrito não vou afrontar'. Ele não gostava de inovar. Era metódico e legalista, seguia os regulamentos".
> [...]
> O ex-aluno acha que "Dalton passou isto (este nível de exigências) pro Serginho. Passou conceitos de moral, de bons costumes. Serginho é Dalton Moro no passado. Uma réplica".
> Serra enfrentou problemas com a ditadura quando atuava como jornalista e opina sobre o ex-professor: "Dalton, pela maneira de ser, pelos atos, não era um contestador, apenas seguia as normas. Eu nunca vi, enquanto aluno e depois como colega, o Moro dizer qualquer coisa contra o regime militar".
> Na abertura política, Dalton participou da fundação do PSDB, ajudando a eleger ex-arenistas. Impossível saber se ele fez a cabeça do filho, então com 16 anos – só Sérgio Moro sabe quais foram os conselhos que recebeu do pai.[268]

No epílogo da carreira como magistrado, e prestes a estrear no mundo da política, sem a toga, a edição brasileira do jornal *El País* publicou editorial, em 04/11/2018, sob o título revelador *Moro tira a máscara*, logo após o anúncio de que assumiria o cargo de futuro ministro no governo que se

---

[267] *Ibid.*

[268] *Ibid.*

formava, cuja chamada "A decisão do juiz de ser ministro de Bolsonaro macula retroativamente suas decisões sobre Lula e o PT"[269] já proferia o veredito.

A decisão de Sérgio Moro de aceitar a pasta da Justiça no futuro governo do ultradireitista Jair Bolsonaro exige uma análise retrospectiva de suas ações, exame do qual o superjuiz, percebido como o paladino nacional da lei no Brasil nos últimos anos, não sai ileso. Sua elevação ao status de herói da justiça começou em 2014, quando suas investigações sobre a corrupção na Petrobras abalaram a política nacional ao prender dezenas de executivos, empresários e políticos, entre eles o ex-presidente Luiz Inácio Lula da Silva. O presidente eleito, Jair Bolsonaro, pode ter marcado um gol notável entre seus eleitores. Mas Moro maculou sua carreira e fez um débil favor à Justiça ao aceitar o cargo de ministro.

[...]

Moro sempre negou que tivesse motivações diferentes das do direito e da lei, ou intenções de deixar a magistratura para passar diretamente à política. "Jamais, jamais. Sou um homem da justiça e, sem querer criticar, não sou um homem da política", declarou ao jornal O Estado de S. Paulo há dois anos, em sua primeira entrevista como instrutor do caso Lava Jato. Já faz tempo, no entanto, que só os mais incautos acreditavam nisso de pés juntos.

[...]

Em uma declaração estranhamente premonitória, Moro garantiu no ano passado para a revista Veja: "Não seria apropriado da minha parte postular um cargo político, porque isso poderia, digamos assim, colocar em dúvida a integridade do trabalho que fiz até o momento". O juiz tem toda razão. A democracia se baseia, entre outras premissas, em uma estrita separação de poderes e no império da lei. Os acusados têm direito a um juiz imparcial. A mera aparência de parcialidade pode ser causa de conflito de interesses, e a decisão do juiz Moro de se unir ao governo do presidente eleito, a cujo rival processou e condenou à prisão tão recentemente, sem dúvida inquieta os defensores de tal processo. O fato de Moro ser ministro de Bolsonaro joga de forma inevitável uma sombra retrospectiva sobre se Lula teve ou não um julgamento justo, ou se desfrutou do direito de ter um juiz imparcial. Mas o ex-presidente, hoje na cadeia, não é o único prejudicado. A imagem da justiça no Brasil, como um dos pilares da democracia, é a principal danificada pelo *caso Moro*.[270]

---

[269]   MORO tira a máscara. *El País*, [S.l.], 4 nov. 2018. Disponível em: https://brasil.elpais.com/brasil/2018/11/03/opinion/1541246046_794490.html. Acesso em: 4 nov. 2018.

[270]   *Ibid.*

Publicação de 11/06/2019 no site *objETHOS* chama a atenção para a importância de análises que envolvam a controversa personagem e sua mitificação por meio das narrativas perpetradas pelo jornalismo brasileiro.

O ex-juiz Sérgio Moro é um dos personagens mais controversos da República nos últimos anos. A importância de algumas de suas decisões e um indisfarçável gosto pelos holofotes foram alguns dos combustíveis para que um até então desconhecido juiz de primeira instância se tornasse o paladino da justiça mais celebrado do país. Ter mandado para a prisão grandes empresários e políticos poderosos deu a Moro a investidura de um super star no combate à corrupção num dos países de maior impunidade.

Mas ao mesmo tempo em que passou a brilhar, Sérgio Moro atraiu o olhar rigoroso de muita gente sobre sua postura. Embora aclamado publicamente, o magistrado teve seus atos questionados em vários momentos, e não só por políticos e gente interessada em desacreditá-lo.

Pelo menos desde 2016, este Observatório da Ética Jornalística tem acompanhado como o jornalismo brasileiro construiu e alimentou mitos em torno de Sérgio Moro e de sua caçada ao ex-presidente Luiz Inácio Lula da Silva. Reler o que nossos analistas apontaram, agora, é ter uma visão em perspectiva desse polêmico personagem:[271]

Na sequência, são elencados 18 artigos publicados no site entre 18/01/2016 e 10/06/2019, perpassando de maneira crítica e necessária a trajetória do herói.[272]

---

[271] ATUAÇÃO de Moro já chamava atenção de analistas. *objETHOS*, [S.l.], 11 jun. 2019. Disponível em: https://objethos.wordpress.com/2019/06/11/atuacao-de-moro-ja-chamava-atencao-de-analistas/. Acesso em: 11 jun. 2019.

[272] 18/01/2016 – Spotlight, vazamentos seletivos e os dentes do cavalo – Sylvia Debossan Moretzsohn
22/02/2016 – O ex-presidente, a jornalista, a mídia e o submundo das elites do poder – Sylvia Debossan Moretzsohn
07/03/2016 – Lava Jato e mídia, a aliança no limiar do golpe – Sylvia Debossan Moretzsohn
20/03/2016 – Grampos e as responsabilidades da mídia – Rogério Christofoletti
16/09/2016 – Sobre provas convicções, manipulações e sujeitos coletivos – Sylvia Debossan Moretzsohn
22/03/2017 – A violência contra o blogueiro e o sigilo da fonte – Sylvia Debossan Moretzsohn
07/05/2017 – Moro X Lula: mídia assume que o juiz é parte da luta – Sylvia Debossan Moretzsohn
11/05/2017 – "A imprensa é o principal julgador disso", diz Lula – Lívia de Souza Vieira
11/05/2017 – É muito cinismo da imprensa! – Rogério Christofoletti
12/05/2017 – Moro X Lula: uma confissão na luta que (ainda) não diz seu nome – Sylvia Debossan Moretzsohn
13/05/2017 – De embate do século a ato sem importância – Vanessa Pedro
18/05/2017 – Um plantão que abalou a República – Amanda Miranda
29/05/2017 – República dos grampos profanos e a sagrada retórica política – Ricardo José Torres
05/04/2018 – A Globo, a ameaça do golpe e o júbilo da mídia: Moro já pode prender Lula! – Samuel Lima
06/04/2018 – Moro contra Lula, sempre no tempo da mídia – Sylvia Debossan Moretzsohn

Bem antes que vazamentos pelo *The Intercept Brasil* e parceiros revelassem indícios de atividades que aproximavam o então juiz dos promotores da força-tarefa (atividades extras ao previsto em lei), e que, por sua vez, passíveis de propor um debate, ainda que breve, para além das convicções dos espíritos entorpecidos das rivalidades, de lado a lado, sobre a eventual parcialidade e, portanto, atuação com consequências conscientemente políticas do homem sob a toga, uma rede de contranarrativas já se fazia perceber por necessária. Para além, também, do que fora amplamente publicizado e, por isso mesmo, apto a manter "o interesse do público elevado e os líderes partidários na defensiva", ao abrigo dos estratagemas gestados na *Mani Pulite*.

Para efeito de cruzadas

Sob o mote do combate à corrupção, que se tornou o discurso majoritário – ao menos no que se via reportado na imprensa – na sociedade brasileira (mesmo após a série de revelações nos vazamentos proporcionados pelo site *The Intercept Brasil* e parceiros, a partir de 9 de junho de 2019), a posição do principal veículo de comunicação do país, a Rede Globo de Televisão, em suas coberturas, configura-se como uma defesa das autoridades flagradas nas conversas, conforme análises dos sites progressistas, uma vez que qualquer crítica que se fizesse à Operação Lava Jato e seus pilares, encarnada nas figuras do ex-juiz Sérgio Moro e do procurador-chefe Deltan Dallagnol, seria interpretada como uma voz contrária ao combate à corrupção. Numa dicotomia simples, configurada nos moldes novelizados de disputa entre bem e mal, a cruzada da mídia brasileira em torno da narrativa do combate à corrupção, alinhada aos vazamentos seletivos contra alvos políticos, foi do que se ocupou a programação diária nos últimos anos.

Já no início dos estudos das teorias da comunicação, Paul Merton e Robert Lazarsfeld, expoentes dos pioneiros estudos da Escola Funcionalista norte-americana, apontavam um dos efeitos dos meios de comunicação na sociedade, que agem como "reforço das normas sociais", uma vez que

---

05/11/2018 – O jornalismo conivente e a emergência de "personagens mitológicos" – Ricardo José Torres

10/06/2019 – Intercept Brasil revela o nosso Watergate – Sylvia Debossan Moretzsohn

10/06/2019 – The Intercept escancara falhas da Lava Jato e lança discussões sobre ética e interesse público – Amanda Miranda e Lívia de Souza Vieira

Ibid.

estabelecem tensões entre o "tolerável particularmente" e o "aceito publicamente", cuja exposição pressiona para uma moralidade única em vez de uma moralidade dual, o que impede a contínua evasão do problema. "Suscita a reafirmação pública (embora esporádica) e a aplicação da norma social".[273] Os autores ressaltaram que "O estudo das cruzadas empreendidas pelos *mass media* muito auxiliaria na resposta a questões básicas sobre as suas relações com a ação social organizada".[274] Ou seja,

> Numa sociedade de massa, essa função de desmascaramento público está institucionalizada pelos *mass media*. Imprensa, rádio, jornal expõem divergências relativamente bem conhecidas do público e, como regra, essa revelação obriga a certo grau de ação pública contra o que particularmente foi tolerado. Os *mass media* podem, por exemplo, introduzir pressões severas quanto à discriminação ética velada, chamando a atenção pública para estas práticas discordantes das normas de não--discriminação. Por vezes esses *media* podem organizar as atividades de desmascaramento público em formas de "cruzada".[275]

Segundo estudos desses precursores, tal cruzada tinha o poder de afetar o público diretamente, podendo despertar e dirigir a atenção de uma cidadania apática, que até então se mostrava "[...] indiferente à corrupção reinante por demais familiar, para alguns casos que sejam dramaticamente simplificados [...]",[276] uma vez que, dentre suas principais funções está a apresentação de alternativas simples, sem complexidades para não inibir a ação de massa.[277]

> Finalmente, uma cruzada bem-sucedida pode exemplificar um processo circular, auto-sustentador, no qual o interesse dos *mass media* com questões públicas venha a coincidir com

---

[273] MERTON, R. K.; LAZARSFELD, P. F. Comunicação de massa, gosto popular e a organização da ação social. *In*: LIMA, L. C. *Teoria da cultura de massa*. Adorno *et al.*, comentários e seleção de Luiz Costa Lima. São Paulo: Paz e Terra, 2000. p. 117.

[274] *Ibid.*, p. 117.

[275] *Ibid.*, p. 117.

[276] *Ibid.*, p. 118.

[277] Aqui, um parêntese. Ao longo de sua programação, articulando-se com seus produtos jornalísticos, a Rede Globo e afiliadas promoveram, numa ação interativa com o público, a exibição de vídeos produzidos pelos telespectadores respondendo: *"Que Brasil você quer para o futuro?"*, cuja resposta, invariavelmente, passava pelo combate à corrupção, percebida como o maior mal do país. Nos telejornais da emissora os apresentadores encorajavam a participação do público e, no site, o internauta era recebido com o texto: "Que Brasil você quer para o futuro? A TV Globo quer ouvir o desejo de cada um dos 5.570 municípios do Brasil. O país inteiro vai dar o seu recado nos telejornais da emissora. Você pode ser o porta-voz da sua cidade. Basta gravar um vídeo com o celular e enviar para 'o Brasil que eu quero', pelo VC no G1".

> seu próprio interesse particular. A cruzada triunfante poderá alcançar, ou melhor, realçar, o poder e o prestígio dos *mass media*, tornando-os, por sua vez, mais poderosos nas cruzadas subsequentes, que, se também forem bem-sucedidas, poderão aumentar ainda mais o seu poder e prestígio.[278]

Decorridos 70 anos dessas considerações, Manuel Castells constata que as discussões em um universo multiforme, na sociedade-rede, cuja dinâmica se mantém mediante construção de mensagens simples, precisam ser facilmente debatíveis.

> A luta pelo poder nas sociedades democráticas atuais passa pela política midiática, pela política do escândalo e pela autonomia comunicativa dos cidadãos. Por um lado, a digitalização de toda informação e a interconexão modal das mensagens criaram um universo midiático no qual estamos permanentemente imersos. Nossa construção da realidade e, por conseguinte, nosso comportamento e nossas decisões dependem dos sinais que recebemos e trocamos nesse universo. A política não é uma exceção a essa regra básica da vida na sociedade-rede na qual entramos em cheio. Na prática, só existe a política que se manifesta no mundo midiático multimodal que se configurou nas duas últimas décadas. Nesse mundo, as mensagens midiáticas que formam opinião devem ser extremamente simples.[279]

A exemplo dos funcionalistas, Castells aponta para os efeitos dessa política do escândalo sobre políticos específicos, que, embora indeterminados, têm efeito secundário devastador, uma vez que inspiram desconfiança e reprovação moral acerca de todo o sistema político e reforçam, assim, a crise de legitimidade. Tal engenho da mensagem simples no universo multimodal conduz, portanto, à personalização da política. Pois "É em torno da liderança possível de alguém que se constrói a confiança na bondade de um projeto. Assim, a forma de luta política mais eficaz é a destruição dessa confiança através da destruição moral e da imagem de quem se postula como líder".[280] A técnica se baseia na produção de negatividade de conteúdos em relação ao alvo, a fim de minar o vínculo de confiança com os cidadãos.

---

[278] MERTON; LAZARSFELD, 2000, p. 118.

[279] CASTELLS, M. *Ruptura*: a crise da democracia liberal. Tradução: Joana Angélica d'Ávila Melo. Rio de Janeiro: Zahar, 2018. p. 26.

[280] *Ibid.*, p. 27.

3

O GOLPE DO *IMPEACHMENT*

A elite do atraso

Sob o fluxo de uma identificação com os símbolos ostentados pelas elites que predominam, embora estas não se deixem averiguar como uma classe detentora majoritária do patrimônio nacional, a classe média brasileira encampa uma revolta diante do chamamento diuturno veiculado nos estertores do conjunto da mídia tradicional. O mote da arregimentação dessas camadas que lotavam as ruas, fornecendo material (e se constituindo como tal a partir disso) para a narrativa dos meios de comunicação sobre a necessidade de mudança no país, foi a cruzada contra a corrupção, corporificada, e tornada expiatória, nos expoentes do governo do Partido dos Trabalhadores, uma vez amplificada sem tréguas no decorrer das edições. Esse contingente que ia às ruas protestar vestido de verde e amarelo passou a ser identificado – e a se identificar – como representante genuíno da família brasileira, o cidadão de bem, o cordial indignado, parte constitutiva de um corpo social exultante pelo fato de que finalmente "o gigante acordou!".

Para o sociólogo Jessé Souza, essa camada da população, a classe média brasileira, a quem nomina "a tropa de choque da elite", carrega uma atávica aversão aos que povoam os estratos inferiores e, do outro lado, emula os que ocupam o seleto espaço do andar de cima. Sua formação moderna, conforme afirma, se consolida de maneira diferenciada no século XX em relação à que se configurara na incipiente urbanização do século anterior, sendo preservada, todavia, a função de "capataz da elite" em algumas frações. "As frações mais conservadoras assumirão, como função sua, por exemplo, a manutenção da distância social em relação aos setores populares".[281]

O fundamental na história brasileira é a criminalização da soberania popular e dos pobres, com a implantação da certeza de que o problema do país está na corrupção política, apenas a do Estado. Um modo que a elite, denominada por ele como *A elite do atraso*, forjou a fim ter o Estado para o benefício dos ricos, quer por meio de isenções fiscais ou pelo não pagamento

---

[281] SOUZA, J. *A elite do atraso*: da escravidão à Lava Jato. Rio de Janeiro: Leya, 2017. p. 55.

de impostos. Nessa captura do Estado para enriquecer, a elite manipula a classe média com a falsa narrativa anticorrupção e, para isso, conta com o imprescindível aparato midiático, pelo qual efetiva a perpetuação dos seus privilégios. Dessa forma, a elite domina o imaginário da classe média no exercício de uma violência simbólica. Manipula-a com uma falsa narrativa anticorrupção e, contando com essa tal tropa de choque, cuja opinião se sedimenta pela imprensa conservadora – a aliada habitual dos que querem manter os privilégios –, usa, na verdade, o Estado para enriquecer. Para o autor, o pretexto recorrente da corrupção é utilizado sempre que a direita deseja cooptar a classe média para defender os interesses das elites econômicas. Em suma, a arregimentação da classe média passa pela construção da imagem que o brasileiro tem de si, construção essa respaldada por pilares da sociologia nacional, que se consolidaram como intérpretes do Brasil.

Raízes da autoimagem

Disposto a aclarar "como nós brasileiros fomos feitos de imbecis por tão poucos até hoje", em artigo intitulado *O engodo do combate à corrupção*, Jessé Souza propõe aprofundar a discussão de seu livro *A elite do atraso*, publicado em outubro de 2017. Segundo sustenta, a elite do dinheiro, que realmente manda no país, tem o domínio das outras elites e criou um bode expiatório da corrupção como sendo um evento ocorrente apenas na política, que, por meio de alvos seletivos, contando com um aparato midiático que provê a opinião pública com essa percepção, desvia a atenção de sua própria corrupção, outrossim com uma dissimulada aparência de legalidade.

Conforme argumenta, até a República velha[282] (1889-1930), o modelo que imperava no Brasil era o de uma oligarquia paulista que se utilizava do Estado em benefício próprio para garantir e ampliar sua fortuna. Ciclo interrompido pela perda do poder político em 1930 para Getúlio Vargas e seus aliados descontentes com essa hegemonia.

> A perda do estado foi inicialmente percebida pela elite paulista como uma catástrofe. O Estado e seu orçamento sempre haviam sido percebidos pela elite paulista como seu banco particular: pagar o café e sua valorização, importar trabalhadores sem

---

[282] [...] uma máscara pseudodemocrática da antiga sociedade escravocrata, que havia abolido apenas formalmente a escravidão, e mantido primeiramente negros, pobres e marginalizados fora do acesso à terra e depois fora do acesso à educação e construído, conscientemente, uma sociedade para poucos baseada na exclusão econômica e no gozo sádico e cotidiano da humilhação dos oprimidos e abandonados. SOUZA, J.; VALIM, R. (coord.). *Resgatar o Brasil*. São Paulo: Contracorrente: Boitempo, 2018. p. 15.

> custos, financiar a produção e a infraestrutura etc. Isso tudo sem contar o uso do aparelho de estado e sua força de violência: a polícia para reprimir trabalhadores, a justiça para legitimar seus desmandos, nada muito diferente do que acontece até hoje.[283]

Configuração que obviamente incomoda essa elite e, para reaver a fonte de provisão de seus interesses, a leva à saída militar em 1932. Derrotada, teria de se ocupar de uma estratégia modernizada para obtenção de seus objetivos, feito que passava inevitavelmente pela captura sutil da classe média.

> Por conta disso, a estratégia da elite com a classe média foi do uso da violência simbólica e não a violência material como contra as classes populares. A violência simbólica é aquela que não parece violência, que se vende como "convencimento", mas que, na verdade, retira a possibilidade de reflexão e, portanto, de autonomia.[284]

Para ele, aprende-se sobre determinada sociedade por meio de seus "mitos nacionais", que funcionam como uma espécie de "conto de fadas para adultos", a gênese das ideias dominantes que norteiam os interesses dos indivíduos no mundo social sem que estes se deem conta, posto que, dada a complexidade das relações sociais, opera-se uma simplificação como estratégia de convencimento. "As pessoas imaginam que conhecem o mundo social simplesmente por fazer parte e conseguir bem ou mal sobreviver nele".[285] No Brasil, a criação de um mito nacional como vetor de agregação (algo com que as pessoas possam se identificar), controle de comportamento dos indivíduos a favor do poder estabelecido, passa por uma validação acadêmica, científica, cujas ideias são propagadas pela imprensa.

Se até a República velha o país não possuía ainda um "mito nacional", sendo, portanto, "[...] uma nação fragmentada regionalmente e sem discurso nem ação abrangentes",[286] a edificação de um primeiro mito nacional convincente passa por Gilberto Freyre (*Casa-Grande e Senzala*, 1933). Souza isenta Freyre[287] da arquitetura que será objeto de sua crítica, reservada a

---

[283] *Ibid.*, p. 16.

[284] *Ibid.*, p. 17.

[285] *Ibid.*, p. 20.

[286] *Ibid.*, p. 21.

[287] Freyre lutou bravamente contra o preconceito que divide o mundo em todas as dimensões entre aqueles que possuem espírito e aqueles que possuem só seu corpo. Assim como no cristianismo o espírito era a salvação e o corpo o pecado, na sociedade secular tudo que é superior é associado às virtudes espirituais como a inteligência e moralidade; enquanto tudo que é percebido como inferior e vulgar é associado ao corpo e suas "virtudes dominadas" como o sexo e a agressividade. Assim, as classes "superiores" são classes do espírito, do conhecimento, e as classes "inferiores", do corpo e do trabalho braçal. [...] O fato de não termos, normalmente, nenhuma consciência disso apenas aumenta a eficácia desse critério universal de distinção" (*Ibid.*, p. 21).

uma tríplice do pensamento consagrado no país, e faz um elogio ao esforço do pensador em erigir um mito fora do "viralatismo", ou seja, que não reproduzisse a suposta inferioridade imposta pelos dominadores, como forma de qualificar seu domínio. "Todo o mito freyriano, não por acaso, foi construído em uma luta contra a ideia do americano percebido como povo divino e sem defeitos na terra, que é como os americanos se veem e como todos os vira latas brasileiros veem os americanos até hoje".[288] A "santíssima trindade", responsável pela gênese e implementação do que é por ele nomeado "liberalismo vira-lata brasileiro" – que, hoje, forja o pensamento hegemônico tanto na direita quanto na esquerda –, é composta por Sérgio Buarque de Holanda (o filósofo); Raymundo Faoro (o historiador) e Fernando Henrique Cardoso (o político), nessa ordem.

> As figuras principais são Sérgio Buarque, o filósofo da santíssima trindade, posto que o criador das noções mais abstratas que estão hoje na cabeça de todo brasileiro, como personalismo, jeitinho, patrimonialismo, cordialidade etc. É dele que vai sair a ideia de que a corrupção é um traço cultural do brasileiro, o qual seria não só menos produtivo e inteligente que o americano divino e maravilhoso, mas também desonesto de berço. O "historiador" deste liberalismo vira-lata é Raymundo Faoro, que vai recuar até o Portugal medieval a origem desta roubalheira inata da cultura luso-brasileira. Que a noção de "soberania popular" – que vai permitir pela primeira vez na história que se possa falar de "bem público" passível de ser privatizado indevidamente e, portanto, de corrupção no sentido que conhecemos – seja materializada apenas no final do século XVIII não parece ter incomodado ninguém. [...] O terceiro nome da "santíssima trindade" do liberalismo vira-lata brasileiro é Fernando Henrique Cardoso. Se Buarque é o filósofo e Faoro seu historiador, FHC é o seu "político", ou seja, aquele que irá realizar como tarefa prática o que os outros idealizaram como ideia. FHC representa o momento de hegemonia absoluta desse processo de dominar o povo e a classe média, que se consolida nos anos 90 do século passado a partir das ideias do liberalismo vira-lata construído desde os anos 30 do mesmo século.[289]

Constrói-se, assim, um "bloco político" para a manutenção dos privilégios. As classes dos privilégios têm de legitimar sua ascensão para que se possa justificar, naturalizar, a obtenção de lucro e poder em detrimento de grande parte da população.

---

[288] *Ibid.*, p. 21

[289] *Ibid.*, p. 23-26.

> Se na elite dos endinheirados o capital econômico tem que parecer inato e, portanto, merecido, na classe média, a aquisição de conhecimento valorizado e das predisposições que permitem sua incorporação pelo sujeito tem que parecer também inata, sendo, portanto, por conta disso também percebida merecida e justa.[290]

O conceito de classe social, para o autor, não se restringe a uma determinada renda. Ou seja, compreendendo-se classe social de maneira mais abrangente, para além das definições economicistas, em que se incluem aspectos simbólicos adquiridos desde a infância – capital cultural e capital social –, compreende-se de modo mais abrangente a realidade social.

> O bloco de poder entre a elite endinheirada e a classe média do conhecimento se constrói primeiro como uma articulação para reproduzir o monopólio dos dois capitais mais importantes da sociedade moderna e que garantem a reprodução deste privilégio para seus descendentes. A posse dos capitais econômico e cultural combinados decidem, previamente, em favor dos indivíduos das classes do privilégio, todas as lutas sociais pelos recursos escassos sejam estes materiais como carros e casas, ou imateriais como respeito, admiração, prestígio ou reconhecimento social. Todos os indivíduos lutam como podem pela posse destes recursos. A posição de classe desde o nascimento determina em grande medida o destino individual.[291]

Trecho de uma entrevista concedida por Jessé Souza ao *El País*, enquanto presidente do Instituto de Pesquisa Econômica Aplicada (Ipea), publicada em 22/11/2015, elucida essa questão.

> [...]
> *P. Vocês estão atrás de que tipo de informação?*
> *R. As classes normalmente são percebidas como construídas a partir da sua renda. Isso não é verdade, porque não é o bastante para antecipar o comportamento das pessoas, como estudam, agem, como montam suas vidas. É isso o que importa saber, tanto para o mercado quanto para o Estado. E você não consegue antecipar o comportamento das pessoas pela renda. Um exemplo óbvio é o do professor universitário em início de carreira, que ganha 8.000 reais, e o trabalhador qualificado da Fiat, em Betim [MG], que ganha mais ou menos isso. É mínima a probabilidade de que essas pessoas*

---

[290] SOUZA, 2017, p. 99.
[291] SOUZA; VALIM, 2018, p. 18-19.

> *tenham comportamento semelhante, de que lidem na família do mesmo modo, tenham estilos de vida semelhantes, com padrões de consumo e lazer semelhantes, uma concepção de mundo semelhante. O tipo de educação, de socialização familiar e escolar vão montar tipos de pessoas muito distintas, com escolhas muito distintas, embora recebam uma renda semelhante.*
>
> **P.** *Como a socialização familiar influencia o rumo da vida desses brasileiros?*
>
> **R.** *Os estímulos ao pensamento abstrato só existem na classe média. O estímulo à concentração na leitura só existe na classe média; a valorização das coisas do espírito. Na classe baixa, o filho do pedreiro está brincando com o carro de mão. Está sendo estimulado para ser trabalhador manual, e não para refletir. Dois tipos de pessoas muito distintas, e numa sociedade onde o grande elemento é o espírito, é o conhecimento. Além do capital econômico, o que vai definir a luta por recursos escassos é o conhecimento.[292] [...]*

O que se inicia com a forja da autopercepção do brasileiro cordial leva ao que o autor define, em outras de suas obras, como o fulcro do que se convencionou ser o alvo do propalado combate à corrupção – levado a cabo pela força-tarefa da Lava Jato, reverberado pela mídia nacional e tornado bandeira dos que apoiaram um discurso único e lotaram as ruas em verde e amarelo –, o patrimonialismo e o populismo, sob uma moralidade seletiva e selecionada pela imprensa. Em síntese, a ideia de um Estado corrupto e ineficiente em oposição à de um mercado virtuoso e eficiente. Esses dois pontos são discutidos pelo autor nos livros *A tolice da inteligência brasileira* (2015) e *A elite do atraso* (2017).

> Todo discurso elitista e conservador do liberalismo brasileiro está contido em duas noções [...] as ideias de patrimonialismo e de populismo. [...] Significativo é que a esfera pública passa a pensar o país a partir dessas categorias. [...] Como a ideia de patrimonialismo e de corrupção apenas estatal, a ideia de populismo também é pensada, inicialmente, para estigmatizar o legado de Vargas. Por extensão ela será usada para estigmatizar qualquer presença das massas na política.
>
> [...]
>
> Afinal, o moralismo seletivo de nossas classes do privilégio vem daí e foi cevado para construir a solidariedade entre a elite do dinheiro e a classe média contra qualquer preten-

---

[292] SOUZA, J. "No Brasil, o Estado é demonizado e o mercado é o reino de todas as virtudes". [Entrevista cedida a] Rodolfo Borges. *El País*, São Paulo, 22 nov. 2015b. Disponível em: https://brasil.elpais.com/brasil/2015/11/10/politica/1447193346_169410.html. Acesso em: 22 ago. 2019.

> são das classes populares. É aqui que entram os temas do patrimonialismo, segundo o qual a suposta elite que rapina o país estaria no Estado e não no mercado, e do populismo, tornando suspeita qualquer ação política popular no Brasil. É a ação combinada desses pilares da hierarquia moralista, esta sim, genuinamente brasileira, que pode esclarecer os instantes mais dramáticos de nossa história social e política. O "golpeachment" de 2016 permite analisar a singularidade da situação social e política brasileira de modo cristalino.[293]

O autor advoga que o golpe de 2016 foi gestado e posto em prática pela elite do dinheiro, usando a grande imprensa, que funciona como uma espécie de seu "partido político" específico. A arregimentação midiática no sentido de criminalizar a esquerda, que levou a um alinhamento da classe média – a mais estratégica para o padrão de dominação social que foi instaurado no Brasil – e até de setores populares, acaba então por desembocar nos resultados das eleições de 2018. É essa classe que tem um pacto de servilidade com a elite e quer se afastar dos setores populares. "É ela que forma um pacto antipopular comandado pela elite dos proprietários, onde se misturam aspectos racionais, como preservação de privilégios, e aspectos irracionais, como necessidades de distinção e ódio e ressentimento de classe".[294]

Necessário aqui retomar a tese do autor em *A radiografia do golpe*, apresentada no primeiro capítulo deste livro, de que o ponto de virada na captura da pauta difusa espalhada pelas cidades brasileiras no junho de 2013 teve como gatilho o ataque à PEC 37, cujos veículos da Globo passaram à campanha exaustiva para que sua proposta fosse derrubada, conforme relata Luis Nassif, fato que contribuiu com a parceria entre a grande mídia e o Judiciário na produção diária de denúncias contra os adversários e conferiu dimensão nacional ao movimento.

As edições do *Jornal Nacional* tiveram um componente moral, conduzido com maestria, uma vez que lograram separar, de um lado, os "brasileiros" que iam às ruas "de maneira espontânea" demonstrar legitimamente sua indignação contra "tudo que está aí", contra a corrupção no governo petista e de seus líderes, diferenciados do outro; da minoria de "vândalos". A construção de tal componente foi fator decisivo, por incutir, primeiro, um sentimento de protagonismo nessa fração de classe. "O segundo dado decisivo da construção da 'moral' desse grupo foi a substituição, cons-

---

[293] SOUZA, 2017, p. 134-154.

[294] *Ibid.*, p. 108.

truída pouco a pouco, das bandeiras por melhores serviços públicos pela bandeira – a essa altura ainda abstrata – do combate à corrupção e à PEC 37".[295] A associação da grande mídia com as instituições jurídico-policiais, em conformidade com o sistema de deslegitimar o governo, demonizar as personagens ligadas ao partido então no poder e suas políticas sociais, segmentando e polarizando a sociedade, se tornou possível por estratégias de simplificação, de diluição das complexidades.

> Como a complexidade do funcionamento da engrenagem social é muito alta e desafiadora, a perspectiva da moralidade faz possível tornar o mundo compreensível do mesmo modo que as novelas e os filmes de grande bilheteria. O mundo deixa de ser um palco de interesses opacos em disputa, para se tornar supostamente transparente; um lugar onde as boas ou más intenções de seus atores se transformam nos pilares do entendimento. Assim, torna-se possível separar o mundo entre bandidos e mocinhos, com base em uma oposição binária e simplista, mas de fácil compreensão, posto que colada nas avaliações práticas que todos realizam no senso comum do dia a dia. A mídia passa a ser a instância que torna esse julgamento e separação entre as pessoas boas e más possível e crível, simplesmente ampliando o horizonte interpretativo das novelas e repassando-o à política e à sociedade.[296]

No caso, o discurso midiático eficiente, engendrado na programação sucessiva do *Jornal Nacional,* e dos demais veículos com o mesmo escopo, "[...] transformou a classe média no sonho de si mesma, na sua autoimagem idealizada – que é sempre infantil".[297]

Poder midiático e metáforas interpretativas

Ante o notório poder midiático, proeminente de forma inconteste na cobertura homogênea do conjunto de empresas da mídia tradicional brasileira dos acontecimentos que culminaram num momento agudo da vida nacional, com a deposição de uma presidenta democraticamente eleita do cargo, se fazem necessárias considerações sobre a estrutura que possibilita a construção e a emissão de consistente narrativa a que o fluxo distributivo de contranarrativas tenta, enredado na periférica, defrontar. Sob a disposição muitos para muitos,

---

[295] SOUZA, 2016, p. 101.

[296] *Ibid.,* p. 102.

[297] *Ibid.,* p. 102.

estes pleiteiam disputa por espaço com os meios hegemônicos, representantes do que se convencionou chamar comunicação de massa; logo, convêm algumas observações no tocante a esse termo já bastante explorado nos estudos comunicacionais, bem como o preparo para a sua oposição.

Ao traçar uma teoria social da mídia (em síntese, sem que se descarte o conteúdo simbólico das mensagens da mídia, a ênfase deve considerar a comunicação mediada como "um fenômeno social contextualizado"), John Thompson classifica o termo como enganoso, posto que, sob tais aspectos de funcionamento, o próprio vocábulo "comunicação" se sucede de maneira bastante diferente da comunicação ordinária, face a face, imediata, que se realiza em um fluxo de mão dupla; aqui, ele se efetiva fundamentalmente em sentido único, sob um processo estruturado em que os receptores das mensagens por eles propagadas não são parceiros de uma troca recíproca, isto é, o que ocorre se identifica muito mais com um processo de transmissão, de difusão, que comunicação propriamente dita.

Quanto ao outro vocábulo desse compósito, "massa", o autor o considera inadequado, pois remete a uma atitude apenas passiva dos que recebem as mensagens da mídia, de maneira acrítica, ou seja, como se absorvessem o conteúdo simbólico nesse processo sem problematizá-lo, "feito esponjas que absorvem água". Na sua perspectiva, a recepção se funda como uma atividade prática, rotineira, situada em contextos sócio-históricos diferentes, fatores que propiciam aos receptores apropriações daquilo que lhes foi transmitido de acordo com seu repertório e interesse. Atividade condicionada às habilidades e competências adquiridas socialmente. E, ainda, a recepção "[...] é fundamentalmente um processo hermenêutico. Os indivíduos que recebem os produtos da mídia são geralmente envolvidos num processo de interpretação através do qual esses produtos adquirem sentido".[298]

Desse modo, assim define a expressão "comunicação de massa": "[...] produção institucionalizada e difusão generalizada de bens simbólicos através da fixação e transmissão de informação ou conteúdo simbólico".[299] Processo que se caracteriza pelo uso de meios técnicos e institucionais (as indústrias da mídia), na lógica da mercantilização das formas simbólicas, sob a custódia do *copyright* e de circulação pública, que se prolongam no tempo e no espaço, em cuja estrutura se processa uma dissociação entre a produção e a recepção de tais produtos. Essa característica estrutural, uma vez que os produtos da

---

[298] THOMPSON, J. B. *A mídia e a modernidade*: uma teoria social da mídia. Tradução: Wagner de Oliveira Brandão; revisão da tradução Leonardo Avritzer. Petrópolis: Vozes, 1998. p. 44.

[299] *Ibid.*, p. 32.

mídia são produzidos em contextos distantes e diversos daqueles em que são recebidos, não permite ao produtor uma aferição direta e contínua do *feedback*, o que gera certo grau de indeterminação. Diante desse fator, os profissionais da mídia desenvolvem variadas técnicas para aplacar tal ambiguidade, que englobam "[...] desde o uso das fórmulas de sucesso garantido e que têm uma audiência previsível (como as séries televisivas e os filmes sequenciais) até a pesquisa mercadológica e o acompanhamento regular e estatístico do tamanho e da satisfação da audiência".[300]

Articulado a definições de Umberto Eco, José Arbex Jr., em *Showrnalismo: a notícia como espetáculo*, oferece apontamentos que coincidem com a apreciação de Thompson, ou seja, denominada comunicação de massa, tal atividade, que se caracteriza pela emissão centralizada (um para muitos), fundada numa estrutura de indústria, cuja informação é fabricada e distribuída de maneira única para uma extensa gama de receptores heterogêneos, espalhados em regiões distintas, justamente, por tal condição de funcionamento, gera um fator de ambiguidade. Ambiguidade que, por constituir espaço nunca totalmente controlável ele mesmo, "[...] contribui para tornar as corporações mais permeáveis do que gostariam às expectativas e demandas da opinião pública. Precisamente para ampliar ao máximo seu controle, elas são obrigadas a sofisticar o poder de sedução de suas imagens e de seu discurso".[301] Sobre as estratégias, discorre:

> Um dos desafios enfrentados diariamente pelos estrategistas da mídia consiste, precisamente, na elaboração de estratégias de sedução do telespectador/leitor, operando em um inevitável espaço de ambiguidade do fato comunicativo. Trata-se de transformar a ambiguidade em seu oposto – o consenso aparente, imposto, fabricado por técnicas de propaganda –, principalmente quando o assunto remete à esfera da política e da economia. Como fazê-lo? Resposta: restringindo ao máximo o espaço de interlocução, por meio do uso de esquemas e *slogans* que traduzam a "verdade" em fórmulas simples e tranquilizadoras. Criando, enfim, metáforas que "explicam" segundo receitas maniqueístas e de fácil compreensão [...] é "boa" ou "má" porque se situa no campo "bom" ou "mau" das coisas da política e do mundo. Em outros termos, as narrativas dos fatos do mundo assumem uma estrutura e uma lógica próprias das telenovelas.[302]

---

[300] *Ibid.*, p. 34.

[301] ARBEX JR., J. *Showrnalismo*: a notícia como espetáculo. São Paulo: Casa Amarela, 2001. p. 114.

[302] *Ibid.*, p. 114-115.

É prudente não se referir a discurso midiático e discurso jornalístico como sinônimos, pois, "Por natureza, o jornalismo se insere em um escopo mais amplo, que é midiático, mas seus limites como gênero devem ser compreendidos e ponderados",[303] entretanto, ao tratar do universo da comunicação em geral, Ignacio Ramonet afirma que, com a revolução digital, ficou difícil divisar distinções nítidas, tanto intelectual quanto objetivamente, entre as três esferas até então autônomas e praticamente independentes: a da informação (a imprensa, informação radiofônica e televisiva, agências de notícias – o mundo dos jornalistas); a da publicidade (comunicação institucional, "o aparato ideológico do sistema"); e a da cultura de massa (a telenovela, os quadrinhos, o esporte, literatura e cinema de massa etc.). Uma vez que há a diluição crescente das fronteiras entre esses três setores, e com o desenvolvimento de máquinas de comunicar que permitem a transmissão híbrida do escrito, do sonoro e do imagético, o autor nota que, com essa unificação, surgem empresas com vocação para administrar todo o conteúdo produzido nas três esferas, ou seja, emergem os megagrupos de comunicação, as megafusões que vão formar os grandes conglomerados de mídia. Essas grandes empresas são os atores principais da globalização e desempenham papel importante no campo da informação.

> É o que tento distinguir no mundo atual quando faço referência ao primeiro e ao segundo poder – e nenhum desses poderes é político.
> O primeiro é o poder econômico e financeiro. E o segundo é o poder midiático. Porque o sistema midiático, da maneira como o defino, é o aparato ideológico da globalização. É o sistema que, em certa medida, constitui o modo de inscrever, no disco rígido de nosso cérebro, o programa para que aceitemos a globalização. Esse sistema ideológico, esse aparato ideológico global, é o aparato midiático em seu conjunto. Quer dizer, o que a imprensa diz, a televisão repete, a rádio repete, e não apenas nos noticiários, mas também nas ficções, na apresentação de um tipo de modelo de vida que se deve apresentar.[304]

De modo que, no universo da informação, impera essa característica, isto é, a informação hoje é essencialmente uma mercadoria, comprada e vendida com o objetivo de gerar lucros, portanto funciona conforme as

---

[303] BENETTI, M. O jornalismo como gênero discursivo. *Revista Galáxia*, São Paulo: PUC-SP, n. 15, p. 13-28, jun. 2008. p. 20.

[304] RAMONET, I. O poder midiático. *In*: MORAES, D. (org.). *Por uma outra comunicação*: mídia, mundialização cultural e poder. 5. ed. Rio de Janeiro: Record, 2010. p. 246-247.

exigências do comércio, cujo imperativo supremo é o ganho ou o interesse. "Não é um discurso que tenha a vocação ética de educar o cidadão ou de informar, no bom sentido da palavra, o cidadão, pois tem essencialmente e antes de mais nada uma perspectiva comercial".[305] Uma segunda característica é que a informação, dado o desenvolvimento tecnológico, se acelerou, o que leva o mundo do jornalismo ao imediatismo; de forma instantânea, a informação se encarrega cada vez mais de se impregnar de impressões e de sensações, sem que haja tempo para estudá-la. Somada a isso, uma terceira característica, a informação, sob tais critérios de circulação, é recebida, na sua grande maioria, de maneira gratuita, ou aparentemente gratuita, pois é paga pela publicidade. "Antes podíamos dizer que uma empresa jornalística vendia informação aos cidadãos. Era a sua forma normal, enquanto hoje uma empresa midiática vende consumidores a seus anunciantes [...]".[306]

Por conseguinte, uma atitude militante encontra dificuldades, uma vez que a gratuidade, que poderia ser um trunfo, já é um atributo do discurso dominante. E, ainda, o contradiscurso, que muitas vezes se apresenta de maneira apenas circunstancial, atingindo somente aquele público restrito e já sabedor desses mecanismos, teria de alcançar um público geral, no entanto, para competir, necessita ser suficientemente pedagógico e incluir critérios de sedução, tal qual o seu contrário, posto que, no tipo de discurso dominante das grandes empresas midiáticas, prevalece a retórica, tanto no da informação quanto no da publicidade ou da cultura de massa.

> Em primeiro lugar, é um discurso rápido, não há efeitos longos; na imprensa, os artigos são cada vez mais curtos, as frases são breves, os títulos impactantes, como um modelo publicitário ou qualquer discurso da cultura e massa. Primeira característica: a rapidez para evitar o tédio.
> Segunda característica: a simplicidade. O discurso dominante, nos grandes sistemas midiáticos, é muito elementar, é um vocabulário que todo mundo possui, é uma construção sintática, uma construção retórica que todo mundo pode entender. [...]
> A terceira é utilizar constantemente algo que poderíamos chamar de elementos de espetacularização, de dramatização: o riso, por exemplo, no discurso publicitário; o discurso eufórico ou a tragédia no discurso do noticiário. Fazer rir ou fazer chorar. Em todo caso, expressar-se através de emoções.[307]

---

[305] *Ibid.*, p. 247.
[306] *Ibid.*, p. 248.
[307] *Ibid.*, p. 249.

Ou seja, um discurso breve, simples e de maneira emocional engloba as mesmas características presentes quando dirigido às crianças. Ramonet classifica o discurso de massa como um discurso infantilizante, ante o qual, para se fazer uma contrainformação, um imbróglio se estabelece.

> Qual é, porém, o problema? É que não podemos fazer contrainformação com um discurso efetivamente infantilizante. E a dificuldade está em construir um discurso de contrainformação que apresente também características de sedução, ou seja, que não se dirija a uma pequena minoria, mas que possa dirigir-se também às massas, sem ser, definitivamente, um discurso doutrinário, dogmático, um discurso de pura retórica, artificial.[308]

Dentre os vários pequenos emissores que se interligam na proliferação desse contradiscurso, num almejar de audiência mais abrangente, há a demanda de uma informação séria, que forneça dados concretos, referências, contextualizações; capaz de tratar seus receptores como adultos que são. Ramonet clama pela informação possível de trazer à luz as condições de se tomar decisões em função da verdade, seja qual for essa verdade. "Não queremos um conto de fadas, queremos a verdade e diante da verdade, como cidadãos, estamos dispostos a assumir posições. Que não nos contem um conto de fadas como a guerra do golfo [...]".[309] Assim, presume a organização do discurso comercial como puramente ideológica – engendrado para vender um modelo de vida – e que a informação está contaminada por uma série de mentiras passíveis de ser factualmente demonstradas, havendo, portanto, a necessidade de descontaminá-la dessas mentiras e de certa ideologia: "[...] podem-se defender ideias, todas as ideias podem ser defendidas; anunciadas, porém, como ideias e não como uma coisa natural. Mas é preciso igualmente descontaminar de publicidade, do ponto de vista ideológico, o meio que nos cerca. E isso é óbvio".[310]

Ou seja, de posse dos cada vez mais eficientes recursos das novas tecnologias da informação, as indústrias da mídia, respaldadas pela instantaneidade e pela primazia da autorreferência como propagadora universal de cultura, capaz de transpor limites e fronteiras, alargam sua especialização em ressignificar a realidade e diminuir espaços, sejam eles geográficos ou das diversidades. Aprimoram-se na legitimação de valores em conformidade

---

[308] *Ibid.*, p. 249.

[309] *Ibid.*, p. 250.

[310] *Ibid.*, p. 252.

com suas regras de funcionamento, por meio da construção de metáforas interpretativas, capazes de moldar visões de mundo, contra as quais uma insurgência de múltiplas contranarrativas devem se habilitar.

Acerca da elaboração de estratégias de sedução a fim de operar em um inevitável espaço de ambiguidade do fato comunicativo, e transformar essa ambiguidade em consenso aparente, a naturalização de ideias por meio de técnicas de propaganda, enfim, metáforas interpretativas, narrativas dos fatos do mundo sob estrutura e lógica próprias das telenovelas, José Arbex Jr. recorre a um exemplo trágico de tais construções midiáticas. Encenações de identidades em torno de "um suposto 'choque civilizatório'", como o que foi representado na cobertura da Guerra do Golfo, entre uma Coalizão Internacional, liderada pelos Estados Unidos – "[...] portador dos valores cristãos, democráticos e pluralistas da civilização ocidental – e o Iraque – representante do Islã, uma religião intolerante, sustentada por fanáticos terroristas que ainda vivem no tempo dos camelos e obrigam suas mulheres a usar véu".[311] Na polarização, a guerra do "bem" contra o "mal". Segundo apurou, durante seis meses, entre agosto de 1990 e janeiro de 1991, a mídia mundial veiculou, em grandes quantidades, filmes e fotos que revelavam a "face humana" dos soldados norte-americanos (na despedida de seus familiares) em contraponto com imagens do "Oriente" como um mundo estranho e misterioso, povoado por seres exóticos e fortemente armados. Na época, editor de Exterior do jornal *Folha de São Paulo*, ele conta que em vão tentou selecionar fotos de seres humanos no "lado árabe". Elas não existiam. "Os árabes eram apresentados apenas como uma ideia, um conceito ameaçador. Isso explica, aliás, por que tantos acreditaram que 'ninguém morreu' na Guerra do Golfo. Os árabes já haviam sido culturalmente eliminados, antes de serem fisicamente exterminados".[312]

O perigo eminente dessas "metáforas" é que se cristalizam e tornam-se convicções pessoais, claro que dependem de determinadas circunstâncias que se encontram para além do total controle da esfera midiática, circunstâncias essas atreladas a contextos sócio-históricos. Os noticiários, no entanto, mas não apenas, pois há também o reforço dessa narrativa pelos outros produtos da cultura de massa (cinema, documentários, opinião de especialistas, pesquisas de opinião), por intermédio de uma seleção de imagens, operam a construção na tentativa de captura do imaginário coletivo.

---

[311] ARBEX JR., 2001, p. 116.
[312] *Ibid.*, p. 117.

> Milhões de telespectadores acreditam que, praticamente, não houve mortes na guerra do Golfo, porque viram na televisão tratar-se de uma "guerra limpa", mesmo quando eram advertidos de que as imagens haviam sido censuradas por Washington, por "razões de segurança nacional" (72 por cento dos americanos usaram a televisão como sua principal fonte de informação sobre os conflitos, segundo pesquisas de opinião realizadas por 51 empresas especializadas, nos Estados Unidos, entre 2 de agosto de 1990 e 10 de março de 1991).[313]

Arbex indaga sobre o grave problema decorrente desse direcionamento de percepção da realidade: "[...] como é possível que uma parcela da humanidade tenha acreditado não ter havido um morticínio, em uma capital de 4,8 milhões de habitantes, que, durante quarenta dias consecutivos, foi alvo de um total estimado de 88.500 toneladas de bomba?".[314] Mesmo a posterior divulgação de 100.000 mortes em apenas quarenta dias (sabe-se hoje ser um número muito superior a esse) não causou o efeito que teria a transmissão de imagens de corpos destroçados, por exemplo. Ao contrário, por meio da divulgação apenas de imagens convenientes, o que se via era uma versão videogame de ataques de "precisão cirúrgica" em que a tecnologia do Ocidente desenvolvido era a grande estrela. Conforme observa, para essas mensagens e versões veiculadas serem eficazes, devem estar de acordo com atividades e convicções presentes na prática do cotidiano dos indivíduos. O limite dessas construções é que seu sentido vai variar de público para público, podendo ser tomadas por verdadeiras para alguns e não ter o mesmo efeito para outros. Retomando-se então as considerações de John Thompson, no que se refere à recepção como um processo hermenêutico, que requer do receptor certo grau de atenção e de atividade interpretativa, tal aprendizagem, não obstante, por ser um processo hermenêutico, faz com que a percepção que o indivíduo tem se forme em muito pelo contato do que recebe desses mesmos veículos, logo o processo de interpretação se torna em certa medida embotado pela informação que recebe.

Tais construções de metáforas interpretativas encontram paralelo no Brasil recente, com a narrativa que dividiu cidadãos saídos às ruas para protestar, primeiramente, ante uma heterogeneidade de motivações, e, entretanto, fronteiras foram demarcadas numa oposição capaz de antagonizar uma intitulada maioria que abraçava a luta contra a corrupção, perante o estandarte da Lava Jato; e uma turba de militantes empenhada em injetar

---

[313] *Ibid.*, p. 118-119.
[314] *Ibid.*, p. 119.

sobrevida num governo supostamente identificado como a raiz de todo o mal – sob a versão vigente nos veículos da mídia hegemônica.

> A possível crítica dos conteúdos veiculados pela mídia sempre dependerá, evidentemente, da qualidade dos recursos interpretativos que o leitor puder mobilizar. O leitor pode "garimpar" a "verdade da notícia" mediante a confrontação da versão construída por determinado veículo, com a versão apresentada por outros veículos de comunicação e com os seus próprios conhecimentos e convicções. Mas esse processo só será eficaz se mantiver no horizonte a ideia do trabalho jornalístico sempre como o resultado de uma rede extremamente complexa de interesses que, no mundo contemporâneo, são determinados e enquadrados pela economia globalizada, pela ação das grandes corporações multinacionais, pelas inovações tecnológicas da atividade jornalística [...], pela crescente fusão de interesses entre a empresa jornalística, outras empresas e o Estado, pela relação de determinado veículo com seu público, e pela absoluta desigualdade do poder de enunciar narrativas e discursos – é óbvio, a mídia oligopolizada tem poderes muito maiores do que os pequenos jornais e emissoras, mais ainda do que os grupos e as associações de interesses (grêmios, sindicatos, entidades de defesa dos direitos humanos etc.) e incomparavelmente maior do que o dos indivíduos.
> Finalmente, por mais que a mídia seja poderosa, não é verdade que ela sempre consiga impor livremente qualquer versão dos fatos [...].[315]

A crítica, portanto, ainda que de uma maneira assimétrica, dado o poder concentrado nos grandes grupos midiáticos, pede passagem, por iniciativas em rede, de maneira horizontal, pela multiplicidade de material que circuita de forma livre e colaborativa.

Narrativa novelizada do *impeachment*

Em entrevista concedida ao *IHU* (Instituto Humanitas Unisinos), Ivana Bentes analisa que o papel da grande mídia naquele momento de crise política no Brasil se deu em parceria com o jurídico – um golpe jurídico-midiático em curso –, que impôs "[...] *uma operação de guerra simbólica e de linguagem [...] Podemos falar da instauração de uma ditadura da velocidade, que nos mergulhou em um transe midiático, uma fábrica de fatos, de crises e de instabilidade, com a constru-*

---

[315] *Ibid.*, p. 136.

ção de consensos prêt-à-porter".[316] Ou seja, trata-se de uma "Mídia-Estado" que, "[...] *hipnótica e repetitiva, cria as condições emocionais, cognitivas, para construir um processo de demonização, redução e aniquilamento do outro, apresentando-o [...] como o 'inimigo' a combater*".[317] E, taxativa, afirma "*Não se trata de jornalismo, mas de construção de consenso*".[318] Uma articulação de poderes capazes de atuar na construção de narrativas de alto impacto, segundo um roteiro prévio. A pesquisadora aponta para uma novelização da crise.

> *A roteirização, espetacularização e novelização da crise política no Jornal Nacional e nas manchetes de jornais e revistas da grande imprensa escancaram a crise da mídia no Brasil, com seu devir-partido, atuando como uma das grandes forças de desestabilização política e de construção de um cenário apocalíptico, em que um partido e um campo (o PT e os movimentos de esquerda, um ex-presidente e uma presidente, Lula e Dilma) foram demonizados e apresentados como inimigos públicos número 1.*[319]

A pesquisadora reitera que, no Brasil, presenciou-se a primeira campanha de destruição massiva de um grupo político que, além de outros fatores de corrosão, teve 13 anos de capital simbólico apagados pela campanha midiática (13 anos em que o consumidor de informação era submetido a uma tempestade semiótica e cognitiva, uma operação de justiçamento midiático); que contou ainda com o uso de técnicas da publicidade. "*Uma operação que teve um pato de banheira gigante como símbolo de indignação de um grupo, o empresariado, patrocinada pela Fiesp, e publicidade milionária paga a favor do impeachment em todos os grandes jornais*".[320] Em síntese, uma operação conjunta de procedimentos jurídicos, midiáticos e publicitários.

Sobre os procedimentos publicitários – catalisados na figura totêmica do pato amarelo que angariou milhares e milhares de devotos, patrocinados pela Federação das Indústrias de São Paulo (Fiesp), um outro ator importante que representou a vontade dos donos do dinheiro na decisão dos rumos do país –, o *El País* publicou, em 30/03/2016, a reportagem *Empresários redobram pressão contra Governo Dilma e cobram apoio do Congresso*, em que aborda a ofensiva da publicidade milionária paga a favor do *impeachment* em todos os grandes jornais.

---

[316] BENTES, I. Mídia e Judiciário impuseram uma operação de guerra simbólica, diz Ivana Bentes. [Entrevista cedida a] *IHU On-Line. Jornal GGN*, [S.l.], 3 maio 2016. Disponível em: https://jornalggn.com.br/politica/midia-e-judiciario-impuseram-uma-operacao-de-guerra-simbolica-diz-ivana-bentes/. Acesso em: 7 set. 2016.

[317] *Ibid.*

[318] *Ibid.*

[319] *Ibid.*

[320] *Ibid.*

Se o Brasil fosse comparado a uma panela de pressão poderia se dizer que os empresários resolveram, de uma vez, aumentar fogo. Impacientes por se sentar à mesa do crescimento, já não escondem a torcida para que a presidenta Dilma vá para casa e o vice, Michel Temer, assuma. O sinal mais claro e recente foi dado pela Federação das Indústrias de São Paulo (FIESP) que, em representação de centenas de entidades da indústria, comércio, serviços e agricultura, ocupou nesta terça-feira os principais jornais do país com uma ostensiva campanha publicitária. Os lemas *"Impeachment* já" e "Chega de pagar o pato" imprimiram-se em 14 rodapés de página que chegaram às bancas de todo o país e apareceram no fundo da tela de um jornal brasileiro. A ofensiva de marketing soma-se à onda de campanhas anti-Governo que a federação já vinha patrocinando há meses e simboliza a mudança de postura dos empresários paulistas que apostam hoje, não pela renúncia de Dilma Rousseff, e sim por pressionar deputados e senadores para que priorizem o *impeachment* da presidenta.[321]

Figura 25 – Campanha da Fiesp em Brasília contra o Governo Dilma

Fonte: Fernando Bizerra Jr. (EFE).

---

[321] MARTÍN, M. Empresários redobram pressão contra Governo Dilma e cobram apoio do Congresso. *El País*, Rio de Janeiro, 30 mar. 2016. Disponível em: https://brasil.elpais.com/brasil/2016/03/30/politica/1459289168_509972.html. Acesso em: 2 set. 2016.

Extenso artigo no *The Intercept Brasil*, de 01/09/2016, *Mídia brasileira construiu narrativa novelizada do impeachment*, retoma Ivana Bentes e a análise da operação jurídico-midiática atuante na construção de narrativas novelizadas, e a amplia com exemplos de publicações em veículos da grande mídia, já com a saída do Partido dos Trabalhadores do governo consumada.

> A operação jurídico-midiática que viabilizou o *impeachment* também explicitou um fato sabido: o negócio da mídia brasileira não é jornalismo e nem notícias, é construção de crise, instabilidade e "normalidade". É o que podemos chamar também de novelização das notícias e uma tentativa exaustiva de "direção de realidade".
>
> Foi o que vimos desde o editorial de 1º de janeiro de 2015 de *O Globo,* que dava um ultimato a então presidenta Dilma Rousseff, eleita por 54 milhões de votos: "Margem de erro para Dilma ficou estreita",[322] e mais tarde nos editoriais da *Folha de S.Paulo*[323] e do *Estadão*[324] que pediam sem rodeios o *impeachment* e destituição da presidenta. Os jornais e mídias em uníssono falando de uma economia "em coma",[325] desemprego,[326] insatisfação da FIESP,[327] dos empresários, dos ricos e da classe média em revolta.[328]
>
> Neste período, vivenciamos um apocalipse-Brasil diário com os vazamentos da Lava Jato, prisões coercitivas, delações premiadas em série e pautas-bombas lançadas em operações casadas entre o judiciário, a polícia e seu braço comunicacional, a mídia. Uma narrativa histérica, novelizada e em transe, produzindo tempestades emocionais que anunciavam o "Juízo Final", expressão retomada pelo *Estadão* no editorial de 31 de agosto[329] celebrando a "profecia" anunciada da destituição da presidenta do Brasil.[330]

---

[322] Disponível em: https://oglobo.globo.com/opiniao/margem-de-erro-para-dilma-ficou-estreita-14937590

[323] Disponível em: https://www1.folha.uol.com.br/opiniao/2016/04/1756924-nem-dilma-nem-temer.shtml

[324] Disponível em: https://opiniao.estadao.com.br/noticias/geral,impeachment-e-o-melhor-caminho,10000025268

[325] Disponível em: https://exame.abril.com.br/revista-exame/pode-sobrar-para-ele/

[326] Disponível em: http://noblat.oglobo.globo.com/editoriais/noticia/2016/06/desemprego-legado-de-dilma.html

[327] Disponível em: https://brasil.elpais.com/brasil/2016/03/30/politica/1459289168_509972.html

[328] Disponível em: https://oglobo.globo.com/brasil/com-bolo-champanhe-grupo-comemora-impeachment-na-paulista-20027419

[329] Disponível em: https://opiniao.estadao.com.br/noticias/geral,da-para-olhar-para-a-frente,10000073335

[330] BENTES, I. Mídia brasileira construiu narrativa novelizada do impeachment. *Intercept Brasil*, [S.l.], 1 set. 2016. Disponível em: https://theintercept.com/2016/09/01/midia-brasileira-construiu-narrativa-novelizada-do-impeachment/. Acesso em: 2 set. 2016.

Na "telenovela do real na TV", que se produziu a partir da novelização, roteirização e espetacularização da crise, realizaram-se linchamento midiático, difamação, destruição de reputações, etc., processo que possibilitou a aceitação de praticamente qualquer manobra jurídica ou parlamentar.

> A política é demonizada e se constrói um campo negativo em que lideranças, militantes partidários, ativistas, o campo cultural engajado, são vistos com suspeição, como "profissionais da política" distintos do cidadão "comum", pensado na condição de plateia ou torcedor. Essa estratégia midiática de polarização produz um debate pautado pela lógica de torcidas de futebol, com base na intolerância e no ódio, na retórica do "nós" e "eles", os que têm que ser vencidos.
> Nós, os cidadãos, os indignados, os espontâneos, e eles, os militantes, os vermelhos, os "profissionais" da política, os que têm interesses, os aparelhados, aqueles nos quais não podemos confiar. Esse é o lugar do ativismo no roteiro.[331]

Dessas argumentações, dois termos, recorrentes neste livro, "polarização" e "corrupção", podem aqui ganhar respaldo no artigo de opinião de autoria dos pesquisadores Antônio David e Lincoln Secco, publicado no *El País*, *Os fins justificam os meios?*, em 11/07/2019, cerca de um mês, portanto, após as primeiras revelações dos arquivos da Vaza Jato. Baseando-se na pesquisa do Instituto Datafolha, verificam que "A reação da opinião pública diante das conversas entre o ex-juiz Moro e procuradores da Lava-Jato exprime a polarização política do país desde pelo menos o segundo mandato de Lula. Em última instância, uma polarização entre ricos e pobres".[332] Reflexão que assim se inicia.

> A mais recente pesquisa de opinião do Instituto Datafolha, realizada nos dias 4 e 5 de julho, apresenta um dado à primeira vista paradoxal: embora reprove a conduta de Sérgio Moro como juiz em razão das conversas divulgadas pelo portal *The Intercept*, a maioria vê como justa prisão do ex-presidente Lula. A opinião segundo a qual a conduta de Moro é reprovável implica que houve vícios no processo no qual Lula foi condenado. Ora, se um processo judicial é viciado, de que forma o resultado desse mesmo processo pode ser considerado justo? Estaríamos aqui diante da máxima de que os fins justificam os meios?[333]

---

[331] *Ibid.*

[332] DAVID, A.; SECCO, L. Os fins justificam os meios? *El País*, [S.l.], 11 jul. 2019. Disponível em: https://brasil.elpais.com/brasil/2019/07/11/opinion/1562799523_620343.html. Acesso em: 19 set. 2019.

[333] *Ibid.*

Após questionamento inicial, o exame dos autores se atenta aos dados apresentados pela pesquisa, que exprimem um quadro complexo.

> Entre os entrevistados situados na faixa de renda familiar até 2 salários mínimos, 60% consideram inadequada a atuação do então juiz e atual ministro da justiça Sérgio Moro, e 66% responderam serem elas graves e merecedoras de revisão (26% e 20% pensam o contrário, respectivamente). Nessa faixa de renda, 44% acham justa a prisão de Lula, enquanto 51% consideram-na injusta.
>
> No outro extremo da pirâmide, entre os eleitores situados na faixa de renda familiar acima de 10 salários mínimos, enquanto 49% consideram inadequada a atuação de Moro contra 48% que a consideram adequada, 57% responderam que "eventuais irregularidades cometidas pelo juiz Sérgio Moro durante a operação Lava-Jato não têm importância diante dos resultados da Lava-Jato no combate à corrupção", contra 37% que disseram serem as irregularidades graves e que, por isso, as decisões de Moro devem ser revistas. Nesse estrato, 67% consideram justa a prisão de Lula, enquanto 30% responderam ser injusta a prisão.[334]

Para além do recorte da renda familiar, a pesquisa revela um quadro de polarização que se instalou no país, averiguado pela reação da opinião pública diante das conversas entre o então juiz e procuradores envolvidos na Lava Jato, polarização entre ricos e pobres, que dá indícios a partir do segundo mandato de Luiz Inácio Lula da Silva, começa a se sacramentar pela captura da pauta difusa de reivindicações em 2013, e encontra alicerce sólido no conluio entre mídia e Lava Jato, sob o lema da pauta única do "combate à corrupção".

> A crença de que o combate à corrupção justifica irregularidades graves no processo é expediente típico de tribunais de exceção - e se não for a corrupção, sempre haverá uma justificativa para o abuso. Se as observamos historicamente, crenças como essa comumente vêm acompanhadas do conluio entre acusação e juízo e do vil pretexto de que a justiça é feita atendendo ao "clamor da opinião pública" ou "da sociedade", mas que, na prática, é sempre de uma parte dela, e, no caso aqui discutido, da parte melhor situada na pirâmide socioeconômica. A corrupção, essa sistêmica, segue intocada.[335]

---

[334] *Ibid.*

[335] *Ibid.*

Em relação à corrupção ser uma ocorrência sistêmica,[336] editorial do *Le Monde Diplomatique Brasil* (número 117), de 03/04/2017, que estampava o título *As grandes empresas e a corrupção* – assinado por seu diretor e editor-chefe, Silvio Caccia Bava –, auxilia na elucidação do embuste que fora arquitetado.

> Todos os dias, os jornais impressos e os noticiários de televisão apontam mais alguém como corrupto graças às delações estimuladas pela Lava Jato e outras investigações. A rigor, todos os partidos estão envolvidos e as figuras mais proeminentes entre os políticos, a começar pelos presidentes da República, do Senado e da Câmara dos Deputados, são acusadas de receber propina para influir, de maneira ilícita, em decisões que favorecem interesses empresariais.
> O foco das notícias, propositalmente, é nos servidores públicos e políticos que praticaram os ilícitos. Apenas recentemente, em razão de vários escândalos e denúncias, é que começa a surgir o papel das grandes empresas nesse processo todo. Hoje, sabe-se que a corrupção é uma prática generalizada entre as grandes empresas, que não conhecem limites para maximizar seus ganhos.[337]

O texto aciona uma evidência fulcral ao apresentar dados de que "a corrupção é um fenômeno internacional", uma vez que ao menos 25% do PIB mundial vão parar em paraísos fiscais como forma de as empresas sonegarem impostos. "No Brasil não é diferente. A Global Finance Integrity, uma instituição internacional de controle do fluxo internacional de capitais, estimou em R$ 660 bilhões a evasão fiscal no Brasil entre 2003 e 2012, para não pagar impostos".[338] E alerta para o fato de que o importante é reconhecer que a corrupção é prática ilegal das grandes empresas para maximizar seus ganhos e que a ação do Estado por intermédio de leis são os limites para coibi-la, ou seja, numa democracia, o controle político mais eficaz sobre as grandes empresas faz com que diminua a corrupção. No entanto, conforme discorre, houve uma inversão recente desses termos

---

[336] Apesar de se ter feito acreditar, no Brasil, um fruto e exclusividade das administrações petistas, ou, conforme professa Jessé Souza, que ela foi anunciada à opinião pública pela mídia brasileira, todos os dias, pelos jornais impressos e pelos noticiários de televisão como sendo existente apenas no Estado.

[337] CACCIA BAVA, S. As grandes empresas e a corrupção. *Le Monde Diplomatique Brasil*, [S.l.], 3 abr. 2017. Disponível em: https://diplomatique.org.br/as-grandes-empresas-e-a-corrupcao/. Acesso em: 22 ago. 2019.

[338] Dados para os quais o editorial aponta como fonte: Ladislau Dowbor, *El capitalismo cambió las reglas, la política cambió de lugar*, Nueva Sociedad, out. 2016. (*Ibid.*).

com as grandes empresas passando ao controle da democracia, cujas instituições foram capturadas pelo poder econômico e, dessa forma, abdicaram de defender o interesse público.[339]

Discurso único e rupturas

Em *Ruptura*, Manuel Castells discorre sobre múltiplas crises que afligem as sociedades planetárias no século XXI, dentre as quais, uma ainda mais preocupante, que, trazida aqui a lume, respalda esta obra na desmistificação do sentimento tornado comum entre os manifestantes brasileiros de que as mazelas no país decorriam da corrupção exclusivamente do governo e que bastaria derrubá-lo para que a bonança imperasse.

> Existe, porém, uma crise ainda mais profunda, que tem consequências devastadoras sobre a (in)capacidade de lidar com as múltiplas crises que envenenam nossas vidas: a ruptura da relação entre governantes e governados. As desconfianças nas instituições, em quase todo o mundo, deslegitima a representação política e, portanto, nos deixa órfãos de um abrigo que nos proteja em nome do interesse comum. Não é uma questão de opções políticas, de direita ou esquerda. A ruptura é mais profunda, tanto em nível emocional quanto cognitivo. Trata-se do colapso gradual de um modelo político de representação e governança: a democracia liberal que se havia consolidado nos dois últimos séculos, à custa de lágrimas, suor e sangue, contra os Estados autoritários e o arbítrio institucional. Já faz algum tempo, seja na Espanha, nos Estados Unidos, na Europa, no Brasil, na Coreia do Sul e em

---

[339] A mudança nos últimos anos está na força crescente desses grandes grupos econômicos, muitos dos quais com faturamentos anuais maiores que o PIB de muitos países. Tendo à frente os grandes bancos, essas corporações multinacionais controlam hoje instituições multilaterais, como o FMI, o Banco Mundial, o Banco Central Europeu e, inclusive, a ONU. E passam também a controlar governos. Vários dos principais quadros de governo nos países que sofreram ajustes estruturais recentes, como Grécia, Portugal e Itália, vêm do mundo das finanças e tiveram passagem pelo Goldman Sachs, um dos mais importantes bancos internacionais de investimentos.
Se temos como paradigma o controle pela democracia da voracidade das grandes empresas, o que vemos hoje é uma inversão dos termos. As grandes empresas passaram a controlar a democracia.
No Brasil isso fica claro nas eleições de 2014. Investindo cerca de R\$ 5 bilhões, dez grandes grupos econômicos elegeram 70% do Congresso Nacional. O financiamento foi direto aos candidatos, e os partidos políticos se tornaram irrelevantes. Esses grupos passaram a controlar o Legislativo. Some-se a isso o fato de que os atuais ministros da Fazenda e presidente do Banco Central são seus representantes no governo.
Assim, temos os interesses dessas grandes empresas e desses grandes bancos dos dois lados do balcão. Explica-se assim a maioria parlamentar conservadora que consegue quórum para fazer mudanças em nossa Constituição, como a PEC que congela os gastos públicos por vinte anos. Não são os parlamentares os proponentes, eles apenas cumprem ordens.
Ibid.

múltiplos países, assistimos a amplas mobilizações populares contra o atual sistema de partidos políticos e democracia parlamentar sob o lema "Não nos representam!".[340]

Castells elucida que não se trata de uma rejeição à democracia, mas ao modelo de democracia liberal de cada país. E, transpondo sua constatação para o Brasil pós-jornadas de 2013, pode-se afirmar que o papel da grande mídia com suas coberturas em torno do tema corrupção foi determinante para a instabilidade e a aceleração do descrédito na classe política, que, como consequência, aliado a outros fatores de desencantamento, prosperou até bem próximo do reverso democrático, e se mostrou refletido nos resultados das eleições majoritárias de 2018. E, assim, ao decorrente período de obscurantismo instalado no país.

O descompasso entre o que pensam e querem os cidadãos e o que é percebido em relação aos que por eles foram eleitos, leva a uma crise de legitimidade. Da esperança às frustrações, da resignação à indignação "[...] quando surge o insuportável".[341] Suas observações apontam para a constatação de que a ocorrência da corrupção é inerente a quase todo sistema político atual, ou seja, um traço geral, em oposição à narrativa entoada por parcela da mídia brasileira.

Na medida em que as ideologias tradicionais – fossem as igualitaristas da esquerda ou aquelas a serviço dos valores da direita clássica – perderam firmeza, a busca do sucesso pessoal através da política relaciona-se com a acumulação pessoal de capital aproveitando o período em que o indivíduo detém posições de poder. Com o tempo, o cinismo da política como manipulação deriva em um sistema de recompensas que se alinha com o mundo do ganho empresarial na medida em que se concebe a política como uma empresa. Por fim, não há corruptos sem corruptores, e em todo o mundo a prática das grandes empresas inclui comprar favores ao regulador ou ao contratador de obra pública. E como muitos o fazem, é preciso entrar no jogo para poder competir. Assim, a separação entre o econômico e o político se esfuma e as proclamadas grandezas da política costumam servir para disfarçar suas misérias.[342]

---

[340] CASTELLS, 2018, p. 8.

[341] *Ibid.*, p. 14.

[342] *Ibid.*, p. 25.

Assim sendo, na conclusão desse raciocínio, faz-se apropriada a retomada de uma discussão basilar na crítica de Jessé Souza sobre a crença, no Brasil, de um Estado corrupto e ineficiente em oposição a um mercado virtuoso e eficiente, posto que os dois, na realidade, se encontram em relação de interdependência. Por exemplo, o mercado não prescinde do aparato de Justiça e repressão do Estado para fazer cumprir os seus contratos, enquanto este depende da produtividade daquele para suas receitas. "Um não existe sem o outro. Antes de tudo, para tocar no tema central das manifestações, não há corrupção sistemática no Estado sem que seja provocada por interesses de mercado".[343] Ou seja, crer no contrário é alimentar inevitável a tolice da inteligência brasileira.

> Os brasileiros foram feitos de tolos e mandados às ruas por uma imprensa venal que prometia a redenção nacional. A ressaca foi a maior rapinagem e o maior saque das riquezas e do futuro brasileiro de que se tem notícia. Tudo em nome do combate à corrupção e pela defesa da moralidade.
> [...]
> Mas esse roubo é tornado invisível por uma sociedade que foi imbecilizada por ideias que dizem que tudo que vem do mercado é virtude, como empreendedorismo, honestidade e trabalho duro; e tudo que vem do Estado, desde que se queira usar uma pequena parte dos recursos para a imensa maioria despossuída, é corrupção. Simples assim. É assim que os donos do mundo imbecilizam e moralizam a opressão que exercem. Somos saqueados todos os dias pelos juros mais altos do mundo, os quais sem nenhum motivo racional estão embutidos no preço de tudo que compramos, vendem a preço de banana nossa riqueza e nossos ativos para o futuro, temos uma das comunidades mais sólidas de sonegadores de impostos do planeta, e o povo imbecilizado acredita que o problema é a corrupção apenas na política, a qual é milhares de vezes menor.[344]

A variada pauta de reivindicações despertada pelos primeiros levantes em 2013, articulados pelas redes sociais, foi tragada pela polarização que imperou nas transmissões de expoentes da mídia hegemônica nacional. Polarização possível, sobretudo, pelo sentimento do "Não nos representam!", instilado pelo discurso anticorrupção que se impregnou na figura

---

[343] SOUZA, J. *A tolice da inteligência brasileira*: ou como o país se deixa manipular pela elite. São Paulo: LeYa, 2015a. p. 243.
[344] SOUZA; VALIM, 2018, p. 14-25.

do governo – sob o aspecto do patrimonialismo e do populismo – e fez solidificar na opinião pública brasileira a percepção construída de que a corrupção se delimitava a Brasília ou, numa perspectiva menos arraigada, que nunca fora tão intensa quanto no período dos governos petistas. Inúmeros são os casos em que empresas jornalísticas brasileiras se colocaram a serviço de uma cruzada no país, embora resguardadas pelo lema da prática de um jornalismo como atividade imparcial, a oferecer freios e contrapesos aos outros poderes instituídos.

CONSIDERAÇÕES PROVISÓRIAS

O advento de dispositivos móveis e o uso das redes sociais tanto para a organização quanto para a comunicação dos grupos durante o acontecimento, como ocorrido nas brasileiras Jornadas de Junho, que levaram centenas de milhares de manifestantes às ruas, movidos por reivindicações distintas, oferecem profícuo pano de fundo para pesquisas que, pela complexificação do cenário que se delineia, poderão contribuir para os estudos comunicacionais em uma era notadamente marcada pela urgência e confluência de diferentes formatos midiáticos. Diferentes narrativas.

Para tanto, conforme se realizou ao longo desta obra, uma cartografia da crítica oferecida por esses veículos à atuação da grande mídia brasileira possibilita o escrutínio de diferentes enquadramentos, uma vez que os sites e blogs – sob a proposta de uma circulação livre e cooperativa de seus conteúdos, midialivristas – não só oferecem o contraponto das notícias apresentadas pelos veículos tradicionais, bem como, em uma crítica quotidiana, exercem a tarefa de descortinar os bastidores dessas notícias, aclarando para o público os interesses por detrás das escolhas nas coberturas realizadas por esses meios.

O trajeto das reivindicações, concretizadas pelas manifestações de rua, desde 2013 até culminarem na deposição da presidenta Dilma Rousseff da presidência da República, em 2016 – sem que se descarte, evidentemente, os desdobramentos decorrentes, no caso, a vitória de Jair Bolsonaro nas eleições de 2018 –, nas diferentes abordagens oferecidas de lado a lado, tanto pelos meios hegemônicos quanto pelos sites de notícias e análises, seja mediante o excesso de exposição ou nos propositais apagamentos, consiste em tema de interesse na investigação do campo comunicacional, uma vez que oferece visões que disputam a cooptação, ou a reelaboração, da opinião pública. Diante da construção de novas narrativas e da reorganização das narrativas vigentes e, ainda, com a dinâmica desses novos meios, que irradiam seus conteúdos de maneira cooperativa, faz-se necessária a verificação da potencialidade de contrainformação que esses veículos podem operar ante o discurso das mídias tradicionais. Ainda que com cabíveis ressalvas.

O pesquisador Dênis de Moraes, em entrevista à Revista *IHU on-line* (Instituto Humanitas Unisinos), discorre sobre temas do cenário comunicacional atual – tratados nos ensaios de sua autoria junto a outros de Ignacio Ramonet e de Pascual Serrano, reunidos na obra *Mídia, poder e contrapoder*. Moraes discorre, de maneira ampla, o campo da comunicação com uma disponibilidade de informação multiplicada, devido à diversificação de fontes de informação, embora pondere acerca das limitações devido ao poder de controle da produção de informação e do estabelecimento da agenda pública pela mídia tradicional perante as novas mídias.

Sobre o aventado "fim do monopólio informativo", uma indagação permeia o debate acerca da possibilidade de acesso às novas mídias, e da consequente comunicação que se pratica em tais vetores, uma vez que o acesso não é uma prática generalizada. E o tipo de informação que circula concentra-se ainda em um setor pequeno e elitista. Fato que o pesquisador debate e estabelece uma distinção pertinente entre "o fim do monopólio informativo e o fim do monopólio da audiência", além de opinar sobre certos setores da esquerda estarem mal-informados e não entenderem que não se trata apenas de mais possibilidades de acesso, de produção e difusão de informação e que não têm o correto discernimento de que o monopólio da audiência continua vigente. Há a necessidade, isso sim, de fragilizar esses monopólios, o que faz parte de uma luta política fundamental. "Não basta desenvolver as possibilidades de produção, difusão e intercâmbio de sociabilidade na rede. A internet não é suficiente para reduzir o monopólio; é apenas um meio complementar que enfrenta problemas que são próprios e externos".[345]

Dentre os problemas que lhes são próprios, elenca a "necessidade de habilidades técnicas, de acesso a programas informáticos, de padrões culturais e educativos diferentes", uma vez que os acessos e usufrutos são desiguais. Para o autor, as tecnologias não têm a capacidade de dissolver as desigualdades, provocadas pelo modo de produção tradicional, que é por si excludente, uma vez que opera na lógica empresarial de geração de lucro.

> Assim, imaginar que a internet é suficiente para debilitar o monopólio da audiência, da formação das mentalidades e dos valores é acreditar em um sonho impossível. Devemos utilizar a internet como meio complementar, suplementar, de diversificação, descentralização, de circulação de maior quantidade de opiniões e de vozes sociais. Mas isso tam-

---

[345] MORAES, D. *"A internet não é suficiente para reduzir o monopólio"*. [Entrevista cedida a] Natalia Aruguete. Tradução: André Langer. 26 fev. 2014. Disponível em: http://www.ihu.unisinos.br/noticias/528682-a-internet-nao-e-suficiente-para-reduzir-o-monopolio-entrevista-com-denis-de-moraes. Acesso em: 22 abr. 2016.

bém não basta porque a mídia monopólica está presente na internet de maneira hegemônica. Os principais portais da internet, em termos de audiência, são da mídia monopólica.[346]

Diante desse quadro, também as leis não são suficientes, e aponta para a urgência de uma aliança entre todos os setores que lutam pela comunicação como direito humano, não apenas a desenvolvida na internet, e, ainda, um problema grave, há a necessidade de financiamento e sustentabilidade.

> Nós temos o dever de buscar associar tudo junto ao mesmo tempo. De um lado, mobilizar a sociedade e pressionar o Estado para alcançar novas legislações, marcos regulatórios, ações do poder púbico de defesa da comunicação como direito humano. Ao mesmo tempo, necessitamos aprofundar estas experiências de comunicação alternativa em rede, necessitamos multiplicar mais ainda os portais, os blogs, as agências informativas, ocupar as redes sociais com o sentido de criticar, formar novas ideias, outros valores. Uma espécie de bloco no campo da sociedade civil. [...] mas não sem uma ação cada vez mais organizada, consequente, permanente, de novas experiências jornalísticas e comunicacionais no campo da sociedade civil, que trabalhem de maneira independente e autônoma para ocupar as redes sociais com conteúdos mais cidadãos.[347]

Embora existam uma diversificação informativa e de entretenimento permitida disponível, e uma convergência com a internet cada vez maior, há duas questões relevantes para não perder de vista o poder da mídia.

A primeira se concentra nas agendas informativas que continuam sendo definidas pela mídia corporativa. "Um dos problemas mais sensíveis da comunicação alternativa é que, tanto agências como blogs e portais críticos e contra-hegemônicos, continuam dependendo – de maneira geral, embora com exceções que devem ser resgatadas – das agendas midiáticas".[348] A segunda é que não se pode perder de vista o poder de penetração social da grande mídia, que, conforme alerta, permanece intocável.

> Isto tem a ver com uma expressão que utilizamos no livro: "a colonização do imaginário social por parte da mídia corporativa". Este é um processo histórico e social longo que não para de se aprofundar. Tem a ver com hábitos de leitura,

---

[346] *Ibid.*

[347] *Ibid.*

[348] *Ibid.*

> com hábitos de audiência, tem a ver com o poder tecnológico das máquinas midiáticas e com a capacidade de influência em termos de valores, mentalidades, pontos de vista, concepções de mundo que a mídia corporativa segue mantendo de maneira incisiva.[349]

Tal colonização do imaginário se fez presente na captura da pauta difusa, catalisada na pauta única anticorrupção, por um lado no enaltecimento dos expoentes de tais ações capazes de sanar, conforme se anunciava, o que se articulava nas sombras, heroicizando tais figuras; por outro, na ininterrupta desconstrução de um governo, de personalidades, num fogo de exaustão contra aqueles identificados como adversários.

Mesmo que não ombreiem a mídia tradicional, e com o processo de sua estabilização ainda no campo do provável, posto que dependem de variáveis que não apenas a possibilidade aberta pela posse de canais de emissão, esses novos meios distributivos de notícias e análises postulam contar a história nacional por outros processos. No exercício de suas atribuições, ou seja, de se colocarem em oposição ao discurso monopolista, os sites progressistas publicavam continuamente sobre as relações que se estabeleceram entre os veículos de comunicação com a força-tarefa. Seja nos esquemas de vazamentos seletivos, retribuídos com manchetes e longas reportagens televisivas, seja nas edições didáticas enaltecendo os feitos dos lavajatistas, enfatizando as suspeições sob critérios de seletividade sobre determinados políticos, levando a opinião pública a deduzir sua culpabilidade, ou nos espetáculos midiáticos montados para cobrir as fases da Operação deflagradas.

Ainda que em volume de audiência e de recursos as ações de tais veículos não façam frente ao poder midiático tradicional, o fato de publicarem e redistribuírem esse material começa a formar uma onda de lampejos capaz de marcar presença na até então onipresente visão daquilo que seria ou não noticiado, portanto daquilo que seria tido como fato. Essa é a lógica de seu funcionamento, revelar o que não viria a lume, as articulações dos poderes, posto que, na sua configuração empresarial, o conjunto de mídia hegemônica deixou de cumprir esse papel. Essa união de muitos para muitos consiste na estrutura revelada neste livro, uma cartografia entretecida de vozes dissonantes que, sem formar um uníssono, posto que têm seus estilos, se unem na tentativa de contraponto ao padrão dominante de emissão.

---

[349] *Ibid.*

Ademais, o trabalho realizado por esses novos atores possibilita ao receptor o cotejo constante, uma vez que, ao oferecer-lhe uma rede de *links*, cria condições para o confronto das atitudes das personagens evocadas, fatos e detalhes de assuntos que seriam relegados ao esquecimento, de forma que, no resgatar de outras publicações, atualizam-se aspectos da memória nacional. Dada a dinâmica veloz dos acontecimentos abordados diariamente pela mídia tradicional, esse resgate se torna imprescindível para avivar os elementos capazes de conferir contexto para a análise crítica das escolhas nas coberturas realizadas sobre assuntos relevantes que têm influência nos processos decisórios do país. Um trabalho diuturno que pleiteia conferir ao jornalismo, circuitado nos novos vetores, a possibilidade de efetivação de uma pluralidade necessária à visão múltipla da realidade. Desse modo, seja pela diversificação da pauta, no desvio por outras angulações, ou pela escolha de contraponto às narrativas, o fazer jornalismo se encontra passível de recobrar uma abrangência que já não cabia nos limites impostos à grade televisiva ou na dimensão paralisada da página diária.

REFERÊNCIAS

'NINGUÉM está acima da lei', diz Moro em discurso nos EUA. *G1*, [*S.l.*], 20 maio 2018. Disponível em: https://g1.globo.com/mundo/noticia/ninguem-esta-acima--da-lei-diz-moro-em-discurso-nos-eua.ghtml. Acesso em: 4 out. 2019.

"A LAVA Jato é uma máquina de construção de narrativas", diz editor do Intercept. *Brasil 247*, [*S.l.*], 19 nov. 2019. Disponível em: https://www.brasil247.com/brasil/a--lava-jato-e-uma-maquina-de-construcao-de-narrativas-diz-editor-do-intercept. Acesso em: 19 nov. 2019.

ALVES, Cíntia. 'Cão de guarda' do Judiciário, velha mídia tem parte (vergonhosa) na ascensão de Moro. *Jornal GGN*, [*S.l.*], 28 dez. 2018. Disponível em: https://jornalggn.com.br/analise/cao-de-guarda-do-judiciario-velha-midia-tem-parte--vergonhosa-na-ascensao-de-moro/. Acesso em: 11 out. 2019.

AMORIM, Paulo Henrique. Estadão apoia Serra mesmo na ausência dele. *Conversa Afiada*, [*S.l.*], 26 set. 2010. Disponível em: https://www.conversaafiada.com.br/pig/2010/09/26/estadao-apoia-serra-mesmo-na-ausencia-dele. Acesso em: 8 out. 2019.

ANTUNES, Renan. Retrato do juiz Sérgio Moro quando jovem. *DCM*, [*S.l.*], 16 jan. 2016. Disponível em: http://www.diariodocentrodomundo.com.br/retrato--do-juiz-sergio-moro-quando-jovem-por-renan-antunes-de-oliveira/. Acesso em: 27 dez. 2016.

ARAÚJO, Artur. As consequências econômicas da Lava Jato. *Blog da Redação*, [*S.l.*], 28 ago. 2019. Disponível em: https://outraspalavras.net/blog/as-consequencias--economicas-da-lava-jato/. Acesso em: 6 out. 2019.

ARAUJO, Pedro Zambarda de. Dez vezes em que o MBL disse que Macri ia salvar a Argentina. *DCM*, [*S.l.*], 28 out. 2019. Disponível em: https://www.diariodocentrodomundo.com.br/essencial/10-vezes-em-que-o-mbl-disse-que-macri-ia-salvar-a-argentina/. Acesso em: 28 out. 2019.

ARBEX JR., José. *Showrnalismo*: a notícia como espetáculo. São Paulo: Casa Amarela, 2001.

ASSISTA ao momento em que Gilmar Mendes chama Dallagnol, Moro e cia de torturadores. *Fórum*, [*S.l.*], 2 out. 2019. Disponível em: https://revistaforum.com.

br/politica/vaza-jato/assista-ao-momento-em-que-gilmar-mendes-chama-dallag-nol-moro-e-cia-de-torturadores/. Acesso em: 3 out. 2019.

ATUAÇÃO de Moro já chamava atenção de analistas. *objETHOS*, [S.l.], 11 jun. 2019. Disponível em: https://objethos.wordpress.com/2019/06/11/atuacao-de-moro--ja-chamava-atencao-de-analistas/. Acesso em: 11 jun. 2019.

AZENHA, Luis Carlos. "Globo, a central de manipulação do golpe". *In*: ROVAI, Renato. (org.). *Golpe 16*. São Paulo: Publisher Brasil, 2016.

AZEVEDO, Reinaldo. Deltan pede, e Moro topa, dinheiro da 13ª Vara para campanha publicitária. *Reinaldo Azevedo – UOL*, [S.l.], 15 jul. 2019. Disponível em: https://reinaldoazevedo.blogosfera.uol.com.br/2019/07/15/deltan-pede-e-moro-topa--dinheiro-da-13o-vara-para-campanha-publicitaria/. Acesso em: 16 set. 2019.

BÄCHTOLD, Felipe; BIANCHI, Paula. Deltan idealizou monumento à Lava Jato, mas Moro previu crítica à 'soberba'. *Folha de S. Paulo*, [S.l.], 21 ago. 2019. Disponível em: https://www1.folha.uol.com.br/poder/2019/08/deltan-idealizou-monumento-a-lava-jato-mas-moro-previu-critica-a-soberba.shtml. Acesso em: 16 set. 2019.

BENETTI, Márcia. O jornalismo como gênero discursivo. *Revista Galáxia*, São Paulo: PUC-SP, n. 15, p. 13-28, jun. 2008.

BENTES, Ivana. Respeitosamente vândala. [Entrevista cedida a] Eduardo Nunomura. Revista *Cult*, n. 188, 14 mar. 2014. Disponível em: http://revistacult.uol.com.br/home/2014/03/respeitosamente-vandala/. Acesso em: 24 mar. 2016.

BENTES, Ivana. Mídia e Judiciário impuseram uma operação de guerra simbólica, diz Ivana Bentes. [Entrevista cedida a] *IHU On-Line. Jornal GGN*, [S.l.], 3 maio 2016. Disponível em: https://jornalggn.com.br/politica/midia-e-judiciario-impuseram--uma-operacao-de-guerra-simbolica-diz-ivana-bentes/. Acesso em: 7 set. 2016.

BENTES, Ivana. Mídia brasileira construiu narrativa novelizada do impeachment. *Intercept Brasil*, [S.l.], 1 set. 2016. Disponível em: https://theintercept.com/2016/09/01/midia-brasileira-construiu-narrativa-novelizada-do-impeachment/. Acesso em: 2 set. 2016.

BONIN, Robson. Proposta de delação de Renato Duque tem prova inédita contra Dilma. *Veja*, [S.l.], 4 out. 2019. Disponível em: https://veja.abril.com.br/blog/radar/proposta-de-delacao-de-renato-duque-tem-prova-inedita-contra-dilma/. Acesso em: 11 out. 2019.

BOURDIEU, Pierre. *Sobre a televisão*. Tradução: Maria Lúcia Machado. Rio de Janeiro: Jorge Zahar Ed., 1997.

BRAIGHI, Antônio Augusto; CÂMARA, Marco Túlio. O que é midiativismo? uma proposta conceitual. *In*: BRAIGHI, Antônio Augusto; LESSA, Cláudio; CÂMARA, Marco Túlio (org.). *Interfaces do midiativismo*: do conceito à prática. Belo Horizonte: CEFET-MG, 2018. p. 25-42.

BRITO, Fernando. O 'mea culpa' da Veja. Confessar apaga o estrago que ela fez? *Tijolaço*, [*S.l.*], 5 jul. 2019. Disponível em: http://www.tijolaco.net/blog/o-mea--culpa-da-veja-confessar-apaga-o-estrago-que-ela-fez/. Acesso em: 9 out. 2019.

CACCIA BAVA, Silvio. As grandes empresas e a corrupção. *Le Monde Diplomatique Brasil*, [*S.l.*], 3 abr. 2017. Disponível em: https://diplomatique.org.br/as-grandes--empresas-e-a-corrupcao/. Acesso em: 22 ago. 2019.

CALEJON, César. A quase candidatura de Luciano Huck e a importância da ciência. *Jornal GGN*, [*S.l.*], 28 out. 2019. Disponível em: https://jornalggn.com.br/artigos/a-quase-candidatura-de-luciano-huck-e-a-importancia-da-ciencia-por--cesar-calejon/. Acesso em: 28 out. 2019.

CAMPOREZ, Patrik; PIRES, Breno. Nove dias de diálogo entre Manoela e o hacker. *Estadão*, Brasília, 30 set. 2019. Disponível em: https://politica.estadao.com.br/blogs/fausto-macedo/nove-dias-de-dialogo-entre-manoela-e-o-hacker/. Acesso em: 11 out. 2019.

CARAZZAI, Estelita Hass. Ninguém está acima da lei, diz Moro em discurso de formatura nos EUA. *Folha de S. Paulo*, [*S.l.*], 20 maio 2018. Disponível em: https://www1.folha.uol.com.br/poder/2018/05/ninguem-esta-acima-da-lei-diz-moro--em-discurso-de-formatura-nos-eua.shtml. Acesso em: 5 out. 2019.

CARTA ao leitor: ninguém está acima da lei. *Veja*, [*S.l.*], 14 jun. 2019. Disponível em: https://veja.abril.com.br/revista-veja/carta-ao-leitor-ninguem-esta-acima--da-lei/. Acesso em: 5 out. 2019.

CARTA ao leitor: sobre princípios e valores. *Veja*, [*S.l.*], 5 jul. 2019 Disponível em: https://veja.abril.com.br/politica/carta-ao-leitor-sobre-principios-e-valores/. Acesso em: 8 out. 2019.

CASTELLS, Manuel. *Ruptura*: a crise da democracia liberal. Tradução: Joana Angélica d'Ávila Melo. Rio de Janeiro: Zahar, 2018.

CASTILHO, Carlos. A Globo, o Jornal Nacional e a manipulação de contextos na montagem de notícias. *Fórum*, [*S.l.*], 16 mar. 2016. Disponível em: https://revistaforum.com.br/noticias/a-globo-o-jornal-nacional-e-a-manipulacao-de--contextos-na-montagem-de-noticias/. Acesso em: 2 out. 2019.

CHEGOU a hora de dizer: basta! *Estadão*, [*S.l.*], 13 mar. 2016. Disponível em: https://opiniao.estadao.com.br/noticias/geral,chegou-a-hora-de-dizer-basta,10000020896. Acesso em: 3 set. 2019.

COM ATRASO e miopia, Folha faz autocrítica sobre cobertura da Lava Jato. *Jornal GGN*, [*S.l.*], 6 out. 2019. Disponível em: https://jornalggn.com.br/politica/com-atraso-e-miopia-folha-faz-autocritica-sobre-cobertura-da-lava-jato/. Acesso em: 6 out. 2019.

COSTA, Luciano Martins. O linchamento da Mídia Ninja. *Observatório da Imprensa*, [*S.l.*], 19 ago. 2013. Disponível em: http://www.observatoriodaimprensa.com.br/news/view/o_linchamento_da_midia_ninja. Acesso em: 22 out. 2013.

DAVID, Antônio; SECCO, Lincoln. Os fins justificam os meios? *El País*, [*S.l.*], 11 jul. 2019. Disponível em: https://brasil.elpais.com/brasil/2019/07/11/opinion/1562799523_620343.html. Acesso em: 19 set. 2019.

DONATO, Mauro. Por que a "edição histórica" da Istoé não é assinada por quase ninguém. *DCM*, [*S.l.*], 22 mar. 2016. Disponível em: http://www.diariodocentrodomundo.com.br/por-que-a-edicao-historica-da-istoe-nao-e-assinada-por-qua-se-ninguem-por-mauro-donato/. Acesso em: 24 mar. 2016.

DONATO, Mauro. Santiago e as tragédias anunciadas nos protestos. *DCM*, [*S.l.*], 10 nov. 2014. Disponível em: https://www.diariodocentrodomundo.com.br/santiago-e-as-tragedias-anunciadas-nos-protestos/. Acesso em: 14 abr. 2019.

ENZENSBERGER, Hans Magnus. *Elementos para uma teoria dos meios de comunicação*. Tradução: Cláudia S. Dombusch. São Paulo: Conrad Editora do Brasil, 2003.

FANG, Lee. Esfera de influência: como os libertários americanos estão reinventando a política latino-americana. *Intercept Brasil*, [*S.l.*], 11 ago. 2017. Disponível em: https://theintercept.com/2017/08/11/esfera-de-influencia-como-os-libertarios-americanos-estao-reinventando-a-politica-latino-americana/. Acesso em: 19 nov. 2019.

FARIA, Glauco. "O jornal do golpe". *In*: ROVAI, Renato (org.). *Golpe 16*. São Paulo: Publisher Brasil, 2016.

FELIPPE, Márcio Sotelo. Os crimes de Moro contra Lula. *DCM*, [*S.l.*], 22 jul. 2017. Disponível em: http://www.diariodocentrodomundo.com.br/os-crimes-de-moro-contra-lula/. Acesso em: 22 jul. 2017.

FERNANDO Morais e o "custo Lula": a Veja perde o dono, mas não perde o vício. *DCM*, [*S.l.*], 6 out. 2019. Disponível em: https://www.diariodocentrodomundo.com.br/fernando-morais-e-o-custo-lula-a-veja-perde-o-dono-mas-nao-perde--o-vicio/. Acesso em: 6 out. 2019.

FILHO, João. O casamento de conveniência de Bolsonaro e Lava Jato: combate à corrupção era fachada. *Intercept Brasil*, [*S.l.*], 1 set. 2019. Disponível em: https://theintercept.com/2019/09/01/lava-jato-bolsonarismo-alianca-corrupcao/. Acesso em: 1 set. 2019.

FOLHA DE S. PAULO. Painel do Leitor. São Paulo, 15 out. 2016, p. A3.

FUNDAÇÃO GETÚLIO VARGAS. Centro de Pesquisa e Documentação de História Contemporânea do Brasil. *Basta!* Disponível em: https://cpdoc.fgv.br/sites/default/files/imagens/dossies/nav_jgoulart/fotos/Modulo6/bn02.jpg. Acesso em: 5 set. 2019.

GASPARI, Elio. Contrariedade de Moro revela que há algo de Savonarola no seu sistema. *Folha de S. Paulo*, [*S.l.*], 16 out. 2016. Disponível em: http://www1.folha.uol.com.br/colunas/eliogaspari/2016/10/1823204-contrariedade-de-moro-revela-que-ha-algo-de-savonarola-no-seu-sistema.shtml. Acesso em: 16 out. 2016.

GOHN, Maria da Glória. *Manifestações e protestos no Brasil*: correntes e contracorrentes na atualidade. São Paulo: Cortez, 2017.

GREENWALD, Glenn; POUGY, Victor. *'MAFIOSOS!!!!!!!!!!!!!!!!!!!!!!'* Exclusivo: Procuradores da Lava Jato tramaram em segredo para impedir entrevista de Lula antes das eleições por medo de que ajudasse a 'eleger o Haddad'. *Intercept Brasil*, [*S.l.*], 9 jun. 2019. Disponível em: https://theintercept.com/2019/06/09/procuradores-tramaram-impedir-entrevista-lula/. Acesso em: 9 jun. 2019.

GRIPP, Alan. Retrospectiva: manifestações não foram pelos 20 centavos. *Folha de S. Paulo*, [*S.l.*], 27 dez. 2013. Disponível em: https://www1.folha.uol.com.br/poder/2013/12/1390207-manifestacoes-nao-foram-pelos-20-centavos.shtml. Acesso em: 14 jun. 2019

HOUVE um 'lavajatismo' militante da mídia, diz Gilmar Mendes; Bial rebate. *UOL*, São Paulo, 15 out. 2019. Disponível em: https://noticias.uol.com.br/politica/

ultimas-noticias/2019/10/15/houve-um-lavajatismo-militante-da-midia-diz-gil-mar-mendes.htm. Acesso em: 15 out. 2019.

JUIZ Sergio Moro diz que artigo veicula 'preconceito e rancor'. *Folha de S. Paulo*, [*S.l.*], 12 out. 2016. Disponível em: http://www1.folha.uol.com.br/paineldoleitor/2016/10/1822068-juiz-sergio-moro-diz-que-artigo-veicula-preconceito-e--rancor.shtml. Acesso em: 12 out. 2016.

KOTSCHO, Ricardo. Jornalismo Lava Jato estilo B.O. só serve o prato feito das delações. *Observatório da Imprensa*, [*S.l.*], 17 set. 2019. Disponível em: http://observatoriodaimprensa.com.br/opiniao/jornalismo-lava-jato-estilo-b-o-so-serve-o--prato-feito-das-delacoes/. Acesso em: 29 set. 2019.

LAZZARATO, Maurizio. *As revoluções do capitalismo*. Tradução: Leonora Corsini. Rio de Janeiro: Civilização Brasileira, 2006.

LEITE, Rogério Cezar de Cerqueira. Desvendando Moro. *Folha de S. Paulo*, [*S.l.*], 11 out. 2016. Disponível em: http://www1.folha.uol.com.br/opiniao/2016/10/1821713-desvendando-moro.shtml. Acesso em: 12 out. 2016.

LIMA, Flávia. A Folha faz autocrítica. *Folha de S. Paulo*, [*S.l.*], 6 out. 2019. Disponível em: https://www1.folha.uol.com.br/colunas/flavia-lima-ombudsman/2019/10/a--folha-faz-autocritica.shtml. Acesso em: 6 out. 2019.

LIMA, Samuel. Democracia e jornalismo: uma dissonância histórica, no Brasil. *Jornal GGN*, [*S.l.*], 30 set. 2019. Disponível em: https://jornalggn.com.br/noticia/democracia-e-jornalismo-uma-dissonancia-historica-no-brasil-por-samuel-lima/. Acesso em: 1 out. 2019.

LIMA, Venício A. de. *Liberdade de expressão x Liberdade de imprensa*: direito à comunicação e democracia. São Paulo: Publisher Brasil, 2010.

LIMA, Venício A. de. Existe limite para a atuação da mídia? *Carta Maior*, [*S.l.*], 2 fev. 2016. Disponível em: https://www.cartamaior.com.br/?/Editoria/Midia-e--Redes-Sociais/Existe-limite-para-a-atuacao-da-midia-/12/35420. Acesso em: 30 set. 2019.

LIMA, Venício A. de. A maior de todas as corrupções. *Carta Maior*, [*S.l.*], 11 mar. 2016b. Disponível em: https://www.cartamaior.com.br/?/Editoria/Politica/A--maior-de-todas-as-corrupcoes/4/35682. Acesso em: 30 set. 2019.

LOPES, Mauro. As quatro famílias que decidiram derrubar um governo democrático. *In*: JINKINGS, Ivana; DORIA, Kim; CLETO, Murilo (org.). *Por que gritamos golpe?*: para entender o impeachment e a crise. São Paulo: Boitempo, 2016.

MAGALHÃES, Mário. Um ato político. *Mário Magalhães – UOL*, [*S.l.*], 17 mar. 2016. Disponível em: http://blogdomariomagalhaes.blogosfera.uol.com.br/2016/03/17/um-ato-politico/. Acesso em: 17 mar. 2016.

MALFITANI, Chico. NJN: 70 anos de China, comunismo ou capitalismo? *Nocaute*, [*S.l.*], 2 out. 2019. Disponível em: https://nocaute.blog.br/2019/10/02/njn-70-a-nos-de-china/. Acesso em: 2 out. 2019.

MALINI, Fábio; ANTOUN, Henrique. *A internet e a rua*: ciberativismo e mobilização nas redes sociais. Porto Alegre: Sulina, 2013.

MARTÍN, María. Empresários redobram pressão contra Governo Dilma e cobram apoio do Congresso. *El País*, Rio de Janeiro, 30 mar. 2016. Disponível em: https://brasil.elpais.com/brasil/2016/03/30/politica/1459289168_509972.html. Acesso em: 2 set. 2016.

MARQUES, Carlos José. A hora de se retirar. *Istoé*, [*S.l.*], 18 mar. 2016. Disponível em: https://istoe.com.br/449081_A+HORA+DE+SE+RETIRAR/. Acesso em: 17 out. 2019.

MERTON, Robert K.; LAZARSFELD, Paul F. Comunicação de massa, gosto popular e a organização da ação social. *In*: LIMA, Luiz Costa. *Teoria da cultura de massa*. Adorno *et al.*, comentários e seleção de Luiz Costa Lima. São Paulo: Paz e Terra, 2000.

MIRANDA, Álvaro. A corrupção do jornalismo e seu ato de força sobre os repórteres. *Jornal GGN*, [*S.l.*], 12 set. 2019. Disponível em: https://jornalggn.com.br/artigos/a-corrupcao-do-jornalismo-e-seu-ato-de-forca-sobre-os-reporteres-por--alvaro-miranda/. Acesso em: 13 set. 2019.

MORAES, Dênis. *"A internet não é suficiente para reduzir o monopólio"*. [Entrevista cedida a] Natalia Aruguete. Tradução: André Langer. 26 fev. 2014. Disponível em: http://www.ihu.unisinos.br/noticias/528682-a-internet-nao-e-suficiente-para-re-duzir-o-monopolio-entrevista-com-denis-de-moraes. Acesso em: 22 abr. 2016.

MORETZSOHN, Sylvia Debossan. Lava Jato e mídia, a aliança no limiar do golpe. *objETHOS*, [*S.l.*], 7 mar. 2016. Disponível em: https://objethos.wordpress.

com/2016/03/07/ponto-de-vista-lava-jato-e-midia-a-alianca-no-limiar-do-golpe/. Acesso em: 5 set. 2019.

MORO, Sérgio. Considerações sobre a Operação Mani Pulite (mãos limpas). *Jusbrasil*, [S.l.], [2014]. Disponível em: https://ferreiramacedo.jusbrasil.com.br/ artigos/ 87457337/consideracoes-sobre-a-operacao-mani-pulite-maos-limpas. Acesso em: 30 dez. 2019.

MORO: "Não importa o quão alto você esteja, a lei ainda está acima de você". *O Antagonista*, [S.l.], 12 jul. 2017. Disponível em: https://www.oantagonista.com/ brasil/moro-nao-importa-o-quao-alto-voce-esteja-a-lei-ainda-esta-acima-de- -voce/. Acesso em: 4 out. 2019.

MORO tira a máscara. *El País*, [S.l.], 4 nov. 2018. Disponível em: https://brasil. elpais.com/brasil/2018/11/03/opinion/1541246046_794490.html. Acesso em: 4 nov. 2018.

NASSIF, Luis. Lava Jato: tudo começou em junho de 2013. *Jornal GGN*, [S.l.], 9 mar. 2015. Disponível em: https://jornalggn.com.br/coluna-economica/lava-ja- to-tudo-comecou-em-junho-de-2013/. Acesso em: 9 mar. 2016

NASSIF, Luis. "Os grandes negócios que nascem da cartelização da mídia". *In:* SOUZA, Jessé; VALIM, Rafael (coord.). *Resgatar o Brasil*. São Paulo: Contracor- rente; Boitempo, 2018.

NASSIF, Luis. As novas fakenews da Lava Jato e o suicídio continuado da mídia. *Jornal GGN*, [S.l.], 5 out. 2019. Disponível em: https://jornalggn.com.br/politica/ as-novas-fakenews-da-lava-jato-e-o-suicidio-continuado-da-midia-por-luis-nas- sif/. Acesso em: 6 out. 2019.

NEGRI, Antonio. *De volta* [entrevistas a Anne Dufourmantelle]. Tradução: Clóvis Marques Rio de Janeiro: Record, 2006.

NEVES, Aécio. "O *impeachment* trará harmonia". [Entrevista cedida a] Débora Bergamasco. *Istoé*, [S.l.], 18 mar. 2016. Disponível em: https://istoe.com.br/449061_ O+IMPEACHMENT+TRARA+HARMONIA+/. Acesso em: 17 out. 2019.

NEVEU, Érik. *Sociologia do jornalismo*. Tradução: Daniela Dariano. São Paulo: Loyola, 2006.

NOGUEIRA, Kiko. A Istoé com a delação de Delcídio sem Aécio é o ápice da indústria de vazamentos. *DCM*, [S.l.], 9 mar. 2016. Disponível em: http://www. diariodocentrodomundo.com.br/a-istoe-com-a-delacao-de-delcidio-sem-aecio-

-e-o-apice-da-industria-de-vazamentos-de-moro-por-kiko-nogueira/. Acesso em: 10 mar. 2016.

NOGUEIRA, Kiko. Por que a comparação com Savonarola irritou tanto Sérgio Moro? *DCM*, [*S.l.*], 13 out. 2016. Disponível em: http://www.diariodocentrodomundo.com.br/por-que-a-comparacao-com-savonarola-irritou-tanto-sergio-moro-por-kiko-nogueira/. Acesso em: 13 out. 2016.

NOGUEIRA, Paulo. Como vai ser o noticiário da mídia plutocrática daqui por diante. *DCM*, [*S.l.*], 12 maio 2016. Disponível em: https://www.diariodocentrodomundo.com.br/como-vai-ser-o-noticiario-da-midia-plutocratica-daqui-por-diante-por-paulo-nogueira/. Acesso em: 12 maio 2016.

NOGUEIRA, Paulo. A fabulosa carta de Moro para a Folha. *DCM*, [*S.l.*], 12 out. 2016. Disponível em: http://www.diariodocentrodomundo.com.br/a-fabulosa-carta-de-moro-para-a-folha-por-paulo-nogueira/. Acesso em: 12 out. 2016.

O MAL a evitar. *Estadão*, [*S.l.*], 25 set. 2010. Disponível em: https://www.estadao.com.br/noticias/geral,editorial-o-mal-a-evitar,615255. Acesso em: 7 out. 2019.

ORTEGA, Pepita *et al.* Leia toda a delação de Palocci. *Estadão*, [*S.l.*], 4 out. 2019. Disponível em: https://politica.estadao.com.br/blogs/fausto-macedo/leia-toda-a-delacao-de-palocci/. Acesso em: 11 out. 2019.

PARENTE, Renata E. Do midialivrismo de massa ao midialivrismo ciberativista: uma reflexão sobre as perspectivas de comunicação alternativa no Brasil. *In*: ENCONTRO ANUAL DA COMPÓS, 23., 2014, Belém. *Anais* [...]. Belém: [*s.n.*], 2014. p. 6-7.

PAUL, Dairan. Estadão imita editorial do Correio da Manhã publicado em março de 1964. *Observatório da Imprensa*, [*S.l.*], 15 mar. 2016. Disponível em: http://observatoriodaimprensa.com.br/crise-politica/estadao-imita-editorial-do-correio-da-manha-publicado-em-marco-de-1964/. Acesso em: 3 set. 2019.

PEIXOTO, Clarissa. Práxis contra-hegemônica e jornalismo de resistência. *Jornal GGN*, [*S.l.*], 7 out. 2019. Disponível em: https://jornalggn.com.br/artigos/praxis-contra-hegemonica-e-jornalismo-de-resistencia-por-clarissa-peixoto/. Acesso em: 7 out. 2019.

PEREIRA, Merval. Em busca da saída. *O Globo*, [*S.l.*], 6 mar. 2016. Disponível em: https://blogs.oglobo.globo.com/merval-pereira/post/em-busca-da-saida.html. Acesso em: 4 set. 2019.

PEREIRA, Merval. País não está dividido: é contra! *O Globo*, [*S.l.*], 14 mar. 2016. Disponível em: https://blogs.oglobo.globo.com/merval-pereira/post/pais-nao--esta-dividido-e-contra.html. Acesso em: 30 set. 2019.

PRADO, Geraldo. Lacerdismo jurídico ou Moro acima da lei. *Justificando*, [*S.l.*], 4 mar. 2016. Disponível em: http://www.justificando.com/2016/03/04/lacerdis-mo-juridico-ou-moro-acima-da-lei/. Acesso em: 3 out. 2019.

PRONER, Carol *et al.* (org.). *A resistência ao golpe de 2016*. Bauru: Canal 6, 2016.

RAMONET, Ignacio. O poder midiático. *In:* MORAES, Dênis de (org.). *Por uma outra comunicação:* mídia, mundialização cultural e poder. 5. ed. Rio de Janeiro: Record, 2010.

RAMONET, Ignacio. Meios de comunicação: um poder a serviço de interesses privados? *In:* MORAES, Dênis de; RAMONET, Ignacio; SERRANO, Pascual. *Mídia, poder e contrapoder:* da concentração monopólica à democratização da informação. Tradução: Karina Patrício. São Paulo: Boitempo; Rio de Janeiro: Faperj, 2013.

RAMOS, Eduardo. Lula, o mito nascido do povo e os Salieris que o odeiam. *Jornal GGN*, [*S.l.*], 6 out. 2019. Disponível em: https://jornalggn.com.br/poli-tica/378406-2/. Acesso em: 6 out. 2019.

ROCHA, Graciliano. Sociedade deve fiscalizar 'governantes que agem nas sombras', diz Moro. *Folha de S. Paulo*, [*S.l.*], 17 mar. 2016. Disponível em: https://www1.folha.uol.com.br/poder/2016/03/1750813-sociedade-deve-fiscalizar-governan-tes-que-agem-nas-sombras-diz-moro.shtml. Acesso em: 17 mar. 2016.

ROVAI, Renato. Uma contribuição sobre o conceito de Mídia Livre. *Fórum*, [*S.l.*], 26 jan. 2009. Disponível em: https://revistaforum.com.br/blogs/blogdorovai/bblogdoro-vai-uma_contribuicao_sobre_o_conceito_de_midia_livre/. Acesso em: 13 set. 2019.

ROVAI, Renato (org.). *Golpe 16*. São Paulo: Publisher Brasil, 2016.

RÜDIGER, Francisco. *Introdução à teoria da comunicação:* problemas, correntes e autores. 2. ed. São Paulo: Edicon, 2004.

SANTOS, Rogério Dutra dos. "Os senhores da lei: fundamentos e funções da 'Operação Lava-Jato'". *In:* PRONER, Carol *et al.* (org.). *A resistência ao golpe de 2016*. Bauru: Canal 6, 2016.

SILVA, Juremir Machado da. Da indústria cultural às tecnologias do imaginário. *In*: HOHLFELDT, Antonio; GOBBI, Maria Cristina (orgs.). *Teoria da comunicação*: antologia de pesquisadores brasileiros. Porto Alegre: Sulina, 2004.

SOARES, Luís. Por que a mídia tradicional tem medo da Mídia Ninja? *Pragmatismo Político*, [S.l.], 13 ago. 2013. Disponível em: https://www.pragmatismopolitico. com.br/2013/08/por-que-a-midia-tradicional-tem-medo-da-midia-ninja.html. Acesso em: 14 jun. 2019.

SODRÉ, Muniz. *A narração do fato*: notas para uma teoria do acontecimento. 2. ed. Petrópolis: Vozes, 2012.

SOUZA, Jessé. *A tolice da inteligência brasileira*: ou como o país se deixa manipular pela elite. São Paulo: LeYa, 2015a.

SOUZA, Jessé. "No Brasil, o Estado é demonizado e o mercado é o reino de todas as virtudes". [Entrevista cedida a] Rodolfo Borges. *El País*, São Paulo, 22 nov. 2015b. Disponível em: https://brasil.elpais.com/brasil/2015/11/10/politica/1447193346_169410.html. Acesso em: 22 ago. 2019.

SOUZA, Jessé. *A radiografia do golpe*: entenda como e por que você foi enganado. Rio de Janeiro: LeYa, 2016.

SOUZA, Jessé. *A elite do atraso*: da escravidão à Lava Jato. Rio de Janeiro: Leya, 2017.

SOUZA, Jessé; VALIM, Rafael (coord.). *Resgatar o Brasil*. São Paulo: Contracorrente: Boitempo, 2018.

SOUZA, Josias de. Black blocs têm seu primeiro feito: um cadáver. *Josias de Souza – UOL*, [S.l.], 10 fev. 2014. Disponível em: http://josiasdesouza.blogosfera.uol. com.br/2014/02/10/black-blocs-tem-seu-primeiro-feito-um-cadaver/. Acesso em: 10 fev. 2014.

THOMPSON, John B. *A mídia e a modernidade*: uma teoria social da mídia. Tradução: Wagner de Oliveira Brandão; revisão da tradução Leonardo Avritzer. Petrópolis: Vozes, 1998.

VEJA. São Paulo: Abril, n. 2.639, 19 jun. 2019. Disponível em: https://veja.abril. com.br/edicoes-veja/2639/. Acesso em: 5 out. 2019.

VEJA. São Paulo: Abril, n. 2.642, 10 jul. 2019. Disponível em: https://veja.abril. com.br/edicoes-veja/2642/. Acesso em: 8 out. 2019.

VEJA. São Paulo: Abril, n. 2.566, 6 out. 2019. Disponível em: https://veja.abril.com.br/edicoes-veja/2566-2/. Acesso em: 10 out. 2019.

VICENTINI, Rodolfo. Glenn: Jornal Nacional atuava quase como parceiro de Moro e da Lava Jato. *UOL*, [*S.l.*], 29 ago. 2019. Disponível em: https://noticias.uol.com.br/politica/ultimas-noticias/2019/08/29/glenn-diz-que-jornal-nacional-a-tuava-como-parceiro-da-lava-jato.htm. Acesso em: 3 out. 2019.

VIRILIO, Paul. *A arte do motor*. Tradução: Paulo Roberto Pires. São Paulo: Estação Liberdade, 1996.

WYLLYS, Jean. A Globo tratou as duas manifestações de forma diferente. *DCM*, [*S.l.*], 19 mar. 2016. Disponível em: https://www.diariodocentrodomundo.com.br/a-globo-tratou-as-duas-manifestacoes-de-forma-diferente-por-jean-wyllys/. Acesso em: 20 mar. 2016.

XICO Sá detona Bolsonaro e cobra: quando acabará o antipetismo como meio de vida na mídia brasileira? *Brasil 247*, [*S.l.*], 19 out. 2019. Disponível em: https://www.brasil247.com/midia/xico-sa-detona-bolsonaro-e-cobra-quando-acabara--o-antipetismo-como-meio-de-vida-na-midia-brasileira. Acesso em: 19 out. 2019.

Sites e blogs consultados

https://www.academia.edu

http://acervo.folha.com.br

www.aulete.com.br

https://www.balaiodokotscho.com.br

http://www.baraodeitarare.org.br

https://www.bbc.com/portuguese

http://blogdomariomagalhaes.blogosfera.uol.com.br

https://blogs.oglobo.globo.com

https://brasil.elpais.com

https://www.brasil247.com

https://www.cartacapital.com.br

https://www.cartacapital.com.br/blogs/intervozes

https://www.cartamaior.com.br

https://www.conjur.com.br

https://www.conversaafiada.com.br

https://cpdoc.fgv.br

http://www.controversia.com.br/blog

http://www.diariodocentrodomundo.com.br

https://diplomatique.org.br

https://edisciplinas.usp.br

https://www.estadao.com.br

https://exame.abril.com.br

https://ferreiramacedo.jusbrasil.com.br

https://www1.folha.uol.com.br

https://www.gazetadopovo.com.br

https://globoplay.globo.com

https://g1.globo.com

http://www.ihu.unisinos.br

https://istoe.com.br

https://jornalggn.com.br

http://josiasdesouza.blogosfera.uol.com.br

http://www.justificando.com

http://www.manchetometro.com.br

https://ninja.oximity.com

http://noblat.oglobo.globo.com

https://nocaute.blog.br

https://noticias.uol.com.br

https://www.oantagonista.com

https://objethos.wordpress.com

https://www.observatoriodaimprensa.com.br

https://opiniao.estadao.com.br

https://outraspalavras.net/blog

https://politica.estadao.com.br

https://www.pragmatismopolitico.com.br

https://reinaldoazevedo.blogosfera.uol.com.br

http://revistacult.uol.com.br

http://www.revistaforum.com.br

https://theintercept.com

http://www.tijolaco.net/blog

https://tvefamosos.uol.com.br

http://www.uol.com.br

https://veja.abril.com.br

https://www.youtube.com